MILTON H. ERICKSON
밀튼 에릭슨

전략적 심리치료의 선구자

밀튼 에릭슨

Jeffrey K. Zeig · W. Michael Munion 지음
신희천 옮김

학지사

MILTON H. ERICKSON

by Jeffrey K. Zeig & W. Michael Munion

Korean Translation Copyright ⓒ **2013** by Hakjisa Publisher

English language edition published by Sage Publications of London,
Thousand Oaks and New Delhi, ⓒ Jeffrey K. Zeig &
W. Michael Munion, 1999

밀튼 에릭슨은 우리에게 비교적 낯선 치료자다. 정신분석의 프로이트, 인간중심 치료의 로저스, 그리고 인지치료의 벡과 같이 한 분야의 거장들과는 달리, 그는 지금까지 우리나라에 그다지 많이 소개되지 않았기 때문이다.

하지만 국외에서 에릭슨은 최면치료로 상담과 심리치료 분야의 지평을 넓히는 데 커다란 기여를 하고, 단기치료와 가족치료에 종사하는 많은 치료자에게 교훈과 영감을 준 심리치료 분야의 탁월한 선구자 중 한 사람으로 높게 평가받고 있다. 그리고 이를 반영하듯, 최근 그의 업적과 치료적 접근을 재조명하는 작업들이 매우 활발하게 이루어지고 있다.

표지 그림에서 볼 수 있듯이, 에릭슨은 마치 프로이트처럼 사람의 깊은 마음을 꿰뚫어 볼 것만 같은 예리하고 강한 눈빛을 가지고 있으면서도 왠지 고집스럽고 괴팍한 노인처럼 보이기도 한다. 어쩌면 이런 지각은 에릭슨이 사용한 최면 치료와 전략적 기법이 연상시키는 지시적이고 조작적인 차가움 때문인지도 모른다. 하지만 에릭슨식의 접근은 어떤 면에서는 매우 인간 중심적이다.

에릭슨의 최고 업적 중 하나는 당시로서는 받아들여지지 않았던 최면을 경험적으로 연구하고 임상적으로 적용하여 심리치료의 한 영역으로 공식적으로 자리 잡게 한 점일 것이다. 최면 유도하에서 내담자를 치료한 여러 사례가 2장과 3장에 자세히 소개되어 있다. 여기서 알 수 있는 것은 에릭슨이 최면을 통해 내담자의 무의식적 자원을 활용하려 했던 것이지, 최면에 걸린 사람을 수동적으로 움직이는 로봇으로 만들어서 치료하려 했던 것은 아니라는 점이다.

생리통을 호소하는 비서에게 최면을 통해 통증을 경감시키려 했으나 듣지 않아 당장 병원에 가 보라고 했는데, 알고 보니 비서는 맹장염에 걸려 있었더라는 일화가 있을 정도로 에릭슨은 최면에 통달해 있었다. 하지만 그는 증상을 제거하기 위해 함부로 최면을 사용하지 않았을 뿐더러, 오히려 증상을 내담자(환자)의 처분에 맡겨야 한다고 보았다. 때로는 통증이 우리를 귀찮은 일로부터 벗어나게 해 준다는 것까지 존중한 셈이다.

한편, 그가 개발한 증상 처방, 시련기법, 은유 등과 같은 여러 가지 전략적 기법들은 언뜻 보기에도 우리에게 익숙한 치료기법들과는 달리 매우 파격적이다.

아내와 사별한 후 불면증을 앓고 있던 한 남자에게 잠이 오지 않을 때 밤새도록 마룻바닥을 닦도록 지시한 사례는 전략적 치료자들에게 유명한 일화다. 내담자(환자)는 사흘 동안 밤마다 마루를 닦다가, 나흘째 되던 밤에 마룻바닥을 닦기 전에 15분간 눈을 좀 붙이겠다고 말하고 난 후 다음 날 오전 7시가 되어서 일어났고, 그 후 1년 동안 불면증 없이 잠을 잘 수 있었다. 물론 이러한 지시가 가능했던 것은 내담자의 고유한 상황과 문제의 특성에 대한 에릭슨의 섬세한 관찰과 관심이 깔려 있었기 때문이다.

에릭슨은 내담자(환자)와 내담자의 삶에 깊은 관심을 가지고 주의 깊게 들여다보면서, 저마다 각기 다른 고유한 힘, 장점과 자원을 찾아내어 그것을 상담과정에서 독창적인 방법으로 활용하였다.

아주 오랫동안 우울하고 고립된 삶을 살던 노부인이 가장 잘하는 것이 꽃 가꾸기임을 알고, 주변 사람들에게 꽃을 선물하는 과제를 준 사례가 있다. 나중에 그녀의 장례식에서 대부분의 마을 사람이 모여 그녀의 죽음을 추모할 정도로 노부인은 마을에서 사랑받는 사람이 되어 있었다.

이 책은 에릭슨의 인간적인 면모, 그가 지향했던 치료적 원리, 그리고 최면을 비롯한 다양한 치료기법들을 접할 수 있는 많은 사례와 일화로 구성되어 있다. 아직은 에릭슨이 낯선 상담자들에게 이 책이 작은 안내가 되었으면 좋겠다.

2013년
역자 신희천

| 감사의 글 |

문서 작성에 많은 도움을 준 Lori Weiers에게 깊이 감사한다. 그녀의 헌신, 성실함, 경험 그리고 세세한 주의 덕분에 이 책이 더욱 좋아질 수 있었다. 또한 우리는 원고 초안의 문서 작성을 완성해 준 Angi Hughes에게 감사드리고 싶다.

우리 저자들은, 에릭슨 박사에 대한 개인적 경험을 나누어 주셨을 뿐만 아니라, 밀튼 H. 에릭슨(Milton H. Erickson) 재단을 위해 지속적인 수고와 공헌을 아끼지 않으신 에릭슨 부인과 가족에게 가장 감사하고 있다. 에릭슨 재단의 수고와 함께, 그들의 노고는 모든 심리치료 공동체에 소중한 자원이다.

마지막으로, 우리는 에릭슨의 제자들과 학생들 모두에게 감사드리고 싶다. 뛰어난 개개인들이 모인 이 광범위한 단체는 에릭슨의 작업을 발전시켰고, 수많은 환자가 에릭슨의 지혜로부터 도움을 받을 수 있도록 도와주었다.

|목 차|

1 Milton H. Erickson의 생애

> 그리고 당신은 독특한 존재임을 항상 기억하라. 그리고 당
> 신이 해야 할 일은 당신의 있는 그대로를 사람들에게 보여
> 주는 것뿐이다.
>
> Milton H. Erickson(Erickson & Lustig, 1975: 6)

의학박사 밀튼 에릭슨(Milton H. Erickson)이 1980년 3월
25일에 세상을 떠났을 때, 750명 이상의 사람들이 에릭슨의
최면과 심리치료에 관한 제1회 국제 학술대회(First Inter-
national Congress)에 등록하였다. 이 5일간의 모임은 최면
을 주제로 한 이제까지의 모임 중 가장 큰 규모로, 20개국 이
상에서 2,000명 이상의 참가자들이 참여한 가운데 1980년
12월에 성황리에 개최되었다. 그 이후 에릭슨 학술대회가

다섯 번 더 있었는데, 그 여섯 번의 모임을 모두 합쳐 1만명이 넘는 전문가들이 참석자로 등록하였다. 또한 전 세계적으로 75개 이상의 밀튼 에릭슨 협회가 애리조나 피닉스에 있는 밀튼 H. 에릭슨 재단에 가입되어 있으며 에릭슨과 그의 업적에 직간접적으로 관계가 있는 서적들이 100권 이상 출판되었다. 이러한 수치들은 에릭슨이 발전시키고 구체화하고 가르쳤던 독특한 심리치료의 접근법이 도처에서 성장하고 있음을 보여 준다. 전략적 치료(Strategic Therapy), 해결중심 방법(Solution-focused Methods), 신경언어학적 프로그래밍(Neuro-Linguistic Programming), Rossi의 심신 작업(Mind/Body work) 그리고 MRI 접근(Mental Research Institute approach)을 포함한 많은 치료적 접근방식이 직접적으로 에릭슨의 영향을 받았다. 더욱이 Stephen과 Carol Lankton은 에릭슨식 최면요법을 가족치료에 접목하는 방법을 고안해 냈다. 아직도 에릭슨의 영향력은 계속해서 더욱 커지고 있다. 그는 다른 어떠한 임상가보다 연구문헌에 많은 사례를 추가하였다(O'Hanlon & Hexum, 1990).

약력 개관

　1901년 12월 5일, Milton Hyland Erickson은 시에라 네바다 산맥에 있는 네바다의 광산촌 오럼의 초라하고 먼지 쌓인 통나무집에서 Albert Erickson과 Clara F. Erickson의 11명의 아이들 중 둘째로 태어났다. 10명의 형제 중 한 명의 남자 형제와 7명의 여자 형제가 유년기를 지나는 동안 살아남았다. 1904년에 에릭슨 가족은 마차로 동부를 가로질러 위스콘신 주에 있는 로웰 지방으로 이사를 갔고 그곳에서 농장도 사고 우유 제조기도 소유하게 되었다. 밀튼의 생애 초기 전반에 아버지 Albert는 광부, 소목동 그리고 농부였고, 때로 어머니 Clara가 농장을 돌보는 동안에 네바다와 위스콘신 사이를 오가기도 했다.

　에릭슨은 위스콘신 주에 있는 로웰과 리스빌에서 초등교육을 받았다. 그는 적녹 색맹이었으며, 음치(tone deaf)여서 기본적인 음악 리듬을 인지하거나 만들어 낼 수 없었다. 또한 그는 약간의 난독증이 있었다. 이러한 문제들은 겉으로 드러나지 않은 채 지나갔으며, 표면적으로는 그의 교육에 방해가 되지 않았다. 1919년에 고등학교를 졸업할 무렵, 그는 뛰어난 운동선수였으며 농업 학회지에 첫 논문을 발표하기도 하였다.

그러다 1919년 8월에 에릭슨은 소아마비에 걸렸고, 1년의 회복기간 동안 불구로 지낼 수밖에 없었다. 위스콘신 대학의 입학은 다음 해로 연기되었다. 대학 시절 그는 Helen Hutton을 만나 결혼해서 아이 셋을 낳았다. 에릭슨이 최면 현상에 관심을 가지기 시작한 것 역시 이 시기였다. 1923년에는 Clark L. Hull과 함께 최면 현상에 대한 연구를 공식적으로 처음 시작하였고, 1928년에는 의학 학사학위와 심리학 석사학위를 받았다.

콜로라도 병원(Colorado General Hospital)에서 일반의학 인턴십을 받았고, 정신과 인턴십은 콜로라도 정신병원(Colorado Psychopathic Hospital)에서 수련하였다. 그 후 20년 동안 에릭슨은 다양한 좋은 자리들을 거쳤다. 로드아일랜드 주 하워드에 있는 정신질환을 위한 주립병원(1929)에서 그는 정신과 보조의사가 되었다. 그리고 매사추세츠에 있는 우스터 주립병원(Worcester State Hospital) (1930~1934)에서는 정신과 과장으로 승진했다. 미시간 주 엘로이즈에 있는 웨인 카운티 병원(Wayne County Hospital)에서 그는 정신과 연구의 최고 책임자가 되었고(1934~1939), 후에 정신과 연구와 훈련 책임자가 되었다(1939~1949). 1938년과 1948년 사이에는 미시간 디트로이트에 있는 웨인 의학대학(Wayne University College of Medicine)의 전임강사에서 전임교수로 승진하였다. 이 시기는 그의 사적인 삶에서도 주요한 변천기였다. 1935년에는 Helen과의 10년간의 결혼생활을 끝내고, 세 아이 Albert, Lance, Carol의 보호자가 되었다. 1936년 그는 Elizabeth (Betty) Moore와 재혼하여 슬하에 다섯 아이 Betty Alice, Allan, Robert, Roxanna 그리고 Kristina를 더 낳았다. Elizabeth Erickson은 그의 동료 연구자이며 협력자이자 일생의 반려자가 되었다.

그가 초기에 수행했던 광범위한 연구 덕분에, 에릭슨은 유능한 관찰자로서의 명성을 얻었다. 그 결과, Margaret Mead는 발리섬 무희들의 무의식적인 혼수상태를 이해하기 위해 1938년에 그에게 자문을 구했다. 후에 그는 Mead와 그녀의 남편 Gregory Bateson과 함께 독일인과 일본인의 성격 구조 그리고 나치 선전 활동의 영향을 연구함으로써 제2차 세계대전 시 미국 정부에 협력했다(Rossi et al., 1983).

1948년 에릭슨은 애리조나 주 피닉스로 옮겨 일 년 동안 애리조나 주립병원의 임상의로 일했다. 그곳의 건조하고 더운 기후는 그의 만성적인 알레르기, 근육경련, 간헐적인 현기증 그리고 다른 증상들(아마도 소아마비후 증후군 때문인 듯하다. 그러나 당시에는 이 증상들이 밝혀지지 않았다)을 조금 경감시켰으나, 여전히 몸의 상태는 좋지 않아 그는 임상책임자를 사임하고 사설 클리닉을 세웠다. Rossi와 동료들(1983)이 '리더십의 시기'라고 부르던 때가 바로 이때다.

에릭슨은 생애의 마지막 30년 동안 연구에 헌신하여 진료와 훈련을 통해 임상적 최면을 발전시켰다. 그는 자신의 독특한 치료적 스타일을 전 세계 수천 명의 전문가들에게 가르쳤고, 일생 동안 140개가 넘는 책과 논문들을 단독 혹은 공동으로 연구하고 출간하였다. 그는 임상 및 실험최면협회(Society for Clinical and Experimental Hypnosis: SCEH)의 창단 위원이었고, 미국임상최면협회(American Society of Clinical Hypnosis: ASCH)의 설립자 및 ASCH의 간행물인 『미국 임상최면 학술지(*The American Journal of Clinical Hypnosis*)』의 발간인이었다. 이 기간 동안 그는 Aldous Huxley, André Weitzenhoffer, Jay Haley, John Weakland, Gregory Bateson, Paul Watzlawick과 같은 학자들과 의견을 나누었고, 그들과 공동 연구를 하였다.

사망 당시 에릭슨은 유족으로 사랑하는 아내, 4명의 아들과 4명의 딸, 그리고 16명의 손자와 16명의 손녀를 두었다(지금까지 손자·손녀 각 17명과 32명의 증손자·증손녀들이 있다). 또한 직접 그에게 가르침을 받거나 혹은 간접적으로 그의 연구를 수행해 온 사람들로부터 영향을 받은 많은 치료자들을 전 세계에 남겼다.

이 사람이 살았던 인생은 지금까지 기술한 것처럼 매우 인상적이다. 그러나 앞서 말한 것은 에릭슨과 그의 업적에 대한 대략적인 스케치일 뿐이며, 그를 이해하는 맥락을 제공하여 주는 큰 틀을 제시한 데 지나지 않다. 에릭슨의 업적과 공헌의 실제적인 핵심은 그의 성격 구조와 따로 떼어 놓을 수 없을 정도로 뒤얽혀 있으며, 이것은 그가 자신의 삶에서 일어났던 긴급한 일들을 어떻게 다루었는지에서 분명히 드러난다. 이 장의 나머지 부분에서는 에릭슨의 페르소나(persona), 생애 경험, 성장 그리고 심리치료 장면에서의 공헌이 서로 어떻게 영향을 주었는지에 대해 더 충분히 기술할 것이다.

에릭슨이 죽기 전, 그의 접근을 연구한 사람들은 에릭슨의 작업을 관찰한 것을 바탕으로 기법 혹은 이론을 추출해 내고자 하였다. 그러나 이러한 노력은 충분히 성공적이지 못하였다. 독수리의 비행을 담은 필름을 생각해 보라. 새의 아름다움과 힘이 포착되어 있다. 새의 외현적인 해부학적 구조처럼, 비행의 과정은 관찰될 수 있다. 바람과 같은 요소들의 영향을 추론할 수도 있다. 그러나 동물과 환경 간의 자연 발생적이고 끝없는 상호작용은 담을 수 없다. 마찬가지로 에릭슨의 업적에 대한 이론적 개념화(formulations)로는 그의 핵심을 담을 수 없다. 이러한 노력은 분명히 유용하지만, 에릭슨의 접근에 단지 근접할 뿐이다. 에릭슨의 접근방법은 무엇이라고 고정할 수 없으며, 환자의 독특한 강점과 능력을 동원해 내는 에릭슨의 능력에서 나온 것이다.

에릭슨의 작업을 이끄는 두드러진 원리의 기초가 된 것은 이러한 융통성, 즉 지속적으로 환자 하나하나를 전적으로 유일하고 독특하게 여기는 것, 그리고 환자가 치료 장면으로 가져오는 모든 것에 주목하는 것이다. 이것이 바로 **활용**(utilization)이다. 활용은 가장 단순하게 말하자면 환자의 생애(life)와 경험의 어떠한 측면에도 건설적으로 반응하도록 준비되어 있는 것을 의미한다(Zeig, 1992). 활용은 가장 강력하고도 효과적인 개입이 환자와 그의 환경 안에서 기원한다는 입장에 기초한다. 활용에 대해서는 에릭슨식 접근을 이끄는 다섯 개의 다른 기능적 원리들과 함께 2장에서 다룰 것이다.

소중한 경험

활용이라는 에릭슨의 기본 원리의 기원은 그 외 출생 순간에서도 찾아볼 수 있다. 그가 태어났던 누추한 바닥의 오두막은 벽이 세 개뿐이었고, 나머지 하나의 벽은 산을 이용한 것이었다. 그의 가족은 목표를 성취하는 과정에서 당장에 유용한 것이면 어떤 것이든지 이용하는 습관을 공유했다. 에릭슨의 어머니는 젤리(칼로 꺼낼 수 있는)를 담아 두려고 오래된 위스키 병을 알뜰하게 활용하였는데 이는 입구가 큰 항아리는 구하기 더 어렵기 때문에 단단한 음식을 담기 위해 남겨 둔 것이었다. 그녀의 이런 습관은 에릭슨의 치료에 대한 접근에서도 드러난다. 그는 당면한 문제를 해결하기 위해 환자들의 자원을 끌어내는 경제적인 방식을 발견하였다. 그의 치료법은 근본적으로 질병 지향적인 것이 아니라 환자 지향적인 것이었다. 따라서 유사한 어려움을 가진 두 명의 환자라도 그들의 독특한 성격과 생애 환경에 따라 치료법은 극단적으로 다를 수 있다.

에릭슨은 환자의 독특한 지각적 관점에 큰 호기심을 가지고 접근하였다. 밝혀지지 않은 지각적이고 기능적인 장애(난독증과 색맹)에 대처해야 했던 에릭슨 자신의 경험으로 인해, 그는 개인이 세상에 대해 갖는 시각의 독특성을 강조하게 되었다. 여담이지만, 에릭슨이 갖고 있었던 특이한 형태의 색맹은 그로 하여금 보라색을 가장 잘 볼 수 있게 하였다. 그래서 에릭슨에 대한 책들이나 에릭슨에게 헌사된 초기의 많은 책은 보라색 표지로 출판되었다.

에릭슨은 '3'과 'm' 사이에 차이가 있다는 것을 비로소 깨달았던 6세 때의 경험을 이야기하였다. 그의 선생님은 에릭슨이 3과 m을 쓰도록 그의 손을 잡고 지도해 주셨다. 그 차이를 즉시 깨닫지는 못했지만, 잠시 후 그는 원자의 빛이 갑자기 폭발하는 것 같은 순간을 경험했다. 에릭슨은 그 빛의 중심에서 'm'은 가운데 다리로 지탱하는 것이고, '3'은 옆쪽으로 다리를 내밀고 서 있는 것이라고 말했다(Rossi et al., 1983: 6).

에릭슨은 고등학교 2학년 때 유사한 경험을 했다. 그는 'gov-er-ment'와 government를 잘 구별하여 발음하지 못했는데, 이때 그의 토론 선생님이 여러 번의 시행착오 끝에 에릭슨으로 하여금 이 두 가지를 구별해서 말할 수 있도록 가르치는 방법을 알아냈다. 그는 이전까지는 자신의 발음이 어디가 잘못되었는지, 다른 사람들의 발음과 어떠한 차이가 있는지 느낄 수 없었다. 선생님은 에릭슨이 칠판에 쓴 단어에 에릭슨의 친구 중 한 명의 이름인 LaVerne을 집어넣어 'govLaVernment' 라는 철자를 만들었다. 에릭슨이 그 단어를 먼저 발음하고, 선생님의 지시대로 'La' 를 생략해서 발음해 보았다. 그것을 큰 소리로 읽자마자, 그는 그 단어를 제외하고 나머지 모든 것이 지워져 버리는 눈부신 빛의 번쩍임을 느낄 수 있었다. 그는 '고정적이고 완고한 패턴을 깨기 위해 그 안에 무관하고 예상치 못한 것들을 도입하는' 자신의 방법을 그 선생님의 덕으로 돌렸다(Rossi et al., 1983: 8).

이 두 사건과 그와 같은 다른 사건들을 통해서 에릭슨은 자신의 어려움에 대해서, 그리고 어떻게 하면 그것들이 치료될 수 있을까에 대해서 호기심을 갖게 되었다. 또한 에릭슨은 그가 쓰거나 보거나 발음하는 것에 성공적이지 못한 노력을 했던 것처럼, '현실 세계' 로 환자들을 끈덕지게 몰아넣기보다는 그들의 지각 세계에 같이 참여해야 할 필요성이 있음을 깨닫게 되었다.

통찰력 있고 호기심 많은 유년 시절

에릭슨은 이미 어린 나이에 문제를 유지시키는 힘이 무엇이며, 문제를 해결하기 위해 어떻게 그 힘을 이용할 수 있을지를 인식하는 예리한 눈을 가지고 있었다. 그가 이중 구속(double bind)을 처음 사용했던 것으로 회상하는 일화가 있다. 에릭슨은 바람이 거세게 몰아치는 어느 겨울 날 반항하는 송아지를 헛간 속으로 밀어 넣기 위해 애쓰는 아버지를 지켜보고 있었다. 어린 밀튼의 웃음에 자극을 받은 아버지는 그에게 송아지를 헛간에 넣어 보라고 했다. 에릭슨은 잠깐 생각한 후에, 계속해서 송아지의 머리를 헛간 속으로 밀어 넣었던 아버지와는 반대로 송아지의 꼬리를 잡아당겼다. 송아지는 두 가지 힘 중에서 더 성가신 쪽으로 저항의 방향을 돌렸고, 밀튼을 질질 끌고 헛간 안으로 들어갔다.

에릭슨의 관찰력과 호기심은 일생 동안 연구에 대한 열정의 핵심을 형성하는 밑거름이 되었다. 에릭슨은 10세도 되기 전에 할아버지의 감자 심는 방법의 타당성을 검증하기 위한 프로젝트를 개발해서 실행하였다. 할아버지는 항상 감자의 싹눈을 위로 하고, 달이 차고 기우는 특정한 시점에 감자를 심곤 하셨다. 에릭슨은 감자의 싹눈을 다양한 방향으로 하여, 달이 차고 기우는 여러 시점에 걸쳐 감자를 심었다. 동시에 한 뙈기의 밭은 할아버지의 방법대로 심었다. 비록 할아버지는 결과에 냉담할 정도로 무관심했지만(이 실험에서 에릭슨은 할아버지와 동일한 수확량을 거두었다), 에릭슨은 자기 자신의 의문에 대한 해답을 찾기 위한 논리적인 방법을 개발하는 과정을 시작하였던 것이다(Rossi et al., 1983). 타당한 답을 얻기 위한 에릭슨의 호기심은 최면 현상, 범죄 성향과 지능의 상호작용, 정신분열증과 생물학적 변화, 실험적 신경증 그리고 심지어 재채기 대물림 현상까지 포함하는 다양한 영역의 연구를 수행케 했다.

14세에 에릭슨은 『위스콘신 농업지(*Wisconsin Agriculturist*)』에 '왜 젊은 사람들은 농촌을 떠나는가?'라는 주제의 첫 논문을 발표하였다. 이 논문은 몇 년 후에 재발표되었는데, 이는 어린 에릭슨의 통찰력을 보여 준 것이었다. 그는 나머지 생애 동안 끊이지 않고 계속적으로 많은 글을 쓰고 출판하였다.

죽음의 문턱에서

17세에 소아마비에 걸렸을 때 에릭슨은 청력, 시력 그리고 눈을 움직이는 능력밖에 남지 않았다. 말을 할 수는 있었지만 상당히 어려웠고 다른 자율적인 신체 능력들도 거의 기능하지 못했다. 그에게 소아마비가 닥친 그날, 그는 의사가 어머니에게 자신이 다음 날 아침이 되기 전에 죽을 것이라고 전하는 말을 들었다. 이런 끔찍한 이야기를 무신경하게 듣게 한 어머니에게 느낀 격분은 살고자 하는 집요한 열망을 끓어오르게 했다. 그는 태양이 지는 모습을 보겠다는 목표를 세웠고, 옷장 거울을 통해 출입문과 서쪽에 위치한 창문을 들여다볼 수 있도록 옷장을 옮겨 달라고 부탁했다. 일몰을 보기 위한 그의 열망은 너무도 강렬해서 훗날 그가 자기 최면(autohypnotic)이라고 기술했던 것을 경험하였다. 그는 분명하게 일몰을 보았지만, 그 과정에서 그의 시야를 가리는 나무, 울타리, 큰 돌덩이를 마음속으로 거두어 내었다. 해가 지자, 그는 무의식 상태로 3일을 보냈다. 끈기, 강한 의지뿐 아니라 탁월한 관찰기술 그리고 운과 같은 것이 요구되는 회복과정이 이어졌다. 현대적인 치료법이 없던 1919년 위스콘신 주 시골마을을 생각해 볼 때 이 회복은 기적이었다.

어느 날, 방 한가운데 있는 변기가 구비된 소아마비 환자용 흔들의자에 앉아 있을 때 뜻밖의 행운의 사건이 벌어졌다. 앉아 있으면서 그는 바로 가까운 자신의 주변이 지겨워졌고, 그가 농장을 볼 수 있는 창문 옆으로 의자를 옮기고 싶다고 간절히 생각하자 그 의자는 아주 조금씩 움직이기 시작했다. 그 순간 에릭슨은 그 움직임을 깨달았고, 움직이고자 했던 열망이 미세한 근육 충동으로 바뀌었다는 결론을 내릴 수 있었다. 마비된 것이 분명한 그의 몸이 움직일 수 있음을 깨달은 것은 충격적이지 않을 수 없었다. 이제 그의 다음 과제는 불가능한 것을 가능하게 하는 것(움직일 수 없었던 것을 움직이는 것)이 아니라 가능한 것(몇 분 동안의 움직임)을 보다 확장하는 것으로 바뀌었다. 이러한 접근이 훗날 치료자로서의 많은 작업의 주요한 부분이 된 긍정적인 능력에 초점을 두고 조금씩 변화를 일으키는 그의 접근의 특징이 되었다는 것을 여기서 주목해 볼 수 있다. 변기용 의자가 흔들의자가 아닌 네 개의 다리로 만들어졌거나 혹은 에릭슨이 예리한 관찰력을 소유하지 않았더라면, 그가 그렇게 빨리 회복되지 않았을지도 모른다. 훗날 에릭슨은 무의식적으로 발생한 이런 몇 분간의 운동들을 무의식적인 과정이 행동의 변화에 영향을 주는 관념 운동 반응(ideomotor responses)의 예로서 이해했다.

에릭슨은 자신의 특정 근육 운동을 자세히 회상하는 것으로부터 출발하는 회복 프로그램을 시작하였다. 예를 들어, 그가 손에 집중을 한다면 손가락을 구부리고 펴는 것과 같이 다양한 물건을 잡는 것을 회상하였다. 그는 손과 손가락이 꼼지락거리거나 조금 더 크게 움직이는 것을 주시해서 보았고, 이러한 성공을 통해서 더욱 열심히 움직이려고 노력하였다. 그는 단지 움직인다는 생각만으로 자동적으로 신체 반응을 이끌어 낼 수 있음을 배웠다. 그다음 11개월 동안 에릭슨은 작은 움직임(small movements)을 발달시키는 데에 초점을 두었고, 그 작은 움직임을 모든 신체 부위에 확장하는 것을 익혔다. 그는 점차적으로 기억에서 유도된 자동적인 관념 운동의 경험을 통해서 자율적인 통제를 다시 얻게 되었다.

세세한 것에 집중하는 에릭슨의 관찰력은 회복에 결정적인 요소였다. 그는 막내 여동생이 기거나 불안정하게 서고 걸음마를 배우는 과정을 보면서 걷고 균형을 잡는 방법을 재학습하는 데 도움을 얻었다. 그의 노력이 성과를 보임에 따라, 그는 걸으려고 노력하면 무척 피곤해지기는 하지만 자신의 만성적인 고통은 줄어든다는 것을 알 수 있었다. 더욱 중요한 것은 걷기, 피로, 휴식의 과정을 생각하는 것만으로도 동일하게 고통을 경감시킬 수 있음을 발견하였다는 점이다.

에릭슨의 초기 장애로 인한 또 다른 중요한 성과는 평소에는 습관적으로 소홀히 해 왔던 정보로부터 결론을 이끌어 내는 능력을 개발한 것이다. 예를 들어, 그는 침대에 누워 헛간 문이 닫히고, 발자국 소리가 가까워지고, 누군가 집으로 들어오는 소리를 들으면서 그 사람이 누구이고 어떠한 감정 상태인지를 정확하게 파악하는 것을 배웠다. 세세한 부분에 집중하고 추론하는 과정은 치료자로서의 그의 능력에 막대한 영향을 주었다. 에릭슨은 함께 연구했던 사람들을 교육할 때 환자들의 전반적인 행동과 이야기뿐만 아니라 움직임, 발성, 몸짓, 숨소리 등의 세세한 것들에도 주의를 기울여야 한다고 했다.

점진적인 회복

　1920년 가을 무렵, 에릭슨은 목발을 짚고 걸을 수 있었으며, 위스콘신 대학에 1학년으로 들어갈 준비가 되었다. 1학년을 마친 후, 에릭슨은 더 건강해졌지만 여전히 허약했고 목발에 의지해서 걸어야 했다. 자연 속에서 더 많은 시간을 보내라는 의사의 권유에 따라 에릭슨은 친구와 10주간의 카누 여행을 계획했으나 마지막에 친구의 돌연한 취소가 있었다. 그럼에도 에릭슨은 포기하지 않고 혼자서 여행을 하기로 결심했다. 그는 2주 동안 먹을 수 있는 음식과 몇 권의 책 그리고 4달러를 가지고 떠났다. 길을 따라가며, 그는 음식을 살 돈을 벌기 위해 농부들을 도와 일했다. 때로는 요리했던 식사를 나누는 대가로 자신의 요리기술을 전수해 주기도 했다. 10주 후에 1,200마일의 강을 카누로 종단한 후 집으로 돌아왔다. 그때 그는 더욱 건강해져서 약간 절뚝거리기는 했지만 목발 없이 걸을 수 있게 되었다. 그리고 그의 주머니에는 8달러가 남아 있었다. 이런 여행은 건강한 사람들에게도 도전이 되는 일이었고, 에릭슨처럼 신체적으로 장애를 가진 사람들에게는 훨씬 더 많은 것을 의미했다. 그것은 그의 길을 가로막는 날씨나 댐 같은 장애물을 극복하기 위해 온몸을 다해 이겨내는 불굴의 의지가 요구되는 일이었다. 그것은 여행의 과정에서 필요했던 일이나 음식 그리고 친구관계를 통해 얻어 낼 수 있는 풍부한 자원(resourcefulness)을 의미했다. 그리고 그것은 삶이 도전을 극복하기 위한 기회와 방법을 제공하지 않은 채 도전해 오지는 않는다는 함축적인 철학을 의미했다. 이러한 끈기, 자원, 긍정성(positivism)은 그가 직업 세계에서 추구했던 넓은 작업 영역에서뿐만 아니라 환자들에게 그가 전한 가치에서도 나타난다.

잠자는 저널리스트

에릭슨은 2학년을 시작하기 위해 대학으로 돌아왔을 때 무의식적인 마음이 극적이고 유용한 방식으로 의식적인 자각을 보강할 수 있다는 것을 이해했다. 에릭슨은 『최면치료 (Healing in Hypnosis)』(Rossi et al., 1983)에 처음으로 기고를 하였다. 그는 어렸을 때 꿈속에서 수학문제를 해결했던 것을 회상하면서, 이미 잠든 후에 대학신문인 〈Daily Cardinal〉에 사설을 쓸 수 있을지 알아보기로 마음먹었다. 그의 계획은 저녁에 공부를 하고 10시 30분에 자러 가는 것이었다. 에릭슨은 알람시계를 새벽 1시에 맞추었다. 알람이 울리면 글을 쓸 수 있도록 타자기에 맨 앞 장을 맞춰 두고 잠자리에 들었다. 다음 날 아침, 그는 타이핑된 종이를 보고 놀랐다. 그는 뭘 썼다는 기억이 전혀 없었다. 그는 그것을 읽지 않고 복사본은 남겨 두고 편집자에게 원본을 보냈다. 주말까지 그는 세 개의 사설을 써서 보냈다. 매일 그는 신문에서 자신의 글을 찾아보았지만 자기 글을 찾을 수가 없었다. 주말에 그는 자신이 남겨 두었던 복사본을 읽어 보았고, 결국 자신의 글 세 편이 모두 신문에 실린 것을 발견하였다. 그는 자신의 글을 알아볼 수가 없었던 것이다.

최면에 눈뜨다

사설을 쓴 경험은 에릭슨에게 많은 도움이 되었다. 그는 "내가 깨달은 것보다 나의 머릿속에 더 많은 것이 있었다."라고 결론 내렸다(Rossi et al., 1983: 12). 또한 에릭슨은 이런 경험을 통해 해리적 현상에 대해 분명하게 이해하게 되었다. 마음속에는 자신의 인식 밖에 있는 정보가 저장되어 있다는 것을 스스로 입증한 것이다. 이 당시에 에릭슨은 룸메이트로부터 자신이 잠을 자면서 걷고 타이프를 친다는 이야기를 들었다. 에릭슨은 대학 3학년이 되어서야 Clark Hull의 세미나를 통해 몽유병의 행동과 자기 최면의 경험을 더 완전히 이해하기 시작했다.

에릭슨은 12세 때 한 친구가 가져온 최면에 관한 싸구려 책자를 보고 처음 최면을 접하게 되었다. 그 친구는 에릭슨에게 최면을 걸어 보고 싶어 했지만, 에릭슨은 어른이 되어 무언가 알게 될 때까지 기다릴 것이라며 거절하였다. 그런 후 그는 실제로 최면을 배우게 되었다. 에릭슨은 2학년 말에 Clark Hull의 최면 시범을 보게 되었고, 한 피험자에게 자신과 함께 더 작업해 보자고 설득하였다. 이후 그는 자신이 배운 것을 첫 피험자에게 적용해 보았고, 두 번째와 세 번째 피험자에게 연습을 했다. 여름 내내 시간이 날 때마다 최면을 연습하고 피험자의 민감성을 발전시키는 다양한 기법들을 고안하며 시간을 보냈다. 그의 접근은 방법론적이었다. 그는 자신의 연구를 노트에 정리해 두었다. 그는 3학년 가을에 Hull과 그의 대학원생들과 함께한 세미나에서 이러한 업적들을 보고하였다. 그해 연말쯤 그는 몇백 명의 피험자를 대상으로 최면을 걸었고, 많은 실험실 실험을 수행했다. 또한 Mendota 주립병원과 위스콘신 대학의 심리학부와 의학부 교수들 앞에서 최면 시범을 보였다.

Hull과 함께했던 세미나는 여러 방면으로 에릭슨의 페르소나와 성격을 보여 준다. 고작 학부생이었던 에릭슨은 그의 의욕적인 실험과 주의 깊은 관찰 덕분에 대학원생들의 동료이자 이 분야를 이끌어 가는 전문가 중 한 사람으로서의 역할을 하였다. 세미나 참가자들은 최면과 관련된 현상과 과정에 대한 폭넓고 다양한 의견과 해석을 주장하였다. Hull의 주장은 피험자의 어떤 내적 과정보다도 '최면을 거는 사람'이 최면 상태를 유도할 때 훨씬 더 중요하다는 것이었다. Hull의 개념에 따르면, 피험자는 공백의 마음 위에 최면 암시가 각인되는 수동적인 수용자였다. 훗날 Hull은 표준화된 최면기법을 발전시켰고, 결국 서로 다른 개개인들

사이에서 유사한 트랜스 상태(trans state)를 이끌어 내기 위해 유도 녹음 기록(induction phonograph records)을 사용하는 시도를 하였다. 탁월한 전문가 중 한 사람의 강한 의견 앞에서도, 스물두 살의 학부생이었던 에릭슨은 자기 분석적 치료 작업에서 얻은 경험과 피험자들에게 실시했던 최면 실험을 통해 개념화를 계속해 나갔다. 그에게 피험자는 수동적으로 움직이는 자동 인형이 아닌 능동적인 참여자였다. Hull의 개념화에 있어 최면은 피험자에게 행해지는 것이지만, 에릭슨의 경우에는 최면이 피험자와 협동해서 유도되는 것이다. 그렇지만 세미나는 에릭슨에게 도움이 되었다. 세미나를 통해 최면 현상에 관한 폭넓은 관점에 대해 들을 수 있는 기회를 얻었고, 실험 절차를 통한 최면 연구를 접하게 되었다. 최면과 암시의 역동에 관한 그의 초기 실험적 연구를 조직화하기 위해서, 그는 Hull에게서 배운 것을 Wundt와 Pillsbury 그리고 Tichner의 내성법에 대한 가르침과 더불어 수용하였다.

의대 학생 시절

에릭슨은 8세 때 의사가 되기로 결심하였다. 그는 심한 치통을 앓으면서 한 가정의(family doctor)를 만나게 되었는데, 이를 뽑아 자신의 고통을 줄여 주었을 뿐만 아니라 5센트짜리 동전까지도 준 그 의사에게 감동을 받았다. 그는 어릴 적 결심을 실행했다. 에릭슨은 의학대학 예과 학생일 때 교수님 한 분의 추천으로 수감자와 고아들의 심리 검사를 하면서 주 자치정부(State Board of Control)에서 일했다. 의학대학원 시절에 그는 특색이 있지만 비범하고 재능 있는 사람임을 스스로 증명하였다. 에릭슨은 Jay Haley에게 의학대학원 1학년 때의 얘기를 해 주었다.

　　1학년을 보내면서, 내가 의학대학원에서 전일제 학생이기를 원했을 때 한 가지 심각한 어려움이 있었습니다. 일(job)이 없었다는 거지요. 그래서 나는 주 자치정부에 들어가서 9월에 일을 시작했어요. 그리고 매주 위원장의 책상 위에 범죄에 관해 작성한 한두 개의 통계 보고서를 올려두었지요. 이 보고서는 예산을 더 얻고 뉴스거리를 만들어 낸다는 점에서 그가 흥미 있어 하는 것들이었습니다. 그 후 11월 첫째 월요일에 보고서가 없자 위원장은 화가 나서 나를 불렀습니다. 급료를 받으면서도 일을 하지 않았다고 위원장이 말을 했지요. 왜 내가 보고서를 더는 쓰지 않았을까요? 나는 어떤 급료도 받지 않았다고 말했더니 그가 말하더군요. "그런 문제라면 지금 당장 급료 전액을 다 주겠소!" 나는 결국 안정적으로 직업을 얻었죠. 휴일마다 또는 휴가 때에도 나는 주 정부가 원하는 어떤 특별 검사를 해 주고 일당과 수당을 받았어요. 그래서 꾸준히 그 일들을 해 나갔죠. 내가 정확히 기억한다면, 크리스마스 휴가 때 나는 하루 일당 10달러와 검사 수당까지 받았습니다. 그리하여 충분한 돈이 생겼죠. 의학대학원 1학년 때에는 결국 75달러까지도 받았어요. 나는 메디슨 주변을 자전거를 타고 돌아다니면서 어떤 기회를 엿보다가 집세가 매달 70달러인 집을 발견했습니다. 집을 살펴본 뒤 집 주인과 70달러에 계약을 하고, 집 앞에 '자취방 있음'이라고 쓴 푯말을 내걸었어요. 그리고 집 주인에게 월세 지불 기간을 연기해 달라고 부탁했지요. 방을 보러 오는 학생들은 고학으로 공부하는 학생들이었고, 그들은 저렴한 임대료로 그들 소유의 침구류를 비치할 수 있음에 기뻐했어요. 나는 중고품 보관회사들에 연락을 해서 내가 그들을 위해 침대와 가구를 보관하겠다고 얘기했죠. 그렇게 해서 그곳에 가구를 갖다놓고, 방은 세를 놓았습니다. 그래서 내가 의학대학원에서 공부하는 데 필요한 돈을 마련할 수 있었지요. 나는 주 자치정부에서 정기적인 월급도 받았어요. 나는 정말로 좋은 시간을 보냈습니다(Haley, 1985c: 152-153).

에릭슨의 이야기에서 보이는 창조적인 독창성은 그가 삶을 대하는 주된 특징이다. 또한 그것은 그의 치료적 접근의 특징이 되었다.

한편으로 우리는 어떻게 에릭슨의 성격과 치료적 공헌이 밀접하게 얽혀 있는지 주목해 볼 수 있다. 대조적으로 프로이트의 연구는 그의 페르소나와는 독립적이다. 사람들은 그의 이론, 방법 그리고 기법을 배울 수 있지만 프로이트가 어떤 사람이었는지는 분명하게 알 수 없다. 실제로 정신분석학자들은 전이를 촉진시키기 위해 그림자와 같은 사람이 되고자 하며, 분석가의 페르소나는 알 수 없도록 한다. 반대로 에릭슨의 경우 그의 성격에 대한 이해 없이 에릭슨의 업적을 공부하기는 어렵다. 인내력과 자원 같은 특질들을 모델링하는 것은 그의 치료의 일부다.

공교롭게도 에릭슨은 학사 단계를 다 밟지 않고 의학대학원에 진학했다. 그는 틀에 박힌 주제보다는 흥미 있는 주제를 원했기 때문에 학사과정을 마치는 것을 미루었다(Haley, 1985c: 153). 그가 자신의 정신박약과 유기, 범죄의 상호관계에 관한 학사논문을 제출하였을 때 이미 대학원의 심리학 프로그램에 등록한 상태였기 때문에, 위원회는 그에게 학사학위 논문으로 상을 받거나 석사 학위와 학사 학위를 함께 받을 수 있는 것 중에서 고를 수 있는 선택권을 주었다. 그리하여 그는 1928년 6월 18일에 위스콘신 대학으로부터 심리학 석사 학위와 의학 학사 학위를 둘 다 받았다.

가정을 이루다

1925년 23세에 에릭슨은 Helen Hutton과 결혼해서 가정을 이루었고 세 자녀를 두었다. 첫째인 Albert는 1929년,

둘째인 Lance는 1931년, 셋째인 Carol은 1933년에 태어났다. 그러나 결혼생활 10년만인 1935년에 에릭슨은 Helen과 이혼하였다. 어떻게, 왜 이 관계가 실패하게 되었는지는 거의 알려진 바가 없다. 에릭슨의 생애에 대해 글을 썼던 Rossi와 동료들(1983)은 에릭슨이 이러한 고통스러운 경험으로 인해 관계에 대한 자신의 인식을 재평가하게 되었다고 얘기한다. 그는 자신의 이해 속에 틈이 있다는 것을 알게 되었고, 이를 줄이기 위해 노력했다. 환자가 생애문제들을 모조리 해결할 필요는 없다는 것이 치료법에 있어서 에릭슨의 일반적인 접근이다. 치료자의 과제는 현재와 미래의 모든 어려움을 해결하는 것이 아니라 환자가 과거에 키워 온 장애들을 이길 수 있도록 도와서 환자가 자신과 조화를 이루며 점진적으로 변화할 수 있도록 하는 것이다.

1928~1929년에 콜로라도 병원의 의료 인턴십과 콜로라도 정신병원의 정신과 인턴십 과정을 동시에 밟으면서, 정신질환을 위한 주립병원에서 정신과 보조의사로 임명된 에릭슨은 로드아일랜드 주의 하워드로 이사를 갔다. 여기서 그는 최초로 범죄 행동에 대한 학술논문 두 편을 발표했다. 비록 이 기간에도 콜로라도에 있을 때처럼 끊임없이 최면에 흥미를 가졌지만, 당시에 임상적 최면 사용은 공식적으로 금지되어 있었다. 따라서 최면 연구와 훈련은 저녁시간과 주말에만 가능했다.

1930년 에릭슨은 매사추세츠에 있는 우스터 주립병원으로 옮겼고 신임 정신과 의사로 일했다. 1930년부터 1934년까지 선임 정신과 의사로, 그 후에는 연구 파트(Research Service)에서 수석 정신과 의사로 승진하였다. 그는 최면에 대한 첫 번째 글인 「실험적 최면을 통해 나타날 수 있는 해로운 효과」를 포함하여 11편 이상의 논문을 더 발표하였다(Erickson, 1932). 이 연구에서 그는 초−피암시성(hyper-suggestibility), 성격의 변화, 비현실과 현실을 구분하는 피험자 능력의 타협, 건강하지 못한 태도의 발달과 도피 메커니즘과 같은 최면의 유해한 영향에 대한 과학적인 증거를 얻기 위해서 방대한 양의 기존 논문들을 검토하였다. 이 논문을 고찰해 볼 때, 의심이나 추측을 넘어서는 염려할 만한 어떤 증거도 발견되지 않았다. 문자 그대로 수천 회의 최면 회기에서 300명 이상의 피험자들을 대상으로 했던 에릭슨의 논문에서는 어떠한 부정적인 영향도 관찰되지 않았다.

최면에 관한 다른 논문들을 보면, 이 기간 동안 에릭슨은 비행, 정신분열과 그 치료법, 기억상실, 그 외 다른 폭넓은 주제에 관한 다양한 문제들을 언급하였다. 젊은 에릭슨은 인간의 기능과 병리의 모든 측면에 흥미를 가졌고, 자신의 관찰내용과 의견들을 명료하게 표현하였다.

에릭슨은 1934년 미시간 주 엘로이즈에 있는 웨인 카운티 병원의 정신과 과장의 직책을 받아들였다. 그는 이곳에서 최면을 진지하게 연구하였다. 그의 연구는 다양한 주제를 포함하였는데, 최면으로 유도된 신경증, 자동적 글쓰기, 감각 지각에 관한 실험(최면으로 유도된 난청과 환각으로 인한 색채 지각을 포함), 히스테리성 우울의 최면 치료법, 최면의 반사회적 사용 가능성 등이 그것이었다. 그는 다른 영역의 연구도 수행하였고, 모두 합쳐 엘로이즈에 있는 14년 동안 47편의 보고서를 발표하였다. 이러한 노력 덕택에 에릭슨은 헌신적인 연구자로서의 명성을 얻게 되었다.

과학적 연구 접근

에릭슨 연구의 특성을 살펴보면 그가 탁월한 관찰력과 합리적인 비판기술을 갖고 있으며 연구 데이터에 근거한 결론을 내린다는 것을 명백하게 알 수 있다. 그의 이런 자세는 1970년대의 지정학적 환경을 통해 설명해 볼 수 있다. 당시 Richard Nixon과 같은 철저한 보수주의(반공산주의) 지도자에 의해 시작된 것이 아니었다면, 미국과 공산주의 중국 간의 정치적 관계는 내부적으로 폭넓게 받아들여질 수 없었을 것이다. 이와 마찬가지로, 역사적으로 최면을 악마의 마술이나 흑마술의 사촌쯤으로 간주하였던 분위기 속에서 오직 합리적이고 경험적으로 도출된 관찰만이 최면을 둘러싸고 있는 신비주의를 사라지게 하고 강력한 치료 도구로 합법화시킬 수 있었다. 밀튼 에릭슨의 연구는 이를 해낸 것이었다.

연구와 동시에 에릭슨은 자신의 관찰력을 발전시키려 지속적으로 노력했다. 예를 들어, 그는 개인력에 대한 질문은 피한 채 망상적이고 환각적인 내용을 포함하는 정신상태 검사를 수행하곤 하였다. 그리고 나서야 자세하고도 추론적인 개인력을 썼는데, 그는 나중에 이것을 사회복지사에 의해 얻어진 실제 개인력과 비교해 보곤 했다. 반대로 그는 세세한 개인사를 알고 나서 정신상태 검사를 작성한 후에 실제 검사 결과와 그의 추론을 비교하고는 했다. 이러한 방식으로 그는 두 가지 형태의 정보를 연결하는 능력이 예민해졌으며, 개인력과 현재 정신과적 증후군 사이의 관계에 대한 이해가 깊어졌다.

1934년부터 1948년까지 엘로이즈에 머물던 시간은 에릭슨에게 개인적으로나 전문가로서 변화의 시기였다. 우스터에서 Helen과의 결혼생활이 끝이 난 에릭슨은 엘로이즈에서 웨인 대학의 학생인 Elizabeth Moore를 만났고 1936년 6월 18일에 결혼을 했다. 에릭슨은 세 아이 Albert(7), Lance(5) 그리고 Carol(2)을 데리고 결혼생활을 시작하였다. 비록 에릭슨의 개인사에 대한 글들이 적긴 하지만, 그는 헌신적인 아버지임에 틀림이 없었다. 그 시기에는 아버지가 아이들의 양육권을 맡는 일은 상당히 드문 일이었다. 1938년에 Betty Alice가 태어났고, 1941년 Allan, 1945년 Robert,

1948년 Roxanna, 그리고 1951년에 막내 Kristina까지 계속된 출생으로 가족은 점점 더 커졌다. 큰아이 Albert는 막내 Kristina가 태어났을 때 스무 살이었다. 에릭슨 부인은 30년 동안 가족 중에 10대가 끊어진 적이 없다고 이야기한다(Haley, 1993).

마흔이 되어 갈 무렵, 에릭슨의 전문적인 생애는 훌륭하게 진행되었다. 1939년에 그는 웨인 카운티 병원에서 정신과 연구 및 훈련의 감독관이 되었으며 같은 해에는 미국 정신신경의학부(American Board of Psychiatry and Neurology)에서 정신과 의사 면허를 받았다. 정신과 연구의 책임자 역할을 하는 동시에 1934년에 미시간에 있는 웨인 의학대학에서 가르치는 일을 함께 시작하였다. 전임강사직을 시작하면서 그는 빠르게 조교수로 승진하였으며 공인 정신과 의사가 되었을 때는 부교수가 되었다(Haley, 1985c). 또한 웨인 대학은 그에게 사회복지학부에서 가르친 후 대학원의 전임 교수 자리를 주었다. 미시간 주립전문대학에서도 그에게 임상심리학의 교수직을 주었다. 에릭슨은 1940년부터 1955년까지는 *Diseases of the Nervous System* 저널에 편집자로도 참여하였다.

에릭슨은 전쟁기간에 지역 징병위원(local induction board)으로 자원하였다. 이를 통해 전쟁에 관련된 일을 도울 수 있는 기회를 얻었다. 동시에 의학대학생들과 임상심리학과 학생들을 전장에 데리고 갈 수 있었는데 그들은 실제 임상 장면을 경험하는 기회를 얻을 수 있었다. 전형적인 에릭슨 스타일로, 그는 이 일을 통해 이득을 얻는 또 다른 방식을 발견했다. 그는 그곳에서 일어났던 다양한 사건들을 썼고, *The Detroit News*의 칼럼니스트인 H. C. L. Jackson에게 글을 보냈다. Jackson은 이 일화들을 'Eric the Badger'로부터 온 통신으로 출판하였다. 몇몇은 *Reader's Digest*에서 재출간되기도 하였다.

1938년에 에릭슨은 발리 사원 무녀들의 트랜스 상태를 연구하는 Margaret Mead와 연결되었고, 최면에 대한 정보를 요청받았다. Abraham Maslow가 Mead를 에릭슨에게 소개해 주었고, 에릭슨과 그의 부인은 Mead의 프로젝트를 돕게 되었다. 그들은 자연스럽게 트랜스 상태로 빠지는 발리 무녀들을 찍은 Mead의 필름을 관찰하였다. 개중에는 가짜로 트랜스 상태에 빠진 척하는 사람들도 있었는데, 에릭슨의 과제는 그 속에서 진짜를 가려내는 것이었다. 이 프로젝트는 그 후 오랫동안 계속되는 Mead와 에릭슨의 협력관계의 시작이 되었다.

전쟁기간에 Gregory Bateson과 그의 아내인 Margaret Mead는 교류문화 연구소(Center for Intercultural Studies)를 설립했고, 비교문화 연구에 대한 정보를 미국 육군성에 제공했다. 그들의 요청으로 에릭슨은 독일인과 식사를 하기도 했고, 일본인에게 최면을 걸어서 그들의 반응을 관찰한 후 문화 차이에 대한 그의 관찰과 분석을 제공하기도 했다. 또한 에릭슨은 Mead와 Bateson이 참석했던 1952년의 첫 메이시 콘퍼런스(Macy Conference)에 연설자로 초빙되었고 초대 참석자 중 한 사람이 되었다. Bateson은 자신이 생각하기에 관련이 있다고 여기는 어떠한 주제에 대해서도 연구할 수 있도록 조시아 메이시(Josiah Macy) 재단으로부터 무제한의 자금 지원을 받았다. 그는 Norbert Weiner, Heinz von Forester를 포함해 일류의 팀을 모았다. 메이시 콘퍼런스의 성과로부터 인공두뇌학 분야가 창시되었다. 첫 회의에서 미리 결정된 주제는 아무것도 없었으며 에릭슨의 작업이 하나의 가능성 있는 출발점으로 연구되었다.

비록 Mead와 Bateson이 1950년에 이혼을 했지만, 에릭슨은 일생 동안 둘과의 관계를 유지했다. 1950년 중반에 진행된 Bateson의 의사소통 연구를 통해 에릭슨은 심리치료에 대한 전략적이고 상호작용적인 접근을 발전시키는 데 영향을 받았다.

신체적인 역경은 에릭슨의 발전에 주요한 역할을 하였다. 소아마비의 폐해를 극복하면서 그가 발전시킨 기술들은 통증 관리와 관련된 정신적 과정을 이해하는 데 크게 도움이 되었다. 소아마비로 인해 그는 세세하게 관찰하는 능력을 연마했고, 불굴의 강한 의지를 발달시켰다.

1947년 미시간에서 또다시 겪은 신체적인 외상은 에릭슨의 삶과 경력에 영향을 주었다. 자전거 사고로 에릭슨의 이마에는 깊은 상처가 생겼다. 그는 자신이 말 혈청과 항파상풍 독소에 민감하다는 것을 알았지만, 최고의 의료 전문가들은 그 독소의 반응을 감수하는 것이 최선의 선택이라고 말했다. 며칠 심사숙고한 끝에 그는 그 독소(항파상풍 독소)를 맞았다. 한 주가 지난 후 그는 과민 알레르기 쇼크에 빠졌고, 아드레날린을 계속 투여받아야 했다. 그 후 15개월 이상 관절 통증, 근육통, 갑작스러운 현기증을 일으키는 '혈청병(serum sickness)' 발작을 자주 겪었다. 그러나 그의 생애에 가장 큰 영향을 끼친 것들 중 하나는 장기간 지속되는 증상들이었다. 오래 지속되어 온 꽃가루 알레르기는 극적으로 상황을 악화시켰고, 때때로 그는 입원을 해야만 했다. 1948년 7월, 이러한 증상들 때문에 에릭슨은 비교적 공기를 매개로 하는 알레르기 인자들이 적은 애리조나 주 피닉스로 여행을 갔다. 여름 동안 회복이 되면서 에릭슨은 애리조나 주립병원(ASH)의 감독자와 대화를 나눈 후 엘로이즈의 지위를 사임하고 ASH의 임상과장 직책을 맡게 되었다(Haley, 1985c).

 ASH는 외부의 정치세력과 맞서고 있었기 때문에 행정적인 변화가 거의 끊임없이 지속되는 상태에 있었다. 디트로이트 출신의 철학박사이자 의학박사인 John A. Larson과

힘을 합하여, 에릭슨은 이 프로그램이 안정성을 갖추고 진보적인 연구 및 치료 장면으로 발전하기를 희망했다. 감독관인 Larson은 든든한 연구 경험을 가지고 있었고, 거짓말 탐지기에 관한 연구를 개척하기도 했다. ASH의 미래는 보장된 것처럼 보였다.

엘로이즈에서의 경우처럼, 에릭슨 가족은 병원 구내에서 살았다. ASH에서 레지던트를 하고 싶다는 문의가 들어오기도 하였다. 하지만 두 가지 문제가 생겼다. 하나는 Larson이 다른 일로 떠나게 되어 에릭슨이 프로그램의 발전에 대한 책임을 홀로 지게 된 것이며(그리고 정치적인 과정들로 싸우게 된 것), 다른 하나는 회색질 척수염과 회색질 뇌염의 후유증으로 인해 반복적인 현기증, 지남력장애, 무력감을 동반한 통증을 겪게 된 것이다. 이 증상들은 프로젝트를 수행하는 데 매우 방해가 되었고, 결국 에릭슨은 병원을 사직하고 개인진료를 시작하였다.

사이프러스 가(街)의 집

에릭슨은 많은 이유로 진료소를 집에서 개업했다. 간헐적인 근육 경련의 고통을 다루기 위해서 자기 최면을 해야만 했는데, 이때 쉽게 사적인 장소를 보장받을 수 있는 여유를 얻었다. 또한 집에서 일하면 에릭슨이 도움을 필요로 하거나 에릭슨의 증상이 악화되었을 때 부인이 더 쉽게 도와줄 수 있었다. 그리고 물론 집에서 일한다는 것은 가족들과 더 많은 시간을 보낼 수 있다는 것을 의미하기도 했다.

1949년부터 1970년까지 운영했던 첫 가정 진료소는 웨스트 사이프러스 32번가(현존하지 않음)에 있었다. 이 거리는 피닉스의 대로에서 조금 떨어져 있는 주거 지역이었다. 1970년부터 사망시기인 1980년 3월 25일까지 그는 자신의 불편한 몸에 더 적합한 주거 지역인 헤이워드 가에 살았다.

사이프러스 가에 있는 에릭슨의 진료실은 매우 검소하였다. 정말 무척 수수했다. 의자 세 개와 책상 하나, 책꽂이 하나가 있는, 방 길이가 각각 10피트도 안 되는 집 뒤쪽에 있는 작은 거실이었다. 헤이워드 가에 있는 진료소 역시 마찬가지로 소박했다. 깨달음을 찾아 지구 여기저기에서 온 나그네들이 그 진료실의 장식이었다.

에릭슨의 진료소가 집에 있었기 때문에 '가족' 치료를 할 수 있는 독특한 기회가 만들어졌다. 에릭슨의 가족은 환자들과 잘 섞여 지냈다. 학생들, 환자들 그리고 동료들은 가족은 소중한 것이라는 에릭슨의 가치관이 아름답게 반영된 가족적인 분위기 속에서 아이들, 애완동물, 가족의 친구들과 뒤섞였다. 더 중요한 것은 환자들과 가족을 통합하는 것이 그곳을 방문하는 환자들에 대한 긍정적인 존중을 내포하였다는 것이다. 환자들은 분리되거나 고립되지 않았다. 기다리는 동안 인형 옷을 같이 입히자는 부탁을 받거나 강아지가 귀를 핥는 등 그 순간에 일어나는 무슨 일이든 참여할 수 있었다.

가족은 사람들에 대한 에릭슨의 관심을 공유했고, 가족 중 한 여자아이가 환자들 중 한 명을 위해 샌드위치를 만드는 일은 드문 일이 아니었다. 입원했던 환자 한 명은 퇴원 후에 가족으로 '입양' 되었다. 에릭슨의 가족은 그 환자가 자신들의 집에서 개를 기를 수 있도록 허락해 주었다(그 환자의 아파트에서는 개를 기르는 것이 허락되지 않았다). 그리고 몇 년 동안 그는 날마다 방문해서 그 개를 돌보았다(Rossi et al., 1983; Zeig, 1985). 환자들 또는 학생들까지도 진료비가 문제가 될 때는 종종 에릭슨 집 주변에서 작은 일들을 하고는 했다.

에릭슨이 중요한 사항을 설명하기 위해 자녀들과의 일화를 곧잘 얘기했기 때문에 에릭슨의 가족생활은 그의 문헌 곳곳에서 찾아볼 수 있다. 또한 에릭슨식 최면과 심리치료 접근에 관한 국제적인 학술대회에서 (그가 죽은 후) 에릭슨의 자녀들은 어린 시절의 사건들을 회상하였다. 어느 날 에릭슨은 자기 아들 중 한 명이 이제는 쓰레기 버리는 책임을 맡을 만큼 충분한 나이가 되었다고 생각하였다. 그런데 이 아이가 이틀 동안 쓰레기를 버리지 않았고, 그때 에릭슨이 개입하였다. 에릭슨은 한밤중에 아들을 깨우고 난 후 진심으로 사과를 하면서, 좋은 부모는 아이가 잠자리에 들기 전에 쓰레기를 버릴 수 있도록 일깨워 줬을 것이라고 말했다. 에릭슨은 몹시 미안했지만 좋은 부모가 되기를 원했기 때문에 아이들이 자신의 책임을 다해야 한다는 것을 확신시켜 주어야만 했다. 그러면 그 아이는 기꺼이 쓰레기를 버리고, 이에 에릭슨이 아버지로서의 책임을 다할 수 있게 되었을까? 아이는 그다음부터 쓰레기 치우는 일을 잊지 않았다. 에릭슨은 가족과 환자들 모두에게 외유내강의 모습을 보였다.

두 번째 벼락

1949년부터 1950년대 초 내내, 에릭슨은 최면에 대한 워크숍과 세미나를 하기 위해 여러 곳으로 여행을 했다. 또한 피닉스 단과대학과 애리조나 주립대학에서 강의를 했다. 1953년 에릭슨은 자신이 의학적 변종이라고 믿었던 두 번째 소아마비를 앓았다. 그는 자신이 세 가지 변종 중에서 두 가지에 걸렸다고 생각했다.[1] '삼세판'은 그가 Jay Haley를 놀리는 말이었다(Haley, 1985c: 165). 이것은 불운을 최소화하려는 그의 태도를 말해 준다.

1953년 재발 이후 에릭슨은 통증에서 자유롭지 못했던 것

---

1) 에릭슨은 생존 당시에는 이름이 알려지지 않았던 병인 소아마비후(post-polio) 증후군을 또 앓았던 것 같다.

같다. 그의 오른쪽 팔, 등, 옆구리, 배 그리고 두 다리의 근육이 손상되었다. 그러나 감각 기억 연습을 했던 이전 경험으로 회복이 촉진되었다. 그는 기능적인 손상을 보충하기 위해 손상된 근육을 어떻게 재활해야 하는지를 알고 있었다. 또한 오랫동안 해 온 자기 최면으로 효과적인 이완을 가능케 하면서 무의식이 통증을 관리할 수 있게 하였다(Rossi et al., 1983). 그의 만성적인 통증 수위는 나이가 들어 가면서 더욱 커져 갔다. 그는 근육 경련이 너무 갑작스럽고 심해서 말 그대로 근육이 찢어질 것 같다고 했다(Haley, 1985c).

또한 에릭슨은 평범한 방식을 사용하기도 했다. 그는 사이프러스의 진료소에 전화기를 두지 않았기 때문에 하루에도 몇 번씩 일어나서 집의 다른 곳에 있는 전화기 쪽으로 걸어가야만 했다. 그는 가능한 한 많은 신체적 기능을 유지할 수 있도록 감자 깎기와 같은 단순한 작업에 몰두하였다. 1956년에는 두 지팡이에 의지하여 산을 오르기 충분한 신체적인 건강을 회복하였다(Haley, 1985a). 그러나 이런 회복에도 불구하고 지속적으로 건강은 악화되었고 1967년에 결국 영구적으로 휠체어에 의존하는 신세가 되었다. 생애 마지막 무렵에 그는 끊임없는 만성적인 고통에 시달렸고, 횡경막 절반과 조금밖에 없는 늑간 근육으로 호흡을 해야 했다. 시력과 청력이 손상되었고, 더 이상 의치를 낄 수 없어 분명하게 단어를 발음하는 법을 다시 배워야 했다. 하지만 이러한 역경 속에서도 어쩌면 그는 이러한 역경으로 인해 활기를 유지했고 살아 있다는 기쁨을 발산했던 것 같다(Zeig, 1985).

더욱 커져 가는 영향력

회복과정을 시작하는 데 전념하는 기간을 제외하고, 에릭슨의 전문가로서의 발전은 소아마비로 인해 누그러들지 않았다. 실제 1950년대 중반은 에릭슨의 영향이 점점 커지던 시기였다. 그는 세미나를 통해 심리학자, 정신과 의사, 치과 의사에게 최면법을 가르치기 시작했다.

이 기간 동안 에릭슨은 Aldous Huxley와 친구가 되었고, 두 사람은 Huxley를 피험자로 하여 최면 작업에 관한 몇몇 흥미로운 공동 연구를 하였다. 일련의 실험들을 종이에 기록하였는데, Huxley의 캘리포니아 집이 화재로 불타면서 원고와 회기 노트 등의 자료가 사라져 버렸다. 유일하게 남은 회기 기록은 최면 회기 중 하나로, 에릭슨이 가지고 있었던 것이다. 에릭슨은 1965년 7월 『미국 임상최면 학술지』에 「다양한 의식 상태의 본질과 특징에 관해 Aldous Huxley와 함께한 특별한 의문」이라는 제목의 논문을 발표하였다. 그리고 이 논문은 *Collected Papers of Milton H. Erickson on Hypnosis*의 I권에 재출판되었다(Rossi, 1980a).

그들은 Huxley가 '깊은 반영(deep reflection)'이라고 불렀던 마음의 변경된 상태에 대해 함께 탐구하였다. 이 상태는 초점이 맞추어지지 않는 행동과 자극에 대한 해리와 기억상실을 특징으로 한다. 또한 Huxley와 에릭슨은 외부적 현실에 대한 애착, 안락함의 내적 감각, 환각, 마비, 기억상실, 기억과다, 시간 왜곡, 강경증(catalepsy) 그리고 다른 일반적 현상과 같은 변인들을 연구하는 동안 다양한 깊이의 트랜스 상태를 다루었다. Huxley는 '깊은 반영'을 다양한 트랜스 상태와 비교하면서, 최면 경험이 트랜스 상태와 초점의 깊이 측면에서 공통점이 있지만 객관적인 외부 현실과는 관련이 덜하다는 결론을 내렸다. 많은 기록이 없어져 버렸음에도, 그들이 기록한 설명은 의식의 또 다른 변경된 상태와 대조되는 최면 현상에 대한 풍부하고 통찰력 있는 설명을 제공하였다.

Linn Cooper 박사는 에릭슨에게 시간의 왜곡 및 시간지각의 조작을 위한 연구도구로 최면을 사용할 수 있는 가능성에 대해 이야기를 꺼냈다. 에릭슨 역시 이 이야기에 흥미를 가졌고, 둘은 애리조나 주립대학의 심리학과 학생들을 대상으로 공동 연구를 하였다. Cooper가 실험 결과를 쓰는 동안, 에릭슨은 임상적 관련성과 치료적 적용에 관한 글을 썼다. 『최면의 시간 왜곡(*Time Distortion in Hypnosis*)』은 1954년에 출간되었다. 시간 왜곡은 최면의 가장 밝히기 어려운 현상 중의 하나였다. Cooper와 에릭슨의 프로젝트는 최면 연구에 중요한 공헌을 하였다.

『최면의 시간 왜곡』이 모두 팔리고 재판이 고려될 무렵, 에릭슨과 그의 부인은 시간의 확장과 축소를 대조하는 흥미로운 실험을 수행하였다. 연구의 이러한 발전은 책의 재인쇄보다는 2판(second edition)을 필요로 했다. 에릭슨의 부인인 Elizabeth Erickson이 그녀의 남편을 도와 두 사람이 함께 공동 연구를 한 것이 이번이 처음은 아니었다. 실제 그들은 1935년 웨인 주립대학에서 그녀가 그의 실험 보조 역할을 하면서 처음 만나게 되었다. 1938년 *Journal of Experimental Psychology*(22: 581-588)에 「허위-흑백 잔영이 뒤따르는 환각 색채 영상의 최면유도」라는 제목의 논문이 발표되었다. 또한 시간 왜곡에 관한 그들의 논문은 『미국 임상최면 학술지』(1958, 1: 83-89)에 발표되었다.

이러한 공동 출간은 협력적 노력이 문헌 출간에 모아진 사례들이다. 그러나 Elizabeth Erickson은 에릭슨의 경력에 있어 줄곧 다양한 방식으로 내조를 하였다. 때때로 그녀는 최면 시연을 보인다든지 함으로써 치료 회기에 참여하기도 했다. 그녀는 고통을 다루기 위해 애쓰는 에릭슨을 보조하였다. 10년 동안 에릭슨이 『미국 임상최면 학술지』의 발기인과 편집자의 역할을 할 때 그녀도 편집과 교정에 열심이었다. 그녀는 전 세계에서 찾아온 손님들을 접대하였고, 에릭슨이 여행을 갔을 때에는 아이들을 돌보는 일을 책임졌다. 그가 죽었을 때, 그녀는 계속해서 자신의 직책을 통해 그의 업적을 지지했고, 밀튼 H. 에릭슨 재단의 위원회 설립 회원으로 활동했다. 재단에 의해 조직된 학술대회들이 열리면 그녀의 참석과 연설은 회보에서 중요한 몫을 담당했다.

최면의 시대

1957년에 미국 임상최면협회가 설립되었고, 에릭슨은 초대 회장직을 2년 동안 맡았다. 또한 1958년부터 1968년까지 그는 『미국 임상최면 학술지』를 발간하여 첫 편집자를 맡았다. 이 두 사건은 20세기 초에는 상상할 수 없었던 최면이 합법화되고 수용되었음을 분명하게 보여 준다(최면에 대해서는 3장에서 더 자세하게 논의할 것이다). 전문가 집단에 최면이 받아들여진 데는 에릭슨이 최면 현상을 탐구하면서 사용했던 연구에 기초한 접근방식(research-based approach)이 큰 역할을 하였다.

1950년대 말에 에릭슨은 최면에 관한 강의, 워크숍과 세미나를 위해 나라 안팎으로 여행하는 것이 일상이 되었다. 그가 깊은 혼수상태를 시연하는 것이 이러한 행사의 중심이었다. 에릭슨이 가지고 있는 최면에 대한 전문적 기술은 팬터마임(Pantomime) 기법의 발전을 가져오게 된 그의 시연에서 분명히 나타나게 된다.

에릭슨은 미국 임상최면협회에 가입된 분회인 멕시코시티의 Grupo de Estudio sobre Hypnosis Clinica y Experimental로부터 연설자로 초청받아 강연을 하였다. 그는 연설 전에 짧게 최면의 시범을 보이면서 시작할 것이라고 알려 주었다. 그의 실험 대상자는 영어를 전혀 못하는 간호사였다(에릭슨은 스페인어를 전혀 하지 못했다). 그녀는 에릭슨이 어떤 사람인지, 최면이 어떤 것인지 전혀 모르고 있었고, 단지 말없이 가만히 있는 도움을 주기만 하면 되는 미국 의사라는 것만 알고 있을 뿐이었다. 그녀는 자신이 공손하게 다루어질 것이라고 다짐을 받았다. 최면으로 소리가 들리지 않도록 유도했던 이전의 작업 경험을 회상하면서, 에릭슨은 알기 쉬운 비언어적 의사소통(팬터마임)의 형태에 쉽게 반응하게 하기 위해서 간호사의 이해하려는 열망과 정신적 불확실성 상태를 이용하였다. 이 시도는 (그리고 강의는) 성공적이었고, 이로부터 팬터마임 기법이 탄생하였다. 이 사건에 신비스러운 것은 없었다. 에릭슨은 활용의 대가였고, 혼수상태의 현상을 유도해 내기 위해서 단지 언어적인 구성 요소에만 의존하지 않았다.

미국 임상최면협회의 창립 회원인 의학박사 Seymour Hershman, 치의학박사 Irving Secter와 함께 에릭슨은 『의료와 치과 최면을 위한 실질적 응용(*The Practical*

Application of Medical and Dental Hypnosis)」(New York: Julian Press)을 출판하였다. 이 자료는 이 협회가 실시하는 교육용 워크숍에서 사용하기 위해 만들어진 것이었다.

1960년까지 에릭슨은 90편 이상의 논문과 두 권의 책을 출판하였고, 국제적으로 그의 최면 연구가 알려졌다. 이런 업적의 결과로 사람들은 정보를 얻거나 자신이 가진 생각에 도움을 받기 위해 에릭슨을 찾기 시작했다. 예를 들어, 1955년 Gregory Bateson과 함께 의사소통 연구를 했던 Jay Haley 와 John Weakland는 최면에서의 의사소통에 대해 더 많은 것을 배우기 위해 에릭슨을 찾아왔다. 이중 구속(double bind)에 대해 그들이 이해한 것과 에릭슨의 의견이 관련이 있다고 생각했기 때문이었다. 그들은 에릭슨이 환자들과 작업하는 것과 정신분열증을 유도하는 어머니들의 의사소통 패턴 간의 유사점을 보았다. 곧 Haley, Weakland와 에릭슨은 지속적으로 공동 연구를 하였다. 이런 논의들은 Haley에 의해 기록되었고, 마침내 *Coversations with Milton H. Erickson, MD*가 3권 세트로 출판되었다. 이후 Haley의 많은 연구는 에릭슨에게 깊은 영향을 받았다. 마찬가지로 1973년 Haley에 의해 출판된 *Uncommon Therapy*는 에릭슨의 연구에 대한 전문가 집단의 집단적 인식에 커다란 영향을 주었다. *Uncommon Therapy* 이후에 에릭슨 접근에 대한 관심은 극적으로 증가하였다.

다른 사람들도 Haley와 Weakland의 발자취를 따랐다. 1972년에 Ernest Rossi 박사는 그의 한 환자의 권유로 에릭슨을 만나기 위해 캘리포니아 남쪽에서 피닉스까지 여행을 하였는데, 이를 기점으로 에릭슨의 나머지 여생 동안 지속되는 관계가 시작되었다. 이 두 사람은 공동으로 에릭슨의 많은 사상과 기법을 통합 정리하여 책으로 출판하였다. 여러 해에 걸쳐 에릭슨에게 배운 많은 전문가들이 심리치료 분야에 지속적으로 영향을 주었다. 그들은 Paul Watzlawick, Jeffrey Zeig, Richard Bandler, John Grinder, William O'Hanlon, Stephen Gilligan, Stephen Lankton과 Carol Lankton이다. 이들 및 다른 전문가들에 대한 에릭슨의 영향력이 어느 정도인지는 5장에서 더 자세하게 검토할 것이다.

헤이워드 가(街)

1970년에 헤이워드 가로 이사하고 나서, 에릭슨은 거의 치료 분야에서 은퇴했다. 놀랍게도 그의 세 번째 경력은 교사였다(첫 번째 그의 경력은 연구자이고, 두 번째는 임상가다). 전 세계에서 온 학생들이 1975년에 시작된 교육 세미나에 참석하기 위해 에릭슨의 검소한 집으로 찾아왔고, 이 발길은 에릭슨이 죽은 1980년까지 이어졌다. 그의 스케줄은 몇 달 동안이미 꽉 차 있었다. 세미나 중 하나는 Jeffrey Zeig(1980)가

편집한 *A Teaching Seminar with Milton H. Erickson*
에 기록되어 있다.

새로운 주류

1967년에 에릭슨은 휠체어를 타게 되었음에도 계속 환자
들을 진료했고, 공동 연구로 책과 논문을 썼으며, 1970년대
에는 교육을 계속하였다. 심리치료 분야에서 그의 영향력은
측정할 수가 없을 정도다.

Haley(1993: ix)는 에릭슨의 경력과정 동안의 치료에 있
어서의 변화에 대해 썼다. 1950년대에 에릭슨의 연구는 생
소하고, 논쟁의 여지가 있었으며, 주류에서 벗어나 있었다.
하지만 에릭슨이 사망할 무렵에 그는 자신이 피하고자 했던
명예인 치료 분야 주요 학파의 창시자로 명명되었고 주류가
되었다. 그는 변하지 않았지만, 치료가 실행되는 전반적인
방식은 변화하였다. 가족문제는 개인과 하는 것보다 실제로
가족과 함께 작업함으로써 접근하게 되었다. 환자를 치료
장면에 오도록 한 문제가 깊숙이 숨어 있는 어떤 병리를 나
타낸다기보다 그 문제 자체가 치료의 초점일 수 있었다. 합
리적이기만 하다면, 치료는 문제를 해결하기 위한 어떠한
접근이라도 활용할 수 있었다. 이제 치료법의 선택은 방법
론적인 편견보다는 환자와 문제의 본질에 의해 정해진다.

그리고 단기 치료법은 받아들여질 뿐만 아니라 바람직한 선택으로 간주된다.

Haley는 에릭슨이 이러한 변화에 분명하게 영향을 미치긴 했지만, 그가 이 분야의 변화에 책임이 있다고는 주장하지 않았다. 아마도 진실에 더 가까운 것은 심리치료의 발달 과정에 있어 에릭슨의 선배들이 인간의 기능에 대한 생각을 분명하게 해 주는 견고한 임상적 기초를 세웠다는 것이다. 발달적이고 무의식적인 과정이 사람들에게 영향을 미치기 때문에 정신역동 접근과 이론이 발전할 수 있었다. 행동주의 접근과 이론은 사람들의 기능에 종종 선행 자극에 학습된 반응이 수반되기 때문에 발전하였다. 인지적 접근은 인간의 믿음 체계를 다룬다. 관계 접근들은 대인 간 기능에 초점을 맞춘다. 요컨대, 다양한 학파들은 인간 기능의 다양한 측면을 설명하고 있다. 에릭슨은 환자의 핵심을 더욱 분명하게 보기 위해, 그리고 환자의 욕구에 자신의 개입을 맞추기 위해 이론을 피했다. 그는 성격 이론들이 모든 여행자를 똑같이 맞추는 프로크루스테스^{역자 주}의 침대와 유사하다고 보았다. 침대

역자 주 | 그리스 신화 중 테세우스 이야기에 나오는 악한. 여행자들을 집으로 초대해 잠을 재워 주면서 침대보다 작으면 잡아 늘여 죽이고, 길면 다리를 잘라 죽였다. 결국 테세우스에게 같은 방식으로 죽임을 당한다.

보다 작은 사람은 억지로 잡아 늘이고 더 긴 사람은 다리를 잘라 침대에 맞추는 것과 마찬가지로 본 것이다.

에릭슨은 환자의 욕구와 자원을 토대로 환자를 치료하는 모델을 만드는 데 공헌하였다. 에릭슨을 위대하게 만든 것은 그가 훌륭하게 환자의 의식과 무의식의 자원을 이해하고, 이러한 자원 이용 방법을 과제에 이용했다는 것이다. 그는 최면, 평가, 관찰, 활용, 강렬하고 극적인 의사소통의 대가였다. 이러한 특성은 그의 환자들에게 도움을 주었다. 그러나 그토록 그의 작업이 신뢰감을 얻고 심리치료 분야에 극적으로 영향을 줄 수 있었던 것은 다름 아닌 그의 연구자와 저술가로서의 능력 덕분이었다.

에릭슨은 1977년에 International Society of Hypnosis에서 주는 첫 번째 Benjamin Franklin Gold Medal의 수상자가 되었다. 같은 해에 『미국 임상최면 학술지』에서 그의 75번째 생일을 기념하기 위해 특집호를 출판하였다. Margaret Mead는 이를 위해 특별한 찬사를 썼다. 에릭슨은 8개의 유명한 전문가 협회의 특별 회원이었고, 미국 신경정신의학 분야의 전문의였으며, 브리튼(잉글랜드, 스코틀랜드, 웨일스), 일본, 아르헨티나, 스페인, 베네수엘라 7개국 전문가 협회(seven professional societies)의 명예 회원이었다. 그는 생애 동안 147권의 책과 논문을 출판하였고, 그와 그의 작업에 대한 글들은 셀 수가 없을 정도다.

1980년 3월 25일에 에릭슨은 사망했다. 그는 죽기 직전까지 건강하고 의욕적이었으며 교육에도 관여하였다. 심지어 그는 1980년 12월에 개최된 International Congress on Ericksonian Approaches to Hypnosis and Psychotherapy의 계획에도 관여하였다. 그의 사망으로 인해 이 모임을 진행할 것인지에 대한 의문이 있었지만 주최자들은 계획대로 진행하자는 분명히 옳은 선택을 하였고 2,000명 이상의 임상가들이 그 첫 학술대회에 참석하였다. 그 이후로 여섯 번의 학술대회가 더 있었고, 일곱 번째 모임은 1999년 열렸다.

피닉스에 있는 밀튼 H. 에릭슨 재단은 1979년에 에릭슨의 공헌을 유지하고 발전시키기 위해 조직되었고, 에릭슨의 연구에 관심을 가진 모든 사람에게 지속적인 자원이 되고 있다. 이 책이 출판될 때를 기점으로 보면, 전 세계적으로 회원으로 가입된 에릭슨 연구소 지부는 80개가 넘는다. 에릭슨 재단은 단기치료 접근과 같은 특정한 주제로 특정 교수들이 모이는 다른 연차 총회(annual conferences)도 후원한다. 에릭슨 재단은 1985년에 시작되어 5년마다 열리는 심리치료의 진화 학회(Evolution of Psychotherapy Conferences)를 후원하고 있다. 이 집단은 교육하고, 시연하고, 토의하고, 의견을 교환하는 심리치료 분야의 대가와 개척자들로 이루어져 있다. 이러한 모임들은 통합과 성장을 위한 특별한 기회

를 만들고 있다. 에릭슨이 살아 있었다면 이러한 모임들을
인정하고 격려했을 것이다. 그는 욕심 많은 학습자였고 통
합적인 치료적 접근에 가치를 두었다.

2 주요 이론적 공헌

나는 모든 심리치료자가 읽고 알아야 되는 것이 인류학이
라고 생각한다.

Milton H. Erickson(Zeig, 1980: 119)

에릭슨의 주요 공헌점

35세의 기혼 여성이 밀튼 에릭슨(Milton Erickson) 박사를
찾아와서, 자신은 비행공포증이 있는데 이번에 직장일로 댈
러스까지 비행기를 타고 가야 한다고 호소했다. 그녀는 10년
전에 타고 있던 비행기가 불시착을 한 적이 있었다. 이후 5년
동안 계속해서 비행기를 타기는 했지만 비행 중에 계속 커지
는 두려움을 경험하였다. 비행기가 착륙하면 그녀의 증상은

멈추었다. 그녀는 이 두려움에 온 정신이 집중되어 어떤 것도 들을 수 없었다. 동시에 심하게 몸을 떨고 땀을 흘려서 업무 상 여행을 가면 일하기 전에 옷을 갈아 입고 8시간 정도의 휴식을 취해야만 했다. 결국 그녀는 비행기로 여행하는 것을 그만두었다. 그녀는 에릭슨에게 이 두려움을 극복하고자 최면을 사용하고 싶다면서 자신이 좋은 최면 피험자라고 말했다. 최면 연습 시행을 해 본 후, 에릭슨 박사는 자신이 하라는 어떤 행동이든 하겠다고 약속한다면 그녀를 돕겠다고 말했다. 그녀는 5분 동안 심사숙고한 후에 동의하였다. 다시 에릭슨은 그녀에게 무의식 상태에 들어가 무의식적인 동의를 하도록 요구했고, 그녀는 더욱 빠르게 이것들을 행했다. 최면 상태에서 그녀는 3만 5,000피트 상공을 날고 있는 환상에 빠지도록 지시받았고, 그녀는 증상을 보이기 시작했다. 그다음 "이제 비행기가 착륙합니다. 그리고 비행기가 땅에 닿을 때까지 당신의 모든 두려움, 공포, 불안, 심한 고통 같은 어려움이 당신의 몸에서 빠져나와 당신 옆에 있는 의자 속으로 들어갈 거예요."라는 말을 들었다. 그녀는 최면에서 깨어나 빈 의자를 응시했고, 방 안을 뛰어다니며 소리쳤다. "그게 거기에 있어요! 그게 거기에 있어요!" 에릭슨은 이 회기에 자신의 부인을 불러 그 의자에 앉으라고 부탁했다. 그 환자는 에릭슨 부인이 의자에 앉으려는 것을 몸으로 막았다.

　이 시점에서 에릭슨은 환자에게 치료가 완료되었으며, 댈러스까지 오가는 비행을 즐기라고 말해 주었다. 그녀는 공항에서 에릭슨에게 전화를 걸어 비행이 어떠했는지 말해 주기로 했다. 에릭슨은 의자를 각기 다르게 노출해서 세 장의 사진으로 찍었고, 이 사진들을 비행하기 전에 그녀에게 보냈다. 그는 가장 어두운 사진에는 "당신의 공포가 완전히 사라지고 영원히 휴식하고 있는 공간"이라고 썼고 가장 밝은 사진에는 "당신의 두려움, 공포, 불안 그리고 고통의 어려운 문제들이 어둠 속으로 천천히 내려가고 있는 영원한 휴식의 공간", 그리고 적절하게 밝은 사진에는 "당신의 두려움, 공포 그리고 불안이 영원히 휴식하는 공간"이라고 써서 붙였다. 그녀는 지시대로 공항에서 전화를 했다. 그리고 자신이 멋지고 즐거운 비행을 했다고 보고했다. 에릭슨은 그녀에게 자신의 학생들을 만나서 그녀의 얘기를 좀 들려달라고 부탁했고, 그녀는 그에 동의했다.

그녀가 학생들을 만나기 위해 도착했을 때는 그 의자를 피했고, 심지어 학생들조차 거기에 앉아서는 안 된다고 주장하였다. 에릭슨은 그녀를 최면 상태로 인도하고 샌프란시스코까지 비행하는 것을 상상하도록 하였다. 그런 후 그녀는 자신의 최근 비행 경험을 차례대로 이야기했다. 거기서 그녀는 차를 빌려 금문교에 갔다. 차를 세운 후 다리 중간까지 걸어가 아래를 보았다. 에릭슨은 자신이 다리의 역사와 다리를 뒤덮고 있는 안개에 대해 그녀에게 설명하는 동안 그녀가 다리 중

앙에 머물도록 했다. 그런 후 그녀는 최면 상태에서 깨어나 샌프란시스코 여행에 대해 매우 이야기하고 싶어 했다. 그녀는 자신의 경험을 차례대로 이야기한 후에야 자신이 최면 상태에 있었고, 샌프란시스코에 간 적이 없었다는 것을 깨달았다.

에릭슨은 그녀에게 댈러스까지의 여행에서 또 다른 문제는 무엇이었는지 학생들에게 얘기해 달라고 부탁했다. 그녀는 당황한 듯 보였고, 자신은 또 다른 문제는 없었다고 대답했다. 에릭슨은 그녀에게 자기가 단순한 질문을 할 것이고, 이 말을 듣고 자신이 무슨 뜻으로 말한 것인지 알게 될 것이라고 말해 주었다. "당신이 댈러스에서 처음으로 했던 것은 무엇입니까?" 그녀는 답했다. "오, 그거요? 나는 40층짜리 빌딩에 가서 1층에서 맨 위층까지 가기 위해 엘리베이터를 탔어요." 과거에 그녀는 공포감 때문에 각 층마다 엘리베이터를 갈아타야 할 필요가 있었다. 에릭슨은 그녀의 증상을 유심히 듣다가, 처음에 그녀가 왔을 때 그녀가 말한 것 같은 비행기 공포증은 없지만 받침기둥이 보이지 않는 밀폐된 장소(비행 중인 비행기, 엘리베이터)와 공중에 떠 있는 다리에 대한 공포증이 있다는 것을 알게 되었다고 학생들에게 설명하였다(Zeig, 1980).

오리엔테이션

앞의 사례 연구에서 설명했듯이, 에릭슨의 개입은 종종 전통적이지 않고 간결하면서 효과적이었다. 이러한 개입들은 성격 이론이나 치료 이론에 기인한 것이 아니라 환자와 치료적 상황에 대한 관심으로부터 온 것이었다.

2장에서는 에릭슨의 연구에 대한 역사적인 맥락을 제공하고, 그가 자신의 연구를 어떤 이론적인 체계로 형식화하기를 거부했던 것에 대해 설명하고자 한다. 그리고 치료에 대한 그의 태도에서 보이는 특징적인 여섯 가지 실제적 원리를 상세히 설명할 것이다.

그 여섯 가지 원리는 다음과 같다.

1. 무의식적인 마음은 치료적 과정을 이끄는 중요한 도구다.
2. 환자들이 가진 문제는 병리적인 것이 아니라 그들의 삶에서 변화하는 요구에 적응하려는 시도의 결과로 간주한다.
3. 치료자는 치료적 과정에서 적극적이고 지시하는 역할을 해도 된다.
4. 영속적인 변화는 흔히 치료실의 한계를 벗어나 회기 밖에서 이루어지는 과제를 통해 성취된 경험으로부터 나올 수 있다.
5. 대부분의 사례에서 환자들은 자신의 문제를 해결할 적

절한 자원, 강점 그리고 경험을 가지고 있다.

6. 효과적인 치료는 환자의 문제, 삶, 행동 그리고/또는 기능의 측면을 활용하는 데 기초를 둔다.

다른 치료와의 비교

심리치료 분야에서 에릭슨이 공헌한 점을 이해하기 위해서는 에릭슨이 초기 전문가로서 발전하던 때가 1920년대였음을 회상하는 것이 유용하다. 당시는 프로이트의 정신분석 이론이 심리치료 분야에서 주류를 이루고, 학습 이론(행동주의)과 인간중심주의 접근이 초창기일 때였다. 에릭슨의 비이론적이고 전략적인 방향은 그 당시 주류를 이루고 있던 심리치료적 사고에서 극적으로 이탈한 것이었다. 에릭슨의 실용적인 방법들은 오늘날 수행되고 있는 많은 치료법의 전신이다. 전통적인 정신분석적 사고는 왜 그것들이 작동하는가를 알기 위해 사물을 조각조각 분리하는 방법 때문에 '물리학에 기초한' 모델로 개념화할 수 있다. 반면, 에릭슨의 접근 방향은 개인의 문화에, 그리고 개인의 역할과 적응의 독특한 특징에 관심을 둔다는 점에서 '인류학적'인 것에 훨씬 더 가깝다.

에릭슨이 당시 널리 수용되던 치료적 관습으로부터 벗어났음을 보여 주는 또 다른 예는 그가 다른 치료법들에서 공통적으로 시행되었던, 증상의 '뿌리가 되는 원인'을 찾기보다 기꺼이 드러난 증상에 더 초점을 맞추려고 하였다는 점이다. 그는 증상을 시도된 적응, 즉 더 이상 효과적이지 않은 대처 노력으로 보았다. 에릭슨과 함께했던 당시의 사람들은 증상의 더 깊은 원인이 밝혀지지 않고 해결되지 않으면 환자들은 단순히 또 다른 유사한 문제로 옮겨 갈 것이라고 두려워했다(증상 대체). 반면, 에릭슨은 환자가 치료를 받으러 오게 한 바로 그 문제를 극복하게 함으로써 발전적인 변화를 더 자주 일으키는 방식으로 성장할 수 있다고 믿었다. 전반적인 기능에까지 발전적인 향상이 계속해서 일어날 수 있는 '눈덩이 효과(snowballing effect)'가 나타난다는 것이다. 원래의 문제를 해결하는 것은 다른 문제들을 극복하기 위한 자원들을 동기화할 수 있다.

에릭슨은 정신분석 이론을 공부했고 훌륭히 이해했다. 그의 초기 글은 분석적 경향을 보였다. 그러나 그는 치유를 위해 긴 기간 동안 해석적으로 이끌어진 통찰에 의존하는 수동적인 정신분석적 접근이 너무 많은 시간을 소비하게 만든다는 믿음에 도달하였다. 그럼에도 환자의 기능을 결정하는 주요 요인인 무의식에 대한 프로이트의 초기 개념화는 에릭슨이 무의식의 메커니즘에 주목하여 환자를 이해하고 치료하는 데 영향을 주었다. 그러나 에릭슨은 무의식을 회복적인 통찰을 이루기 위해 단지 조사되고 꺼내야 할 회상의 저장고로만 보지 않았다. 그는 무의식적인 마음을 환자의 치료에 이용될 수 있는 강력한 힘으로 보게 되었다. 그는 치료과정에서 자주 최면을 통한 무의식의 도움을 얻기 위해 새롭고 독창적인 방법들을 개발하였다.

에릭슨은 또한 칼 로저스의 인간중심주의 방향으로부터도 이탈하였다. 에릭슨은 환자와 그들이 가진 능력, 강점 그리고 환자의 문제를 해결하기 위해 필수적인 자원을 중요하게 여겼다. 그러나 에릭슨의 접근은 로저스의 내담자중심 접근과 극단적으로 달랐다. 로저스는 치료자가 진실하고 수용적이고 공감적이면 치료과정에 필요한 모든 조건이 충족된다고 믿었다. 그러므로 치료자가 중용을 지키고 내담자가 스스로 이끌도록 하는 과정에서 치유가 일어날 수 있다는 것이다. 분명히 다른 점은 에릭슨은 지시적이라는 점이다. 그는 내담자중심 치료의 필수조건인 수용과 공감이 존재하지 않는 상담 회기 바깥의 환경에서 종종 내담자로 하여금 과제를 수행하도록 했다.

탈이론적 접근

궁극적으로 에릭슨은 그의 경력기간 동안에 발전해 나가던 다른 심리치료 접근과 같은 태도를 취하기를 반대했을 뿐만 아니라, 그의 연구가 완고한 체계 또는 치료적 학파로 정형화 되는 것도 원치 않았다. 그는 어떤 이론적 모델을 채택하게 되면 치료자가 초점을 두어야 할 환자의 기능적 측면을 협소하게 정의하고 제한하게 된다고 느꼈다. 또한 그것이 서서히 변화시키기 위한 구체적인 방법을 제한할 수 있다고 보았다. 에릭슨은 산부인과 의사가 매번 출산을 유도할 때마다 유도 분만기를 사용하는 것에 비유하면서 프로그램화된 치료적 방법들을 피했다. 에릭슨식의 개념화에 따르면, 이론에 구속된 치료는 개별적인 개인과 개인 내의 장점을 적절하게 고려하지 못하게 만든다. 그는 환자들이 처한 독특한 상황을 고려하여 각각의 환자들을 위한 새로운 이론을 만들어 냈다.

에릭슨식 접근은 성격 이론 또는 치료 이론으로 일컬어지기보다, 치료자가 환자가 처한 세계 속에서 환자를 만나면서 발견했던 원리에서 나온다. 에릭슨은 시범을 보이고 자신의 요지를 설명하기 위해 연관된 사례 시나리오를 제시함으로써 자신의 접근법을 가르쳤다. 이런 방식을 통해 에릭슨은 그 당시에 도식적인 처방처럼 받아들여지던 전문가의 의견('강박 관념을 치료할 때는 ~를 해야 한다' 와 같은)을 굳이 말하지 않고도 가르칠 수 있었다. 대신에 그의 설명은 치료에 중요한 많은 요소를 강조하였다. 날카로운 관찰의 가치, 환자가 가진 지각의 도식과 동기를 이해하려는 의지, 증상의 체계적 기능에 대한 관심, 환자의 강점과 자원을 이끌어 내기 위한 개입을 고안할 때 필요한 창의성, 변화를 위한 주요한 매체인 의사소통의 예리한 자각 등이 그것이다. 요약하자면, 에릭슨의 '무(無)이론(non-theory)' 은 이 장의 나머지 부분에서 더 자세하게 검토하게 될 여섯 가지 원리로부터 도출된 그의 방법과 기법에 포함되어 있다.

치유의 주체로서의 무의식

에릭슨은 환자와 자신의 무의식적인 마음 둘 다를 중요시하였다. 그는 치료과정에서 중요한 자원으로 이것들을 사용하였다.

치료자

에릭슨은 대학교 때 자기 최면(autohypnotic) 상태에서 사설을 쓴 경험을 통해 자신의 무의식 안에 창의적인 능력이 있음을 확신하였다. 그리고 기꺼이 상담 회기에서 이러한 창의성의 자원을 이용하였다. 그가 치료 회기 중에 스스로 최면 상태에 들어갔을 때 환자를 더 잘 이해할 수 있었던 많은 경우들이 이에 해당된다. 그는 트랜스 상태에 있었던 회기에서 기술한 사례 노트에 대해 언급한 적이 있다. 그는 다음과 같이 썼다. "회기 면담에 대해 기억나는 것이 없다. 나는 단순히 펜을 집어 들어 첫 메모를 쓰기 시작한다. 나는 그것을 일부러 기록한다. 나는 그것을 쓰고 그것을 읽는다. 이것은 매우 즐거운 경험이다."(Haley, 1985a)

또한 에릭슨은 다른 나라에서 온 유명하고 좀 거만하며 지적으로 매우 세련된 한 정신과 의사를 최면 상태에서 치료한

경험에 대해 말했다. 에릭슨은 이 환자의 의식이 자신의 무의
식보다 더 총명하지 않다고 생각했으며, 자신의 무의식이 이
과정을 이끌도록 도울 것이라는 기대를 가지고 첫 회기에 들
어갔다. 첫 회기를 시작하고 나서, 그는 두 시간 후 텅 빈 사무
실에 자신이 홀로 있는 것을 발견하기 전까지 모든 기억을 잃
어버렸다. 치료 노트는 책상 위에 있는 접힌 파일 안에 놓여
있었다. 2회기부터 13회기까지 동일한 방식으로 흘러갔다.
14회기에 환자는 갑자기 에릭슨의 상태를 알아차리고 "에릭
슨, 당신은 지금 최면 상태에 있군요."라고 소리쳤다. 이 소리
에 놀란 에릭슨은 깨어나서 나머지 회기를 마쳤다.

　에릭슨은 13회기 동안 기록한 메모를 결코 검토하지 않았지
만, Ernest Rossi는 그것들을 검토하였다. Rossi의 결론은
보통 치료자가 쓴 전형적인 메모 그 이상도 이하도 아니라는
것이었다(Rossi et al., 1983). 또한 이렇게 교육을 잘 받은 환자
로 하여금 정기적으로 치료에 오도록 한 것으로 보면 환자에
게 이러한 자기 최면 작업이 만족스러웠던 것으로 보인다.

　에릭슨이 자신의 무의식에 의존한 것은 어떻게든 잘될 것
이라는 바람으로 '모든 걸 알고 있는 무의식'에 상담 회기를
넘겨 버리는 식의 '부두 심리학(voodoo psychology)' 형태
는 아니었다. 그는 예리한 관찰 기술과 의사소통 기술을 발전
시키는 데 의식적으로 많은 시간을 보냈다. 그는 정신역동 이
론, 심리적인 기능과 인간 생리학을 철저히 이해하였다. 그는

자기 최면 상태에서 이러한 거대한 무의식의 자원을 이끌어 냈지만 이 과정은 초월적인 것은 아니었다. 심리치료에 있어 그의 방법과 접근은 항상 과학적이고 논리적인 기초를 두고 있었다(E. Erickson, 개인적 담화, 1994).

환자

환자의 무의식을 자원으로 활용하면서, 에릭슨은 무의식이 정보를 처리하는 특별한 방식을 가진다는 것을 이해했다. 때로 치료적인 작업은 의식적 자각을 넘어 무의식과의 협력하에 수행되어야만 한다. 왜냐하면 무의식적 통찰은 의식적 통찰에 앞서 발전하기 때문이다.

무의식은 자주 상징적으로 나타난다. 무의식의 상징성을 인식하고 이해하는 것이 중요하지만, 에릭슨은 이 상징성의 숨은 의미를 밝히는 것이 필수적이지는 않다고 지적하였다. Jay Haley(H로 약칭)와의 대화에서 Erickson(E로 약칭)은 다음과 같이 기술하였다.

E: 나에게 왔던 한 환자는 자신의 아버지, 어머니 그리고 동생에게 욕설과 악담을 퍼부었습니다. 그녀가 그것을 더 길게 논의할수록 나는 그녀가 그녀의 아버지, 어머니 그리고 동생에 대해 이야기하도록 해서는 안 된다는 것을 깨달았습니다. 그러면 그녀가 이야기하고자 했던

것은 무엇이었을까요?

H: 제게 질문하는 건가요?

E: 그녀가 이야기한 것은 아버지, 어머니 그리고 동생에 대한 것입니다. 나는 마침내 그녀에게 말했습니다. "나는 당신의 아버지, 어머니, 형제에 대한 비판을 잘 이해하지 못하겠네요. 나는 당신이 3부작 시리즈(trilogy)를 이야기하는 것처럼 보입니다만 그 단어는 잘못되었습니다. 나는 올바른 단어를 생각할 수가 없군요. 3부작? 그것은 세 가지 이야기입니다. 아버지, 어머니 그리고 동생. 신과 같은 아버지, 모든 인류의 어머니 같은 어머니, 작은 예수 같은 동생. 그녀의 남자친구는 그녀가 천주교인이 되기를 원했고, 삼위일체(trinity)에 대한 그녀의 종교적인 갈등이 있었습니다. 그녀는 개신교 신앙인이었고 그것도 아주 의심 많은 개신교도였죠. 개신교에 대해서도, 천주교에 대해서도 말입니다. 그녀는 이런 종교적인 의문에 대해 분명히 하고 싶어 했습니다. 그녀는 남자친구에 대한 의심이 천주교와 관련 있다고 생각하려 하지 않았습니다. 그녀는 남자친구에 대한 얘기에서 종교적인 문제를 제외하고자 하였습니다. 3부작? 삼위일체? 그리고 나는 3부작이 잘못된 단어였다는 것을 알게 되었습니다. 나는 올바른 단어를 생각할 수 없었습니다.

H: 최면에 대한 말처럼 들리는군요. 때로 당신은 멈칫거리죠. 환자가 그 단어를 말해 주기를 기대하면서 말이에요.

E: 맞습니다. 그러나 우리는 모든 상황이 분명히 드러났다고 이해했습니다. 그녀는 종교적인 측면으로 자신의 문제를 해결하려고 하지 않았던 겁니다(Haley, 1985a: 76-77).

이 사례에서 환자는 자신이 종교에 대해 이야기하고 있다는 것을 의식적으로 자각하지 못하고 그녀의 걱정을 암시적으로 언급하였다. 에릭슨은 환자가 상징적으로 이야기할 때 이를 인식하는 것이 중요하다고 했다. 치료자는 실제로 환자를 지배하고 있는 '진짜' 문제를 이해하도록 애써야 하며, 이 '진짜' 문제를 동일한 상징적 언어로 말하는 것이 좋다.

또 다른 사례에서 한 여성 환자는 무의식적으로 성(性)에 대한 자신의 태도의 상징으로, 남편을 위해 저녁식사 준비를 하고 있을 때 느끼는 자신의 감정에 대해 이야기하였다. 이 사례에서 에릭슨은 언급되지 않았던 문제를 다루기 위해 테이블을 세팅하고, 고기에 양념을 곁들이고, 주방의 분위기를 바꾸는 것과 같은 과정을 활용하였다. 이 과정에서 그는 그녀가 실제적인 문제는 성이라고 털어놓게 하는 것을 더 쉽게 만들었다. 환자가 성에 대해 이야기하지 않았기 때문에, 에릭슨은 그녀의 무의식이 그 문제를 작업할 준비가 되었지만 의식은 준비되지 않은 것으로 추측하였다(Haley, 1985a).

의식과 무의식의 분리

에릭슨은 의식과 무의식 과정 간의 차이점에 대해 연구하였다. 그는 무의식이 매일 새로운 발견을 하고 결과적으로 행동을 이끈다고 지적했다. 그는 다음과 같은 예시를 제시하였다.

일상생활에서 당신은 무의식적인 통찰을 보여 준다. 당신은 어떤 것에 대해 충분히 토의할 준비가 된 사교 모임에 갔고, 순간 당신은 '음, 나는 그것에 대해 말하지 않을 거야. 왠지 모르겠지만.' 이라고 느낄 수 있다. 그리고 당신은 실제로 왜 그런지 모른다. 나는 천주교를 믿는 한 의사가 떠오른다. 그는 몇몇 문제들에 관해서는 가톨릭 교회에 대해서 나와 의견이 다른 사람이었다. 그는 스태프들 앞에서 한 치료 사례를 제시하면서 자신이 불임수술을 권유하려던 것을 잊어버렸다. 스태프 회의가 끝난 후 내가 말했다. "헨리, 당신은 어째서 불임수술에 대해 언급하지 않았나요?" 헨리는 말했다. "이런, 스태프 회의에서 다루려 한 게 그건데요. 불임수술에 대한 동의를 얻으려고 그 환자에 대한 회의를 한 거였는데 말이죠. 스태프 회의를 또 해야겠군요." 이어 나는 말했다. "그럼 당신이 그것을 잊었던 이유는 무엇인가요?" 그는 "모르겠어요."라고 대답했다. 내가 다시 "우리를 방문했던 사람이 없었나요?"라고 묻자, 그는 "예, 근데 그건 왜 물으시죠?"라고 물었다. "방문객들이 달고 온 뱃지는 무엇이었나요?"라고 내가 물었으나 그는 모른다고 대답했다. "잠깐 생각해 보세요." 하고 내가 말하자 잠시 후 그가 대답했다. "오, 맞아요. 나는 그들이 달고 있던 어떤 종류의 반짝이는 것을 봤어요. 그들은 민간 복장을 했지만 어떤 가톨릭 배지를 하고 있었어요." 세금으로 유지되는 병원에 천주교 방문객들이라? 아니, 당신은 그것을 언급하지는 않았다. 그것은 무의식적인 통찰이다. 그리고 당신은 그것을 항상 볼 수 있다(Haley, 1985a: 100).

에릭슨은 무의식과 의사소통하는 방법을 중요하게 생각했다. 한 젊은 남자가 있었는데, 그에게는 아버지에 대한 분노를 치료자에게 표현하도록 하는 것이 치료적으로 효과가 있었다. 에릭슨은 환자가 화를 내도록 하기 위해 다음 상담 약속을 잡으면서 환자가 전혀 맞출 수 없는 날짜와 시간을 알려 주었다. 단, 환자의 무의식에 대고 다음 상담시간이 언제인지를 알려 주었다. 이러한 불합리한 요구는 환자가 분노를 표현하도록 도와주었다. 에릭슨은 동시에 환자의 무의식에 다음 약속을 위해 언제 도착해야 하는지를 말해 주었다. 그리고 다음 상담시간에 그 환자는 몇 시에 도착해야 하는지를 알지 못했음에도 불구하고 정확한 시간에 도착했다(Haley, 1985a).

증상에 초점을 둔 비(非)병리적인 모델

겉으로 드러나는 문제와 명백한 증상에 초점을 두면서도, 에릭슨은 환자들의 성격의 결점을 찾아서 아프다는 것으로 자신의 환자를 낙인찍지 않고자 하였다. 긍정적 접근법은 유익한 점이 많다. 엄청난 성격적인 재구조화가 필요하다기보다, 단지 증상 또는 문제들만 해결하면 되기 때문에 좋은 결과가 나올 가능성이 많다. 이 접근안에는 잘 기능하는 개인의 모든 측면에 대한 이해가 암시되어 있다. 또한 이 접근은 병리를 기초로 한 모델보다 다루어야 할 범위가 훨씬 더 좁기 때문에 그 자체가 단기 치료법에 적합하다. 또 다른 이점은 그것이 현재와 미래를 지향하는 치료법으로서 환자의 현재 일상에 더 즉각적으로 관련이 있다는 것이다. 빠른 결과는 더 가치가 있을 수 있다(그리하여 더 고무된다).

에릭슨의 탈병리화를 보여 주는 훌륭한 사례로는 여러 가지로 많은 것에 억압받았던 여성과의 작업을 들 수 있다. 간단히 말해, 에릭슨은 다양한 상황에서 일어나는 (주로 잠자리에 들기 전) 앤의 숨이 막힐 것 같은 발작과 그녀의 숨겨져 있는 공포를 없애 주었다. 그는 Haley와 논의할 때 그녀를 신경증으로 진단하기보다는 다음과 같이 이야기했다.

"그녀의 끔찍한 겸손, 끔찍한 경직성, 그녀 자신에 대한 끔찍한 처벌……. 그녀의 공격성은 자신을 향하고 있었다. 이것은 그녀가 다른 사람들에게 상대하기 쉬운 먹잇감이 되게 했다."(Haley, 1985a: 145-146)

문제가 아닌 사람

겉으로 보이는 문제에 초점을 두는 탈병리화와 하나의 전체로 사람을 보지 않고 근시안적으로 증상에만 초점을 두는 것 사이에는 차이점이 있다. 다음의 Jay Haley(H) 및 John Weakland(W)와의 대화에서 기술하고 있듯이, 에릭슨은 진단적 명칭을 사용할 수는 있었지만 그것을 문제에 대한 기술로 보았지 사람 자체로 본 것은 아니었다.

> H: 지금 분명히 당신은 다른 사람들이 하듯이 환자를 분류하지 않습니다. 당신은 환자가 들어오면 그를 바라보고, 그에게 귀 기울이고 있습니다. 그리고 당신은 신경증이나 강박증으로 그를 분류하지 않았습니다.
> W: 음, 아마도 당신의 입장에서 보자면 그건 치료에서 중요한 초점이 아닐지도 모르겠어요.
> H: 사람들을 분류하는 어떤 방법을 당신이 가지고 있다고 생각하는데요. 환자들이 필요로 해서든 혹은 당신이 그냥 하려고 하는 것이든 간에요.

E: 그건 당신이 환자가 들어올 때부터 신경증이나 강박 또
는 정신분열, 조증과 같은 분류에 해당하는 어떤 환자
로 인식하기 때문입니다. 문제는 그런 특정 분류에 맞
는 치료법을 적용하는 것이 아닙니다. 이것을 할지 저
것을 할지 하는 그들의 역량 가운데서, 환자가 당신에
게 어떤 잠재력을 드러내 보일 것인지가 문제인 것입니
다(Haley, 1985a: 123-124).

에릭슨은 실제로 전체적으로 사람을 보았다. 사실상 재결
정 치료(Redecision Therapy: 게슈탈트와 교류분석적 접근을 통
합한 접근)의 발달에 있어 선구자적인 역할을 했던 Bob
Goulding의 부인인 Mary Goulding은 다음과 같은 언급
을 한 적이 있다. "사람들이 밀튼 에릭슨에 대해 좀처럼 알아
차리지 못하거나 언급하지 않는 것은 그가 뛰어난 진단가였
기 때문이다."(M. Goulding, 개인적 담화, Nov. 1994)

증상은 기능을 한다

증상은 문제로도 볼 수 있고 동시에 기능적인 것으로도 볼
수 있다. 앞서 언급한 앤의 경우, 치료는 그녀가 침실에서 더
기능적이게 있을 수 있도록 하는 것과 그로 인해 겸손함을 유
지하기 위한 숨막히는 증상이 더는 나타나지 않도록 하는 것
모두를 포함하였다. 증상은 그것이 유용하다고 여겨지는 상

황에서 다시 나타났다. 즉, 그녀는 반갑지 않은 손님이 방문한 동안에는 숨막히는 증상이 재발했고, 이로 인해 결국 그 손님들이 방문하는 것을 멈출 수 있었다. 에릭슨은 증상을 기능적이며, 때로는 환자의 처분에 맡겨 둔 채로 치료가 이루어져야 한다고 보았다. 그는 다음과 같이 말했다.

너무 많은 치료자와 의료진은 환자의 권리들을 못 보고 지나친다. 그들은 한 소녀의 생리통을 전면적인 제거로 경감시키려고 한다(예: 최면 마취, hypnotic anaesthesia). 어떤 소녀가 생리통을 줄이고자 나를 찾아왔을 때, 나는 그녀 자신이 생리통을 경감시키기 원한다는 것을 확실하게 인식시켰다. 그러나 분명히 그녀의 일생 중에 그러한 고통스러운 기간을 원하는 경우가 발생할 것이다. 그녀는 생리통을 호소함으로써 얻는 이득으로 인해 어떤 사회적인 개입을 회피하고 싶어 할지도 모른다. 그녀는 대학 시험을 치르지 않기를 원할 수 있다. 그녀는 회사에 며칠 정도 빠지고 싶어 할 수도 있다. 그것을 인정하라. 자신에게 편리할 때, 그녀는 생리통이 완화되기를 원한다. 무의식은 의식보다 훨씬 더 똑똑하다. 소녀가 생리통을 줄이기 위해 당신을 찾아왔고, 당신은 온화하고 즐겁게 그녀의 제안을 받아들인다. 그리고 그녀의 무의식은 당신이 그 문제를 이해하지 못한다는 것을 안다.

당신은 지금 그녀에게 생리의 고통에서 자유로워지라고 하고 있다. 그리고 그녀는 매우 잘 알고 있다. 자신이 결혼하게 될 것이라는 것과 아이를 가질 것이라는 것, 폐경기를 맞을 것이라는 것을 알고 있다. 그리고 당신이 그녀에게 했던 제안들은 너무도 뻔한 말들이어서 그녀가 새롭게 생리를 시작하기 전까지는 적용되지 않을 것이다. 그녀는 당신이 사건의 자연스러운 과정을 고려하지 않았기 때문에 경감에 대한 당신의 제안을 거절한다. 그녀는 자신의 무의식 안에서 그것을 예리하게 인식하고 있고, 실제 그녀가 결코 방해받지 않을 것이라는 것을 가정하고 있기 때문에 당신을 비웃고 있다. 그러나 그녀는 아프다. 그녀는 아플 수 있다. 어쩌면 과거에 그녀는 아팠고, 생리를 중지해야만 했을 수도 있다. 그리고 도움을 구하는 그녀의 무의식은 당신이 그러한 것들을 마주 대할 수 있는 사람으로서 자신을 고려하기를 원한다. 당신이 그녀에게 고통스러운 생리를 치를 특권을 주었을 때…… 통증을 유지하거나 유지하지 않을 특권 역시 주는 것이다. 그 후에 그것은 그녀의 선택이고, 당신은 그녀 자신이 지니고 있다고 느끼는 것을 강제로 빼앗지 않는다. 당신은 단지 그녀에게 편리할 때 그만두고, 편리할 때 유지할 기회를 제공하면 되는 것이다 (Haley, 1985a: 14-15).

적극적인 지시적 치료자 역할

에릭슨은 그가 진료를 시작할 때 널리 퍼져 있었던 정신역동과 내담자중심 접근과는 완전히 대조적으로 환자에게 지시적인 역할을 취하였다. 사고하는 방식과 믿음에 도전하는 인지적 접근과 구체적인 행동 계획을 처방하는 행동주의적 접근조차도 치료자가 지시적일 수 있는 영역에 제한을 둔다. 하지만 에릭슨은 환자가 자신의 조언을 항상 받아들이거나 거절할 수 있다고 보았고, 환자에게 매우 도움이 되는 지시적인 개입과 조언을 자유롭게 제공하였다. 그는 다음과 같이 생각하였다.

E: 어떤 동료가 정신분석 치료를 받으러 온 성직자에 대해 말했습니다. 그 성직자는 매음굴을 여러 차례 방문할 계획이 있었고 이를 논의했습니다. 나의 동료가 곰곰이 그에 대해 생각해 보니, 그의 배경과 현재 직업이 문제였습니다. 만약 그가 매음굴에 가서 비밀스럽게 매춘부와 관계를 갖는다면 그는 성병에 걸릴 수 있을 것입니다. 내가 정신분석적 이론과 실제에 대해 반대하는 입장을 취하지 않고 단지 서두르지 말라고만 충고했다면, 나는 그 남자의 인생을 파멸로 이끌었을지도 모릅니다. 바로

그때 거기서 나의 동료는 개입하기로 결심했습니다.

　내가 왜 한 소녀가 혼외정사를 못하도록 막는 대신에 그녀의 의도에 대해 나와 토의하도록 해야 하나요? 내가 고향을 떠나 새로운 도시에 와서 모든 대인관계와 단절된 남자를 보았을 때, 왜 나는 내가 알고 있는 좋은 동료이며 안정적인 벗인 어떤 소녀를 선택해서 점심식사를 제안하라고 하면 안 되나요? 왜 나는 그에게 아무 희망 없이 자신의 방에서 초조하게 있는 대신에 교회 성가대에 참여하라고 제안하면 안 되나요? 나는 그를 기다리면서 몇 날, 몇 달 그리고 몇 년을 지나 보게 해야 했을까요? 나는 분명히 환자가 반사회적인 어떤 것을 하도록 하진 않았을 것입니다. 나는 성관계가 문란한 남자에게 성적 행위를 하라고 알려 주지는 않았을 것입니다. 대신 나는 그가 실제 흥미가 있는지 없는지에 대한 의문을 제기할 것이고, 그가 자신의 충동을 검토해 보고 실제 흥미 있어 하는지를 알아보려고 했을 것입니다. 그가 좋은 여성과 교제하는 것에 더 관심 있어 할 수도 있는지 질문을 할 것입니다(Haley, 1985a: 103-104).

빠른 템포

지시적인 역할을 취하는 것은 치료의 속도를 상당히 빠르게 바꾼다. 많은 시간을 필요로 하는 접근법에서는 치료자가 환자에게 행동을 변화시키기 전에 필수적으로 통찰을 요구한다. 반대로 에릭슨은 일상적으로 행동을 변화시켜 통찰이 뒤따르게 하는 방법을 발견하였다. 에릭슨은 심하게 싸우는 두 부부에 대해 Jay Haley(H) 및 John Weakland(W)에게 이야기한 적이 있다.

E: 17년 동안 그들은 그런 식으로 지내왔습니다. 그들은 50만 달러짜리 사업을 함께 일으켰습니다. 그들은 그럴 능력이 있었고, 아침 6시에 일어나 저녁 10시까지 일했습니다. 그들이 얻은 전부는 50만 달러짜리 사업이었죠. 그렇게 매일 지독히 싸우면서 남편은 아내에게 짜증을 냈습니다. 아내는 남편에게 앙갚음을 했습니다. 일요일마다 그는 모르몬 교회에 그녀를 데려다 주었습니다. 그는 모르몬교를 싫어했습니다. 그녀가 교회에서 지내는 동안 그는 모르몬 교회 밖에서 차 안에 앉아 있었습니다. 5년 동안 그들은 분석가에게 정기적으로 찾아가 자발적 별거, 법률적 별거 또는 이혼에 대해 이야기하였습니다.

그래서 나는 그들과 공동 면담을 했습니다. 나는 남편에게 "당신은 거기 앉아서 아무 말도 하지 말고 계세요."라고 말했고, 부인에게도 "당신도 거기에 앉아서 아무 말도 하지 마세요. 제가 모든 것을 정리해 보려고 해요."라고 말했습니다. 훨씬 더 자세하게 얘기했다는 것을 제외하고는 기본적으로 내가 당신들에게 말한 것과 똑같이 하였습니다. 나는 이렇게 말했습니다. "지금 당신들은 나에게 치료, 조언 그리고 상담을 받기 위해 왔습니다. 당신들이 나머지 인생을 싸움으로 보낼지 그렇지 않을지는 나에게 관심이 없습니다. 당신들이 자발적으로 별거할지, 법률적으로 별거할지, 혹은 이혼할지는 내게는 개인적으로 어떠한 차이도 없을 것입니다. 당신들은 반드시 별거나 이혼을 할 필요가 없습니다. 하지만 당신들이 내게서 치료를 원한다면 이 세 가지 중 하나는 해야 할 것입니다. 자발적인 결별, 법률적인 결별 또는 이혼." 부부가 모두 말했습니다. "이것이 바로 우리가 5년 전에 들었어야 했던 것입니다." 이에 내가 말했습니다. "일주일 안에 당신들을 한 번 만나기로 약속을 하지요. 그때 당신들이 어떻게 하려고 하는지 나에게 말해야 합니다. 그때 가서 당신들을 내가 언제 다시 만날 것인지 알려 드리겠습니다." 나는 아이를 가지기를 원하는 모르몬교 처녀와 결혼을 하면서 정관 절제술을 약혼선물로 주었던 그 자신에 대해 어떻게 생각했는지 남편에게 물었습니다. 그리고 남편에게 욕구불만을 느끼도록 만드는 아내를 결혼선물로 주었던 그녀 자신에 대해 어떻게 생각했는지 아내에게 물었습니다.

W: 나는 내가 막 언급하려고 하는 점을 말해 주셨다고 생각합니다. 이 사례의 경우 겉으로 보기에는 남편이 힘든 성격으로 보이는 반면, 아내는 분명 잘 지내는 것처럼 보이기 때문입니다.

E: 아내나 남편이나 비슷합니다. 남편은 그녀에게 약혼선물로 정관 절제술을 한 남편을 주었고, 아내는 결혼선물로 매우 욕구 불만을 안겨주는 아내를 선물했습니다. 17년 동안 그에 관한 싸움은 서로에게 많은 상처를 주었습니다. 나는 그들이 다음 화요일에 무슨 말을 할지 궁금합니다.

H: 그들은 무엇을 결정할까요? 당신이 기대하는 것은 무엇입니까?

E: 나는 중요한 세부 사항들을 조사했어요. 그들의 사업장에는 숙소가 있습니다. 그들은 지금 회사 숙소 옆에 집을 갖고 있습니다. 만약 그들이 별거를 하거나 이혼을 한다면 그것은 진정한 것이 되어야 한다고 지적하였습니다. 그들 중 한 명은 적어도 회사로부터 2마일이 떨어진 곳에서 살아야 하고, 다른 한 명은 밤에 회사를 지키는 경비원처럼 회사 숙소에 살아야 합니다. 나는 이미 그들이 알고 있는 사실, 즉 사업이 가끔 축나고 있다는 것을 지적했습니다. 그들은 이미 알고 있었습니다. 나는

그 남자가 회사 숙소에서 지내야 한다고 생각했습니다. 또한 그녀가 다른 곳으로 가거나 아파트를 얻어야 한다고 생각했습니다. 회사가 그에게 가구를 제공하면 그녀의 것도 제공해 주어야 합니다. 남편은 치료를 필요로 할 때마다 내게 와야 합니다. 또한 아내 역시 치료를 필요로 할 때마다 내게 찾아와야 합니다. 그리고 회사가 그 비용을 지불하도록 해야 합니다. 더불어 각자는 회사로부터 동등하게 적정한 봉급을 받도록 해야 합니다.

H: 그럼 당신의 목표는 그들을 갈라놓는 것입니까?

E: 예.

H: 그다음에는 더 나아지거나 아니면, 실제로 헤어지는 것입니까?

E: 나는 그들이 적어도 6개월 동안 절대적으로 진정한 형태의 별거를 해야 한다고 말했습니다. 그 기간 동안 어쩌면 그들은 서로를 갈망하고 있다는 것을 발견할지도 모르고, 정직하게 서로에게 증오를 가지고 있다는 것을 발견할지도 모릅니다. 나는 그들이 자신의 진정한 느낌을 실제로 발견하는 한 어떤 선택을 해도 상관하지 않았습니다. 나는 그들에게 자발적인 별거는 언제든지 취소할 수 있고, 법률적인 별거도 언제든지 취소할 수 있으며 또 이혼 후에도 언제든 다시 결혼할 수 있다고 말해 주었습니다. 전혀 문제될 것이 없습니다. 허가증에

는 2달러가 들지만 말입니다.

나는 부부가 이혼을 하도록 몰아댔습니다. 그들이 새롭게 재결합을 할 거라는 걸 믿으면서 말이죠. 그들은 언제 헤어져야 할지 몰랐습니다. 하지만 그들이 이런 종류의 행동을 취하지 않는다면 그것을 발견할 수 없을 것입니다(Haley, 1985b: 149-151).

잠을 자든지 일하든지

문헌을 조사해 보면, 대부분의 에릭슨의 개입에는 이런저런 형태의 지시적인 것이 포함되어 있다는 결론을 분명히 내릴 수 있다. 종종 그 지시들은 단순했지만 환자들에 대한 명확하고 정확한 이해 덕분에 그 효과가 엄청나게 컸다. 불면증을 앓고 있던 한 남자가 에릭슨에게 도움을 구했다. 그 증상은 부인이 죽었을 때부터 시작되었다. 그는 밤에 마음이 어지럽고, 침대 속에서 이리 뒤척 저리 뒤척 하다가 아침 5시에서 7시가 되어서야 마침내 잠이 들었다. 그와 그의 아들은 함께 살았고, 집안일을 나누어 했다. 에릭슨은 환자가 마룻바닥 닦는 왁스의 냄새 때문에 딱딱한 나무로 된 바닥에 광내는 일을 매우 싫어한다는 것을 알게 되었다. 에릭슨은 지시대로 행하겠다는 동의를 얻어 낸 후에 그 남자에게 기꺼이 잠자는 8시간을 잃을 용의가 있다면 그를 치료할 수 있다고 말했다. 그 남자는 자신은 이미 지난해 동안 매일 밤 그 정도씩은 자는 시간을 잃었다면서 동의했다. 에릭슨은 환자에게 평소 잠자던 2시간 정도를 빼고는 밤새도록 잠옷을 입고 딱딱한 마룻바닥을 닦도록 지시했다. 그는 다음 날 하루 종일 일했고, 그런 후 밤새 마룻바닥을 닦았다. 나흘 동안은 밤마다 동일한 과정을 반복하면서 마루를 닦았다. 네 번째 날 밤, 남자는 아들에게 마루 닦기 전에 15분간 눈을 좀 붙이겠다고 말했다. 그리고는 다음 날 오전 7시에 일어났다. 그 후에 에릭슨은 그에게 광택제와 걸레가 있는 양동이를 집 안 눈에 잘 띄는 곳에 두도록 지시했다. 만약 그가 잠자기 위해 누운 뒤, 15분 동안 시간 가는 것을 보고 있다면 일어나서 밤새 바닥을 닦아야 했다. 남자는 그 후 1년 동안 규칙적으로 잠을 잤다. 에릭슨은 이 사례를 두고 이 환자가 마루 닦는 것을 피하기 위해 어떤 것, 심지어 잠자기라도 했을 것이라고 말했다(Zeig, 1980).

이 사례의 개입은 '중립적' 접근법이 할 수 있는 어느 것과도 근본적으로 다를 뿐 아니라 전통적인 행동주의자들이 계획하는 그 어떤 것과도 같지 않은 행동 프로그램을 처방한 것이었다.

상담실 밖에서 이루어지는 치료

문제에 맞는 치료법을 취하기

앞선 예시들이 시사하듯, 에릭슨은 과제 부여를 통해 중요한 많은 치료적 작업이 치료적 맥락 밖에서 일어날 수 있다는 것을 인식하였다. 이런 접근에는 실제적인 이유들이 있다. 환자들은 한 주 동안에 상담 회기에서 보내는 시간보다 더 많은 시간을 상담실 밖에서 보내기 때문에, 그 나머지 시간 동안 환자들을 치료적인 작업으로 이끌 수 있고, 그에 따라 변화가 촉진될 수 있다. 또한 앞서 보았던 불면증 환자의 사례에서처럼 문제가 발생한 맥락에서 그 문제를 직면하도록 한다. 그리고 과제는 작업의 성격을 추상적인 것에서 구체적인 것으로 이끈다. 직접적인 경험은 통찰 또는 감정적 방출 그 이상이며, 쉽게 치료실에서 재현할 수 없는 환자의 성장을 이끌어 낸다.

에릭슨은 Gregory Bateson(B)과 Jay Haley(H)에게 Bob에 관한 얘기를 들려주었다. Bob은 피닉스 내의 몇 개의 도로만 아주 제한적으로 운전할 수 있었다. 에릭슨이 Bob에게 물었다.

> E: "당신이 그 길에서 운전을 하려고 했을 때 무슨 일이 일어났습니까?" 그는 "나는 핸들을 잡았을 때 기절했습니다."라고 대답했습니다. 나는 그에게 확신할 수 있는지 물었고 그가 대답했습니다. "물론이죠. 나의 심장이 뛰기 시작했고, 나는 기절하였습니다." "당신이 어떻게 알죠?"라고 내가 다시 묻자 그가 다시 답했습니다. "차

에는 친구들이 함께 있었고, 내가 운전을 시도했을 때, 핸들 위에서 의식을 잃어버려 친구들이 대신 운전을 해야 했습니다."

그래서 그에 대해서 나는 다음과 같이 접근했습니다. "블랙 캐니언 고속도로에 가서 전신주들을 바라보세요. 당신이 할 수 있는 만큼 운전을 해서 도달할 수 있는 마지막 전신주까지 간 후에 그 전신주 옆에 멈춰 서세요. 그런 다음 전신주를 바라보세요. 낮 3시쯤에 거기로 운전하세요. 그리고 다음 전신주를 바라본 후 전진 기어로 당신의 차를 출발시키면 됩니다. 당신이 전신주에 안전하게 도착해서 시동(점화장치)을 끌 수 있는 정도의 빠르기로만 가도록 하면 됩니다. 당신은 전신주를 통과할 때 기절합니다. 당신의 차는 천천히 속도가 떨어질 테니, 일어났을 때 당신은 거기 갓길에 있을 겁니다." 나는 그 고속도로를 알고 있습니다. "당신이 기절했다가 깨어났을 때 다음 전신주에 도착해 있을지 궁금합니다. 그러니 1단 기어를 넣고 차를 출발시키세요. 클러치를 풀고, 엔진이 실제로 돌아가자마자 스위치를 끄세요. 그리고 당신이 기절하기 전에 세 번째 전신주에 도달할 수 있을지 없을지 한번 보세요." Bob은 매우 재미있어 했고, 그렇게 대략 20마일을 갈 수 있었습니다.

B: 얼마를 갔다고요?

E: 20마일을 갈 수 있었습니다.

H: 그는 몇 번이나 기절을 했습니까?

E: 음, 거의 20~30번 정도. 비록 마지막까지 그렇게 갔지만, 그는 기절하지 않고 반 마일을 더 갈 수 있을까라는 기대를 품게 되었습니다. 나는 최근 Bob으로부터 한 통의 편지를 받았습니다 "저는 이번 휴가를 정말로 즐겼습니다. 플로리다, 앨라배마, 미시시피를 모두 여행했고, 아칸소에 잠시 머물까 생각하고 있습니다." 그는 모든 길을 운전했습니다. 하지만 '기꺼이 기절하려는 의향'이 필수적이었다는 것을 알겠죠!

H: '기꺼이 기절하려는 의향'이라!

E: 그는 기절을 운전의 절대적인 장애물이라고 여겼습니다. 하지만 운전하는 데 있어서 그것은 장애물이 아닙니다. 차를 굴리기 위해 차를 출발시키고, 갓길에 공간이 많은 블랙 캐니언 고속도로에 갑니다. 그 도로는 멋지고, 넓기 때문에 아스팔트 포장의 한 측면을 따라 운전할 수 있습니다. 한 전신주에서 다음 전신주까지 이동하기에 완벽하게 좋은 곳이죠. 차를 굴리기 시작하고 시동을 끕니다. 그리고 기어를 중립으로 옮기고 이제 서서히 기절할 수 있습니다. 차는 멈추는 곳에 와 있을 것입니다.

H: 기절에 의해서 나아간다는 거죠.

E: 맞아요. 그리고 그는 각각의 기절을 다음 여행을 위한 출발점으로 사용하였습니다. 당신은 그것이 정지점이 아닌 출발점이었다는 것을 볼 수 있겠죠, 아시겠지요? 그리고 그는 고속도로를 타고 여행을 했고 나아졌습니다(Haley, 1985a: 119).

에릭슨은 치료 회기 밖에서 하는 과제를 흔히 사용하였다. 이런 과제들은 때로 통찰을 발달시키는 역할을 하였고, 때로는 감정적인 해소를 하게 하기도 했다. 그리고 때로는 지속된 행동 패턴을 깨기도 했고, 때로는 변화를 위해서 실제로는 애쓰지 않는 사람들을 가려내기도 했다. 변화하려고 결단하지 않는 사람들을 가려내는 것을 비치료적인 것으로 취급하여 버려서는 안 된다. 종종 과제를 통한 직면은 사람들이 자신의 문제를 지속시키는 것을 선택해 왔음을 보여 준다. 이런 과제 제시를 통해 문제를 지속시키는 것을 환자가 선택하고 있고 만약 그들이 오늘 문제를 지속시키는 것을 선택할 수 있다면 내일은 변화를 위한 선택을 할 수 있다는 것을 깨달을 수 있다는 점에 주목할 필요가 있다.

다른 치료법들, 특히 행동주의와 인지 치료법들은 회기 밖에서 이루어지는 과제를 활용한다. 그러나 이러한 과제들은 치료자가 선택할 수 있는 개입의 폭이나 과제들이 개개인에 맞추어 개별화되는 정도에 있어서 에릭슨의 작업과는 많이 다르다. 인지적 과제와 행동주의적 과제가 특정 환자들의 욕구에 어느 정도 맞춘 이론에 근거한 접근이라면, 에릭슨의 과제는 환자의 능력, 강점, 자원 그리고 특정 문제와 욕구의 상호작용을 통해 고안된 것이다. 다음의 비교가 대조적인 예시가 될 수 있을 것이다. 합리적 정서행동치료 모델(Rational Emotive Behaviour Therapy model: 인지주의적/행동주의적 접근)에 기초한 치료를 받고 있는 사회공포증 환자들이 동네 쇼핑 센터에 가서 15명의 사람들에게 바보 같은 농담을 말하도록 지시를 받는 것은 흔한 일이다. 이런 '수치심–공격(shame-attacking)' 연습의 목적은 자신이 사회적인 상호작용에 무능하다는 그들의 개념에 도전하고자 하는 것이다. 예를 들어, 여기서 환자 개개인에게 맞춰지는 것은 환자가 속한 공동체(예: 스포츠 행사 대 쇼핑센터) 중에서 선택 가능한 것을 고려하는 것, 접근할 수 있는 특정 집단(수줍음을 타는 청년은 자신의 또래 여자들과 가까워지도록 지시받을 수 있다)에서 이용 가능한 행위지를 선택하는 것 등이 포함될 수 있다. 그렇지만 이러한 접근은 '공식에 의해 유도된(formula driven)' 것이다 (예를 들면, 특정한 부류의 문제를 가진 집단에게는 특정한 부류의 과제가 주어진다). 이전에 얘기했던, 불면증을 해결하기 위한 바닥 닦기 과제와는 대조적이다. 아마도 다른 사람에게는 이러한 특정 개입이 별로 유익하지 않을 것이다. 창의적이고도 독창적으로 내담자의 특징에 잘 맞추어진 회기 밖 과제를 부과하는 것이 에릭슨 접근법의 특징이다.

내담자의 능력과 강점에 기초한 치료

할 수 있는 것부터 하라

에릭슨은 대부분의 사례에서 환자들이 자신의 문제를 해결하기 위한 충분한 자원, 강점 그리고 경험을 가지고 있다고 믿었다. 그는 환자들이 치료에 얼마만큼 그리고 어떤 종류의 노력을 할 수 있는가를 예리하게 지각하고 있었고, 항상 개입을 환자의 능력과 한계에 맞추었다. 이런 맞춤형 치료의 좋은 예는 운전문제를 가진 또 다른 환자의 치료방법을 앞서 논의했던 Bob의 문제와 대조해 보는 것이다.

> E: 그녀는 스코츠테일 밖에 살고 있었는데, 사이프러스 가거리에서 북쪽으로 몇 마일 떨어져 있는 캐멀백으로 운전해 가는 것이 불가능했습니다. 그녀는 맥도웰 로드를 통해 그곳을 나와야 했습니다. 캐멀백으로 갈 수가 없었지요. 이 도로들은 서로 1마일 정도 떨어져 있었습니다. 그녀는 밴 뷰런으로는 갈 수 있었습니다. 그녀는 캐멀백이나 인디언 스쿨로는 갈 수 없었지만 토마스로 가는 것은 가능했습니다. 그리고 맥도웰과 벤 뷰런으로 갈 수 있었습니다. 그래서 나는 그녀의 길에서 5마일

떨어진 벤 뷰런의 남쪽에 있었던 베이스라인 길을 생각하였습니다. 그것은 아마도 그녀의 집까지 가는 좀 엉뚱한 방식일 수도 있었습니다. 나는 그녀에게 아무 생각 없이 해 보는 게 어떻겠느냐고 물었죠. "당신은 센트럴가를 운전해서 내려간 다음 맥도웰로 향합니다. 아무런 생각 없이 팜레인의 샛길로 들어서보지 않겠습니까? 그렇게 할 수 있습니다. 팜레인은 맥도웰과 평행하게 뻗어 있습니다. 아무 생각 없이 맥도웰을 가로질러, 맥도웰에 평행한 이스트 루스벨트로 나가 보지 않겠어요? 그냥 별 생각 없이 그렇게 해 보세요. 그러는 동안 단지 당신의 생각에만 주의를 기울여 보세요."

H: 여기에 최면이 들어가 있었나요?

E: 보통은 내가 사람들에게 이야기할 때 약간 최면이 들어가 있습니다. [웃음] "그냥 아무 생각 없이 이스트 루스벨트 밖으로 운전해 보면 어떻겠습니까?" 그것이 내가 필요로 했던 전부입니다. "다음번에 이스트 밴 뷰런 밖으로 나와서 별 생각 없이 밴 뷰런 북쪽에 있는 이스트 루스벨트로 가 보지 않겠습니까? 그다음에는 밴 뷰런으로 가서 아무 생각 말고 맥도웰로 가는 대신 밴 뷰런에서 1마일 정도 북쪽으로 가는 계획을 세워 보면 어떻겠습니까? 오른쪽으로 도는 대신에 그냥 왼쪽으로 돌아서 이스트 토머스로 가 보지 않겠습니까?" 나는 그녀에게

이 모든 것을 이해시켰습니다. 그러나 기억할 것은 내가 더 북쪽으로, 더 북쪽으로 아무 생각 없이 가도록 했다는 것입니다. 인디언 스쿨은 더 북쪽에 있었습니다. 나는 그녀에게 이스트 루스벨트를 나와서 아무 생각 말고 인디언 스쿨 로드에서 오른쪽으로 돌도록 했습니다. 그리고 그녀는 자신이 무엇을 했는지를 알아차리기도 전에 집에 도착하였습니다.

물론 그 방법은 성공적이었습니다. 나는 그녀가 캐멀백의 길로 집에 갈 수 없다고 말했던 것을 아주 공감적으로 지적했습니다. 그녀가 왜 집으로 가야 하는지 그 이유는 없었지만 캐멀백의 길로 집에 갈 수 없음은 분명했습니다. 우리는 그것을 반복하고 반복하고 또 반복하였습니다. 그녀는 캐멀백으로는 집에 갈 수 없었습니다. 내가 했던 전부는 하나의 작은 제안을 던지는 것이었죠. "물론 당신은 캐멀백으로 들어올 수 있습니다." [웃음] "그러나 당신은 캐멀백의 길로 집에 갈 수는 없습니다." 자, 봅시다. 집에 가서 계속 반복해서 말하는 겁니다. "캐멀백의 길로 집에 갈 수 없다. 할 수 없다, 할 수 없다, 할 수 없다, 할 수 없다. 물론 캐멀백으로 들어올 수는 있지만 집으로 갈 수는 없다." 여기서 무엇을 목표로 하고 있는지를 결코 잊으면 안 됩니다. 바로 캐멀백에 친숙해지는 것이 목표입니다. 할 수 없는 모든

것과 철저하게 할 수 있는 일을 강조합니다. 환자에게
온 마음으로 동의할 때부터 그들은 아주 조금 양보하게
됩니다. 캐멀백의 길로 들어올 수는 있습니다. 이것이
원하는 전부인 거죠. 아주 작은 것을 만들어 내는 것
(Haley 1985a: 121-122).

에릭슨은 이처럼 문제에 대한 환자의 개념화("나는 캐멀백
길로 집에 갈 수 없어요."), '아무 생각 없이' 진전시키는 그녀
의 능력, 지리적인 한계에 대한 그녀의 마음가짐을 활용하는
매우 색다른 개입을 고안하였다.

환자 개개인에 맞추기

환자의 개인적인 성격 역시 접근방식을 환자에게 맞추어
적용할 때 고려된다. '억압되었던 앤'의 치료법과 3년 동안
결혼생활을 했던 또 다른 부부의 치료법을 대조해 보자. 이
부부는 대학교수였고, 매우 예의바르며, 말을 잘하는 사람들
이었다. 그들은 간절히 원하지만 성공하지는 못한 그들의 강
렬한 소망인 아이를 낳기를 딱딱한 단어로 설명하였다. '다
산의 욕망을 충족시키기 위한 완전한 신체적인 결합으로' 하
루에 두 번씩, 그리고 주말에는 하루에 네 번씩 '부부 합일'
을 갖는다고 말했다. 그들은 가능한 한 긴 단어와 임상 용어
를 사용하였다. 에릭슨은 그들의 스타일과 맞추기 위해서 그

들처럼 긴 단어를 사용하기 시작했다. 그들은 꽤 경직되었고 형식에 치우쳐 있었다. 얼마 동안 그들의 설명을 들은 후, 에릭슨은 그들이 충격요법으로 치료될 수 있음을 믿는다고 넌지시 말했다. 그리고 나서 신체적 충격요법과 심리적 충격요법이 있는데 그들에게는 심리적인 충격요법이 필요하다고 말했다.

에릭슨은 그들에게 충격요법을 원하는지를 생각하라며 잠시 자리를 비웠다. 그가 돌아왔을 때, 그들은 준비되었다고 대답했다. 그는 그들에게 충격요법이 있은 후 집에 갈 때까지 아무 말도 하지 않고 침묵하도록 지시했다. 그는 충격에 대비하여 의자의 팔걸이를 붙잡도록 지시한 후 그들에게 말했다. "당신들은 다산의 욕망을 충족시키기 위해 완전한 신체적인 결합으로 부부 합일을 해 왔습니다. 제기랄, 도대체 왜 재미로 섹스하지 않는 거요? 적어도 석 달 동안 임신되지 않도록 악마에게 빌어 보세요. 자, 지금 가세요."(Rossi et al., 1983: 205) 석 달 후에, 부인은 임신을 하였다.

Weakland와 Haley는 억압된 앤의 사례를 이 사례와 대조적으로 논의하였다.

W: 음, 놀라운 것은 억압된 소녀와의 작업에서 내가 받았던 주요한 인상은 당신이 다소 일관성 있게 지속적으로 계속 한 단계씩 전진해 가고 있다는 것입니다. 당신

은 다소 절제된 방식으로 앞으로 나아가고 있었습니다. 그래서 이 명백히 대조적으로 보이는 두 가지 사례는 함께 진행된다는 것입니다. 아이를 낳기 원할 뿐 결코 성관계를 즐기지 않는 부부에게 당신은 한 시간 반동안 주의를 기울이다가 갑자기 "당신들은 도대체 왜 쾌락을 위해 성관계를 가지지 않나요?"라고 했습니다. 하나는 점진적인 변화로 보이지만, 다른 하나는 매우 급진적인 변화로 보입니다.

E: 예, 물론입니다. 그 부부에게는 충격요법이 필요하다고 말했습니다. 물론 앤은 수줍어하고, 겁이 많고, 굉장히 억제적이며, 신체적인 숨막힘 발작으로 반응했습니다. 그러나 이들 부부는 서로를 향해 다소 편집증적인 반응들로 반응했습니다. "점점 나는 남편이 싫어진다." "나는 점점 아내를 참을 수 없다." 그것은 다른 유형의 성격이라는 것을 아시겠죠. 어떤 사람이 부인이 옆에 있는데 그 앞에서 "요새 잠자리를 할 때마다 싫어요."라고 말한다면, 음, 심한 충격을 받는 사람이 있습니다. 그는 심한 충격을 주고 있는 것입니다. 그 부인이 남편이 옆에 있는데 그 앞에서 "우리는 너무나 힘들게 아이를 가지려고 시도했는데 잘되지 않았어요. 우리 중 어느 쪽에도 잘못이 없는데도 말이에요. 이 사람은 내게 실망만 주는 사람이에요."라고 말한다면 그녀 역시 충

격을 주고 있는 것이지요. 지금 여기에 자신들의 상황
을 묘사하는 데 있어서 악의는 없이, 절박한 솔직함으
로 서로를 심하게 공격하는 한 쌍의 사람들이 있습니
다. 만약 그들을 객관적으로 평가하여 심한 충격을 줄
수 있다면 당신도 그렇게 할 수 있습니다. 단지 그들이
이끄는 대로 따르는 것입니다.

　　불필요하게 자신의 치맛자락을 단속하고 그것을 반
복적으로 확인하는 여성(앤)이 있습니다. 나는 그녀의
정숙한 느낌에 주의해야 한다고 생각합니다(Haley,
1985a: 138-141).

　이러한 개입방식들이 서로 바뀔 수 없는 것은 분명하다. 자
신이 가진 지독한 억압을 놓아 버리면서 앤은 더 나아졌다.
마찬가지로 그 부부도 점점 더 나아졌고, 단지 한 회기 개입
이 있은 지 몇 달 만에 부인이 임신을 하였다. 개입의 분위기
와 양식이 극적으로 달랐음에도 불구하고 두 사례 모두 나아
졌다. 에릭슨이 강점과 한계에 있어서 개인마다의 차이점을
인식하고 활용했기 때문이다.

개인적 자원과 보편적 자원

　모든 사람은 강점과 자원을 가지고 있다. 이러한 능력의 일
부는 매우 개별적이고, 어떤 것은 더 일반적이다. 예를 들어,

음악적으로 훈련을 받은 적이 있는 사람만이 피아니시모의 (부드러운) 표현이 얼마나 강력할 수 있는지를 알 수 있다. 그러나 대부분의 사람은 자전거 타기(일련의 연속된 실패와 성공이 누적되어 숙련에 이르게 되는)를 배운 경험이 있고 그러한 자원을 이끌어 낼 수 있다. 에릭슨은 개인적인 그리고 일반적인 경험과 자원을 모두 이용하였다.

한 사례　　에릭슨의 한 환자에게서는 밀워키에 사시는 아주머니가 한 분 계셨다. 그녀는 꽤 우울하고 고립된 삶을 살았다. 그녀는 매주 교회에 다녔지만 그 누구와도 대화를 하지 않고 예배가 끝나자마자 교회를 빠져나왔다. 에릭슨은 강의를 하기 위해 밀워키에 있는 동안 환자의 요청으로 그 아주머니를 방문하였다. 그는 자신을 의사로 소개하였고 집 구경을 시켜달라고 했다. 그가 집을 둘러보는 동안 아프리카 바이올렛이 눈에 띄었고, 싹이 트고 있는 작은 잎이 눈에 띄었다. 에릭슨은 아프리카 바이올렛은 관심을 많이 받아야 하는 식물이라는 점을 알고 있었다. 떠나기 전에 그는 그녀에게 의사로서 지시를 했다. 그녀는 아프리카 바이올렛과 분갈이 화분 그리고 선물용 화분을 사야 했다. 그리고 교회에 세례, 출생, 결혼식, 약혼, 병환 등이 있을 때 그녀는 식물을 보내기로 했다. 이 개입은 성공적이었다. 임종할 무렵 그녀는 밀워키에서 아프리카 바이올렛 여왕으로서 애정이 넘치는 사람으로 알려져 있었고, 그녀의 장례식에는 수백 명의 조문객이 참석하였다. 이 훌륭한 예에서 에릭슨은 아프리카 바이올렛을 키우는 환자의 개인적인 전문성을 활용했을 뿐 아니라, 그녀가 속했던 공동체가 보편적으로 꽃 선물을 높이 평가한다는 점을 활용하였다(Zeig, 1980).

활 용

에릭슨에게 지배적인 원리—아마도 가장 지배적인 원리—는 효과적인 치료법은 환자가 치료 장면에 가져오거나 또는 치료적인 만남에 존재하는 어떤 것을 이용하는 것이라는 점이다. 활용(utilization)이란 환자 또는 환경의 어떤 것에 그리고 모든 측면에 전략적으로 반응하는 치료자의 준비성(readiness)이라고 할 수 있다(Zeig, 1992). 물론 이는 의식적이고 무의식적인 자원, 강점, 경험, 능력(또는 무능력까지도!), 관계, 태도, 문제, 감정 등을 포함한다. 이 목록은 끝이 없지만 그 개념은 단순하다. 만약 그것이 환자의 삶에 일부라면 치료적인 목표를 성취하는 데 유용할 수 있고, 그것이 환자가 이끌어 낸 것이라면 대개는 치료자가 그 상황에 소개할 수 있는 그 어느 것보다 더 강력할 수 있다.

에릭슨은 *Healing in Hypnosis*라는 제목으로 출판된 책에서 활용에 대한 그의 의견을 밝혔다.

당신은 환자가 그 순간에 자신의 몸과 자기 몸의 신체 경험과 관련하여 갖게 되는 느낌, 사고 그리고 감정의 방식에 대해 생각할 필요가 있습니다. 오늘 아침에 나는 한 아이를 의뢰받았습니다. 그 아이는 상담실에 들어와서는 앞뒤로 전속력으로 뛰어다니며 전혀 말을 듣지 않는 아이였습니다. 나의 답은 의외로 간단했습니다. 그 아이에 대해 내가 첫 번째로 알아차린 것은 그의 현실이 앞뒤로 전속력으로 달리는 것이라는 것입니다. 이것은 협조적이지 않은 것이었습니다. 아이는 어떤 운동 활동을 수행하고 있습니다. 그 아이가 나와 작업할 필요가 있기 때문에 운동 활동을 계속 유지하는 것이 더 낫다고 나는 생각합니다. 그 아이와 나는 어떻게 작업을 해야 할까요?

나는 그에게 말했습니다. "너는 이 문을 향해 뛰고 있구나. 너는 여기까지 뛰고 있고 저 문을 향해 달리고 있지. 여기 이 문까지 왔다가 다시 저 문으로 뛰어가고 있구나." 그 아이가 알고 있는 첫 번째 것은 내가 그 아이에게 어느 쪽으로 뛸지 말해 주기를 자신이 기다리고 있었다는 것입니다. 만약 아이가 나와 싸우기 시작한다면(에릭슨은 밀어내는 듯한 동작을 취했다), 나는 그에게 어떻게 그가 오른손으로 민 다음에 왼손으로 밀고 있는지를 말했을 것입니다. 여기서 알 수 있는 것은 내가 "네 오른손으로 나를 밀어. 이제 나를 왼손으로 밀어."라고 말하는 것을 아이가 기다리고 있다는 것이지요. 다시 말해서, 치료자는 환자의 상황에서 개인적인 성향을 이용하는 것을 배우는 겁니다. 환자들로 하여금 그런 행동을 하게 하는 것은 그들 자신의 정신과정임을 깊이 새겨 두어야 합니다(Rossi et al., 1983: 104).

환자가 이미 갖고 있는 것

때로 활용은 매우 단순하고 구체적이다. 재정적인 파산 때문에 생긴 우울증으로 입원한 유능한 경영자의 사례에서, 에릭슨은 변화를 일으키기 위해 남자의 상동증적인 손의 움직임을 이용하였다. 그 남자는 반복적으로 손을 자신의 가슴과 일직선상에서 앞뒤로 움직였고, 그러면서 내내 울었다. 에릭슨은 그에게 "당신은 오르막도 있고 내리막도 있던 사람입니다."라고 말하면서 손을 위아래로 움직이도록 설득하였다. 그리고 나서 병원 내의 작업치료사와 협력하여 그가 나무를 매끄럽게 문지를 수 있도록 그의 손에 사포를 쥐어 주고 그 사이에 나무토막을 놓았다. 곧 남자는 그 작업에 흥미를 가지게 되었고, 마침내 나무로 체스 세트를 만들어 팔았다. 그 남자는 건강해졌고, 퇴원을 했다. 퇴원한 첫해에는 부동산으로 1만 달러를 벌었다. 당시에는 꽤 큰 액수였다.

이 사례에서 에릭슨은 증상적인 강박적 손 움직임을 활용하였고, 작은 변화를 만들어 냈으며, 그 증상을 생산적으로 만들었다. 이 개입은 '당신은 능력이 있다.'라는 암묵적인 메시지를 전달하였고, 환자는 퇴원 후에도 이 메시지를 지니게 되었다(Haley, 1973).

치료 맥락 밖에서의 '활용'

젊은 Jeffrey Zeig는 1973년 에릭슨을 처음 방문하고 나서 그가 받았던 교육에 대한 감사를 표현하고 싶어 했다. 에릭슨이 나무 조각품에 대한 안목이 있다는 것을 안 그는 오리의 머리와 목을 완성시킨 유목 조각품(driftwood carving)을 에릭슨에게 내밀었다. 그 조각의 나머지 부분은 아직 다듬어지지 않은 상태였으나 추상적으로 오리의 몸을 닮아 있었다. 에릭슨은 조각품과 학생을 번갈아 바라보면서 조용히 그 예술작품을 찬찬히 바라보았다. 그리고 마침내 '비상하는' 이라는 단어를 토해 냈다. 그는 학생이 지금껏 잘해 왔다는 것을 말해 주고 격려하기 위해 그 선물을 활용한 것이었다.

에릭슨은 다음과 같이 썼다.

> 환자를 도우려는 치료자는 그것이 방해가 되고 부당하고 심지어 불합리하다는 이유로 환자의 수행 중 어떤 부분이라도 결코 경멸하거나 비난 또는 거부해서는 안 된다. 왜냐하면 환자의 행동은 상담실에 갖고 오는 문제의 일부분이기 때문이다. 그것은 개인적인 환경을 구성하며 치료는 그 안에서 효력을 미쳐야만 한다. 그것은 총체적인 환자/의사 관계에

있어서 지배적인 힘을 구성할 수가 있다. 그래서 환자가 상담실에 무엇을 가지고 오든지, 그것들은 어떤 식으로든 그들의 일부이며 동시에 그들 문제의 일부다. 치료자는 환자의 총체성을 인정하면서 공감적인 눈으로 환자를 바라보아야 한다. 치료자는 치료적인 절차를 위한 기초를 제공한다면서 무엇이 좋고 합리적인지를 평가하는 데 자신을 국한시키지 않아야 한다. 가끔은, 실제로 우리가 깨닫는 것보다 더욱 많은 경우에, 치료는 어리석고, 엉터리 같고, 불합리하고, 모순된 것들을 활용함으로써 견고한 기초 위에 확고하게 세워질 수 있다. 필요한 것은 한 사람의 전문가로서의 위엄이 아니라 그 사람의 전문적인 유능성이다(Erickson, 1965a: 57-58).

1959년에 출간되었던 논문에서 에릭슨은 저항을 온몸으로 보여 주었던 한 청중에게 활용을 적용했던 이야기를 하였다.

또 다른 활용기법은 한 의대생들의 모임 앞에서 강의하고 시연하는 동안에 사용되었다. 강의를 시작하려는데 한 학생이 최면은 사기이며 에릭슨은 돌팔이 의사라고 공공연히 비난하면서 질문 공세를 퍼부었다. 그리고 그 학생은 자신의 동기생을 이용하는 시연은 청중에게 보여 주기 위해 각색된 속임수라고 했다. 이에 대해 에릭슨이 사용한 방책은 다음과 같았다. 강의가 진행되는 동안 그 학생이 시끄럽고 적대적인 견해를 계속 쏟아 냈기 때문에 이를 바로잡기 위해 어떤 행동을 취하는 것이 불가피하게 되었다. 에릭슨은 야유하는 학생과 신랄한 말들을 주고받게 되었다. 이때 에릭슨은 야유하는 사람으로부터 언어적으로 또는 행동적으로 공감적인 모순을 자아내기 위해 조심스럽게 고안된 말들을 선택했다.

에릭슨은 그 학생이 침묵을 유지해야만 한다고 했다. 다시 말해서도 안 되며 감히 일어서서도 안 된다고 했다. 감히 복도로 걸어 나가 강당 앞으로 나가서도 안 된다고 했다. 그는 에릭슨이 요구하는 무엇이든 해야 한다는 말을 들었다. 의자에 앉아야 하고, 자신의 원래 자리로 되돌아가야 한다는 말을 들었다. 또한 그가 시끄러운 겁쟁이라는 말을 들었다. 단상에 앉아 있는 자원자들을 바라보기를 두려워하고 있으며, 강당 뒤에 앉아 있어야 하고, 단상 위에 감히 올라오지 못한다는 말을 들었다. 그는 에릭슨과 친근하게 악수하는 것을 두려워한다는 말을 들었고, 감히 조용히 가만히 있지 못하며 자원자를 위한 단상에 있는 의자 중 하나로 걸어 나오기를 두려워하고 있다는 말을 들었다. 청중을 보고 그들에게 웃음 짓는 것을 두려워하고, 감히 에릭슨을 쳐다보거나 귀 기울이지 못한다는 말을 들었다. 그리고 여러 의자 중 한 의자에 앉을 수 있으며, 자신의 허벅지 위에 손을 올려놓는 대신 그의 뒤쪽으로 손을 놓아야 할 것이고, 감히 손을 들어 올리는 경험을 할 수가 없으며, 눈 감는 것을 두려워하고, 깨어 있어야

한다는 말을 들었다. 그는 최면 상태에 빠지는 것을 두려워
하고, 단상에서 급히 자리를 떠야 하고, 침묵하고 가만히 있
으면서 트랜스 상태에 빠질 수 없으며, 심지어 가벼운 트랜
스 상태에조차 빠질 수 없고, 감히 깊은 최면 상태에 빠지지
못한다는 등의 말을 들었다.

그 학생은 침묵하게 될 때까지 매번 모든 단계에서 너무나
쉽게 말이나 행동으로 이의를 제기했다. 그러다가 이의를 제
기하는 것이 행동에만 국한되었다. 그리고 에릭슨의 모순 패
턴에 사로잡혀서 비교적 쉽게 몽유병적인 트랜스 상태로 유
도되었다. 그리고 나서 그는 강의를 위해 가장 효과적인 시연
피험자가 되었다. 그는 다음 주에 에릭슨을 찾아가 그의 전반
적인 개인적 불행과 자신에 대한 나쁜 평판에 대해 얘기하면
서 심리치료를 요청하였다. 이것으로 그는 굉장한 속도로 진
전을 보았고 성공적으로 치료를 마쳤다(Erickson, 1959a: 13).

활용의 마지막 예는 종종 언급되지만, 그 당시 7세 된 에릭
슨의 아들 Allan에 대한 이야기에서 아름답게 설명된다.
Allan은 밖에서 놀다가 깨어진 유리병 때문에 다리에 깊은
상처를 입었다. 에릭슨은 Allan을 진정시키고 고통으로부터
주의를 돌리게 하기 위해 Allan이 오랫동안 지속해 왔던 누
나와의 경쟁으로 주의를 돌리도록 인도하기 시작했다. 에릭
슨은 누나 Betty Alice가 이전에 꿰맸던 것과 비슷한 수만

큼도 찢어지지 않았다는 데 Allan이 관심을 가지도록 했다. 소년은 마취하지 말아 달라고 요청했고, 외과의사가 안으로 더 붙일 수 있도록 바늘땀을 서로 더 가깝게 해 달라고 여러 번 부탁하였다. 물론 외과의사는 놀라워했지만, 더 중요한 것은 상처의 치료과정에 따르는 모든 고통에서 멀어지도록 Allan의 주의가 유도되었다는 것이다. 에릭슨이 활용을 쓸 때에는 환자를 향한 그리고 그 환자의 독특성에 대한 에릭슨의 정중한 태도가 깔려 있었다.

활용은 모든 에릭슨의 작업에서 실제로 드러나며, 이 장에서 이미 기술된 모든 원리에서도 드러나는 개념이다. 이것은 에릭슨 방법의 가장 중요한 토대다.

결 론

에릭슨식 치료법은 여러 면에 있어 전통적인 치료법으로부터 급진적으로 떠나 있다. 에릭슨의 치료에서는 통찰을 치료 성과에 결정적인 것으로 보지 않는다. 통찰은 성공적인 사례에서 일어나지 않을 수도 있다. 에릭슨은 치료에 대한 어떤 체계를 고수하는 것이 치료자의 관점을 좁아지게 하고 치료적 대안들을 제한시킨다는 이유로 자신을 어떤 치료적 이론 또는 체계에도 맞추지 않으려 하였다. 따라서 에릭슨은 결코 자신의 접근을 성격 이론 또는 치료 이론으로 공식화하지 않았다.

그러나 치료적 과정을 구조화하는 데 도움이 되는 일반적인 원리는 많다. 현명한 치료자들은 무의식이 종종 의식적 자각을 넘어선 방식으로 환자를 이끈다는 것을 잘 인식하고 있을 뿐 아니라, 그것이 정보의 원천이면서도 개입의 목표가 되는 치료적인 동맹이 되기도 한다는 것을 잘 알고 있다. 대부분의 사례에서 환자들은 자신의 문제를 해결하기 위한 충분한 자원, 강점 그리고 경험을 소유하고 있다. 환자의 자원을 확인하고 그것을 활용하는 방식을 발달시키는 것이 부지런한 전문가들의 과제다.

에릭슨식 접근법은 증상에 기초한 치료이며, 따라서 단기간에 치료를 하도록 한다. 문제를 깊이 자리 잡고 있는 병리의 지표로 보지 않고, 하나의 기능하려는 적응상의 노력으로 본다. 불행히도, 이러한 적응들이 성공적이지 못하거나 시대에 뒤떨어졌을 때 환자들은 어려움을 겪게 된다. 이러한 어려움을 다룰 때, 에릭슨은 치료자를 전형적으로 중립적인 관찰자-해석자-촉진자의 모습으로 보는 틀을 깨는 새로운 방법들을 개척하였다. 그는 임상적 최면이 냉대를 받는 시절에도 최면을 사용하였다. 그는 과제를 부여하였고, 자기 패배적인 행동을 하지 않도록 적극적으로 조언하는 등 매우 지시적이었다. 그리고 환자의 집 또는 공동체에서 일어나는 맞춤 과제를 통해 치료실이라는 공간적인 제한을 넘어서도록 치료의 영역을 확장하였다.

이론과 원리에 대한 이러한 논의는 에릭슨식 치료법을 검토하는 유용한 맥락을 제공할 수 있다. 그러나 그의 작업의 주요한 영향은 그가 진보시킨 방법과 기법에 있다. 그의 가장 뛰어난 방법과 기법들은 다음 장에서 자세하게 검토할 것이다.

3 주요한 기법적 특징

나는 각각의 사람들을 위해 새로운 이론과 접근을 창조해
낸다.

Milton H. Erickson(Lankton & Lankton, 1983: v)

치료의 기술

이전 장에서 볼 수 있는 것처럼, 밀튼 에릭슨(Milton
Erickson)의 작업이 주로 영향을 미친 것은 방법과 기법의
향상이었다. 그는 변화를 촉진시키기 위해 최면을 사용하는
것으로 가장 잘 알려져 있으며, 이 최면을 예술의 형태로 향
상시켰다. 금세기에 그 누구보다도 최면을 가장 널리 사용
하고 받아들이게 한 주인공이 바로 에릭슨이다. 은유(에릭슨
의 또 다른 유명한 치료적 기법)를 사용하여 말하자면, 그의 최

면 작업이 미술 작업이라면 트랜스 상태는 그가 굵은 터치(정적·부적 환각, 기억상실증, 나이 퇴행과 진전, 최면 후 암시, 자동적 글쓰기, 직접적 암시)와 섬세한 색조(암시, 과제, 일화, 은유와 역설적 개입) 모두를 사용해서 만들어 내는 캔버스(배경)에 불과할 뿐이다. 에릭슨은 관심 영역이 광범위했을 뿐만 아니라 내담자의 관심사도 즉각적으로 도입해 활용을 했다.

물론 이러한 '굵은 터치'와 '섬세한 색조' 모두는 에릭슨이 최면 작업을 하는 동안에 사용하는 기법들이다. 또한 그는 공식적인 최면유도를 하지 않고도 이러한 많은 수단을 똑같이 효과적으로 사용할 수 있었다. 2장에서 인용된 것처럼, 그는 일찍이 Jay Haley, Gregory Bateson과 John Weakland에게 자신의 모든 의사소통 속에 약간의 최면이 포함되어 있다고 하였다. 이는 무의식 수준에서 일어나는 자신과 타인의 상호작용을 의미했던 것이지, 결코 형식적인 최면 작업을 의미했던 것은 아니었다. 오히려 그는 종종 트랜스 상태 없이 최면치료를 하였다. 트랜스 상태에서 그가 사용한 기법들은 은유, 일화, 과제, 기술 훈련, 모호한 기능 할당(ambiguous function assignments), 암시, 역설적 개입 등이다. 이러한 기법들은 그가 말한 '자연스러운(naturalistic)' 접근에서도 효과적이다.

에릭슨 작업의 위력은 이론적인 틀 안에 있지 않으며, 특정한 경우에 선택되는 특정 기법에 있지도 않다는 점을 말하고 싶다. 이전 장에서 말했듯이, 그의 개입은 환자와 문제해결 모두를 지향하는 맥락 속에서 제공된다. 그 점에서 에릭슨의 기법적 공헌에 대해 완벽하게 설명하기는 불가능하다. 각 개인의 독특함(에릭슨 치료에서 두 번째로 중요한)과 그가 치료 장면에 갖고 들어오는 치료기술의 광범위한 레퍼토리를 전반적으로 고려했을 때, 변경 가능한 개입전략들은 엄청나게 다양하다. 이러한 것을 기억하면서 이 장에서는 앞에 언급한 기법들을 검토할 것이다. 튜브 속에 있는 물감이 미술작품을 만들어 내지 않는 것처럼 기법들이 에릭슨식 치료를 만들어 내는 것이 아님을 이해하는 것이 필요하다.

최 면

역사적 배경

최면에 대한 에릭슨의 기여를 더 잘 이해하기 위해 간단하게 최면의 역사를 개관하면 다음과 같다.

가장 보편적으로 최면의 '아버지'라고 여겨지는 사람은 바로 Franz Mesmer(1734~1815)다(Crasilneck & Hall, 1975). 물론 Mesmer보다 앞서 최면과 유사한 현상에 대해 언급한 사람들이 있기는 하다. Mesmer는 동물 자기장(animal magnetism)에 관한 이론을 가정했는데, 최면 현상을 최면술사에서 환자에 이르는 자기장의 전이라고 보았다.

직접적으로는 메스머주의자에 의해서, 그리고 간접적으로는 무생물 대상을 통해서 이러한 자기장의 전이가 이루어진다고 하였다. 그가 극적인 성과(예: 히스테리성 장님의 치료 등)를 이루어 냈지만, 프랑스 의학학술특별위원회(French Academy of Medicine)가 그의 작업을 허가하지 않으면서 Mesmer는 눈 밖에 나게 되었다. 프랑스 학술위원회가 나중에 동물 자기장에 관해 호의적으로 보고서를 발행하게 되지만, 이미 Mesmer가 사망한 뒤였다. 하지만 Morton Prince(1854~1929)와 John Elliotson(1791~1868) 같은 사람들의 작업을 통해 메스머주의의 치료 작업은 계속 발전하고 확장되었다.

　James Braid(1785~1860)는 잠(sleep)을 의미하는 그리스어 hypnos에서 따온 'hypnosis(최면)' 라는 용어를 만들어 냈다(Crasilneck & Hall, 1975). Braid는 동물 자기장과 자기장 이론에 대한 생각을 피하고, 대신 내담자의 피암시성에 초점을 맞추었다. Braid는 최면의 과정에 대한 생각에 있어 중요한 변화를 가져왔다. 개념적으로는 메스머주의가 누군가 '에게' 행해지는 것이라면 최면은 누군가 '와 함께' 행하는 것이다.

　19세기 말부터 20세기 초까지는 최면에 대한 수용 여부와 이론적 설명이 요동치는 시기였다. 아마도 이 시기에 임상적인 최면 사용에 가장 큰 영향력을 행사했던 사람은 바로

Sigmund Freud였을 것이다. 초반에 Freud는 망각된 감정과 사건에 접근하고 재경험하는 방법이자 환자들에게 안도감을 줄 수 있는 정화과정으로 최면 현상에 매우 깊은 관심을 가졌다. 그렇지만 모든 환자가 최면에 한결같이 반응하는 것은 아니었기 때문에 그는 최면 사용을 불편하게 여기기 시작했다. 또한 그는 환자들이 마음속에 간직하고 있어야 할 어떤 중요한 증상을 직접적 암시가 제거해 버릴지도 모른다는 사실을 염려하였다. Freud는 또한 최면과정이 지닌 성적인 의미에 대해 우려했는데, 이러한 것은 환자가 최면술사에게 감정적으로 '자신을 내주는' 것으로 여겨질 수 있기 때문이다. 이러한 이유로, 그리고 임상적으로나 연구를 통해 최면에 대한 폭넓은 경험이 정말로 부족하였기 때문에 Freud는 최면을 거부했다. Freud의 정신역동 이론과 치료가 널리 수용되면서, 그가 거부한 방법들에 대한 평판은 자연히 나빠졌고, 이로 인해 임상적 최면 분야의 성장과 탐색은 상당히 축소되었다. 그러다가 제1차 세계대전 후 정신적 외상을 입은 군인들을 치료하기 위한 방법으로 최면이 다시 부활하였다. 1923년에 에릭슨이 최면에 대한 Clark Hull의 세미나에 참석했을 때에는 사람들이 최면의 본질과 적용을 학술적으로 다시 검토하기 시작했을 정도로 일찍이 최면을 거부했던 Freud의 부정적 영향이 감소되었다.

의견 차이

1장에서 진술한 것처럼, Hull이 최면과정에서 내담자를 수동적인 참여자로 보았다는 점에서 에릭슨은 Hull과 달랐다. Hull은 표준화된 최면유도가 각 개인들에게 동일한 방식으로 강한 영향을 준다고 보았다. Hull의 경험, 전문성 그리고 업적에 순종하는 마음에서 에릭슨은 당시 자신의 실험적 연구들을 공식적으로 발표하는 것을 자제하였다. 미국에서 실험 심리학을 설립한 대가 중의 한 사람으로서 Hull의 지위는 사람들로 하여금 최면의 과정에 대한 그의 견해를 신뢰하도록 하였다. 따라서 최면가와 내담자의 역할에서의 상대적 중요성에 대한 에릭슨의 견해는 당시로서는 의구심을 불러일으켰을지도 모른다. Hull과 함께한 에릭슨의 경험은 두 가지 긍정적인 결과를 가져다주었다. Hull과 그의 연구방법을 접하게 되면서 에릭슨은 실험실 절차가 최면 현상에 적용될 수 있다는 것을 확신하게 되었다. 그리고 Hull의 단호함에서 싹튼 에릭슨의 학문적 의구심은 보다 타당성 있게 이해하려는 에릭슨의 탐구열을 불러일으켰다. 물론 궁극적으로 에릭슨의 결론은 다음과 같다. "최면가가 소망하는 것은 최면이 어찌될지를 결정하는 것이 아니라, 내담자가 무엇을 이해하고 무엇을 해야 하는지를 결정하는 것이다." (Erickson, 1964; Rossi, 1980a: 17)

최면의 본질

최면 경험이 최면가가 내담자에게 강요하는 어떤 압도적인 힘의 결과라는 생각을 일단 벗어던지게 되면, 최면이란 '내담자 안에서 생겨나고 내담자에 의해 경험되지만, 최면가에 의해 다양한 정도로 영향을 받을 수 있는 변형된 의식 상태의 일종'으로 개념화된다. 에릭슨은 다음과 같이 제안했다. "최면은 당신이 의식적인 자각을 중단하는 것이다. 그래서 최면에서 당신은 무의식적 자각을 사용하기 시작한다. 왜냐하면 당신은 무의식적으로 훨씬 더 많은 것을 알고 있기 때문이다."(Zeig, 1980: 39) 최면 상태는 다양한 의식 상태로 특징지어지는 연속선이다. Munion은 이러한 연속선을 라디오 주파수에 비유하면서, 서로 다른 의식 상태는 특정한 라디오 주파수와 유사하다고 설명했다. 예를 들면, 한 주파수가 나타내는 것은 책에 몰두하고 있을 때 경험하게 되는 의식 상태일 수도 있으며, 격렬한 논쟁, 창조적인 과정, 꿈꾸는 상태, 최면의 실재 등을 나타낼 수도 있다. 라디오 신호처럼 이용 가능한 모든 주파수(의식상태)는 동시에 존재하지만(무의식 수준에서), 수취인(의식적 자각)은 끊임없이 한 번에 하나씩 집중한다. 또한 의사소통은 의식 수준과 무의식 수준 모두에서 일어나며, 라디오 음량(주어진 상황에서의 몰두의 깊이, 즉 최면의 깊이)은 증가할 수도 감소할 수도 있다.

앞서 말한 은유는 최면 상태가 자연적으로 발생하는 여러 의식 상태 중 단지 하나에 불과하다는 것을 시사해 주지만, 그게 무엇인지는 자세히 말해 주지 않는다. 우리의 존재와 실재의 본질은 우리가 생각하고 경험하는 것의 결과다. 이런 맥락에서 평범한 최면 상태가 아닌 실재는 우리 경험의 일부이며, 최면 경험은 우리의 실재 전체에 또 다른 의미 있고 강력한 기여를 한다.

실재는 무엇인가

최면 경험의 실재(reality)에 대한 본질은 피닉스에 있었던 에릭슨의 수업 집단 중 하나에 속해 있던 한 참가자가 매우 훌륭하게 표현했다. 에릭슨은 이를 「최면에 대한 한층 더 실험적인 연구: 최면과 비최면의 실재」(Further experimental investigation of hypnosis: hypnotic and non-hypnotic realities)(Erickson, 1967)에서 보고했다. 최면 상태의 한 젊은 여성은 메인 주에 있는 한 호수에서 수영을 했는데, 그녀는 최면 상태에서 집단에게 자기의 경험을 말로 표현했다. 일련의 복잡한 테이프 녹음을 통해 그녀는 먼저 자신이 수영을 하고 있다고 말한 최면 상태를 접하였다. 그다음에는 최면 경험에 대한 기억을 상실한 채 깨어난 상태에서 수영에 관해 말하는 것을 들었으며, 자신이 전체 경험에 대해 놀라워하면서 깨어나는 반응도 듣게 되었다.

그녀는 자신이 깨어 있는 상태에서 처음 수영에 대해 얘기하는 것을 들었을 때 확실하게 놀랐다. 자신의 녹음 내용이 끝날 때까지 매우 주의 깊게 경청하고 나서는 다음과 같이 주장했다.

　　"난 메인 주에 있는 그 호수에 수영하러 가지 않았다는 확실한 사실을 압니다. 그건 사실이고 또 사실이어야 하죠. 그렇지만 지금 그에 대해 이야기하는 내 목소리를 들을 때, 나는 내 내부에서 정말로 수영을 하러 갔다는 것을 압니다. 다른 녹음내용을 내가 처음으로 들었을 때는 그저 단어와 생각만을 듣고 있었지만, 두 번째 녹음내용을 들었을 때는 내가 뭐라고 말했는지와 동시에 내가 느끼는 감정을 느꼈습니다. 지금 나만의 감정에 따르자면 난 수영을 하러 가지 않았으며 또한 수영을 하러 갔습니다. 두 개의 생각을 비교하면 그것들이 모순이 됨을 압니다. 그러나 내가 단지 한 생각을 들여다봤을 때는 그것이 사실이라는 것을 압니다. 그러고 나서 내가 다른 생각을 들여다보면 그게 사실이라는 것을 똑같이 잘 압니다. 이해와 감정이라는 두 개의 다른 세계 속에 존재하는 것 같습니다. 그렇지만 나는 그런 방식으로 그것들을 그대로 두고 싶네요. 난 그것들을 합쳐서 맞춰 보길 바라는 어떠한 욕구나 바람도 없습니다. 나는 단지 피닉스에 있기를 기꺼이 바랄 뿐이며, 메인 주의 캠프에 있었던 것에 대해 당신에게 기꺼이 말할 수 있습니다. 당신이 나를 깊은 최면 상태에 빠지게 한다면 난 내가 있고 싶어 하는 어디에든지 있을 수 있고, 내가 있는 실제의 장소가 그것을 전혀 방해하지 않을 거라는 것을 압니다. 내가 의미하는 것은 나는 메인 주에 정말로 즐겁게 수영을 하러 갈 수 있으며, 동시에 피닉스에 머물러 당신의 모든 질문에 대답을 하거나 수영을 하는 경험을 방해하지 않고도 당신이 원하는 것은 무엇이든 할 수 있다는 겁니다. 그건 내가 평소에 하는 것과 비슷한 겁니다. 나는 밤새 편안하게 푹 자는 거죠. 그러나 꿈속에서 송어를 잡아서 너무 행복하게 요리 준비를 하고 맛있게 먹는 것을 경험하면서 나는 여전히 깨어 있을 수 있습니다. 그렇지만 내가 꿈속에서 송어를 먹었고 여전히 송어의 맛을 느낄 수 있음에도 불구하고, 지금 나는 배가 고파서 아침을 먹고 싶은 겁니다." (Erickson in Rossi, 1980a: 78)

최면 경험의 질, 예를 들어 한 편의 영화를 보는 것보다 훨씬 복잡하고 깊고 완전한 상태가 바로 **실재**가 되게 한다. 치료과정에서 최면을 강력하게 만드는 것은 즉시성(imme-diacy)과 현실성(reality)이다. 위에 기술한 경험은 확실히 치료는 아니며, 또한 치료가 되기를 의도한 것도 아니다. 과 현상에 대한 시연이었을 뿐이다. 일반적인 최면 현상 중 몇 가지를 고려해 봤을 때, 독자는 최면 경험의 다양성이 실제로는 무한하다는 사실을 다시 한 번 상기할 필요가 있다. 각각의 내담자들은 자신의 독특한 과거력과 관점들을 가지고 최면 현장에 임하기 때문이다. 에릭슨은 최면 현상에 매료되었으며 자기 작업의 상당 부분을 최면을 온전히 연구하는 데 바쳤다. 사실 그는 연구자가 첫 번째였고, 두 번째로 치료자, 그리고 세 번째로는 교육자였다.

일반적인 최면 현상

최면 상태에서는 보통 일상의 부분이 아닌 다양한 경험이 발생한다. 다음은 최면 현상의 목록 일부다. 기억상실은 자발적으로 혹은 암시에 의해서 발생할 수 있으며, 부분적으로(전체 경험의 한 부분을 망각), 선택적으로(경험의 특정 부분을 망각), 혹은 전체적으로 회상하지 못하는 것이다. 무감각증은 신체 감각이 억압되는 것이며 보통 한 부분에 국한된다. 팔 공중부양(arm levitation)은 팔을 무의식 중에 자동적으로 들어 올리는 것인데, 직접적 혹은 간접적 암시를 통해 유도된다. 정적(positive) 환각은 그곳에 존재하지 않는 것을 보거나 듣거나 냄새를 맡는 것을 포함하며, 부적(negative) 환각은 그곳에 존재하는 것을 지각하지 않는 것이다. 나이 퇴행은 더 어린 연령으로 되돌아가는 것으로 경험된다. 이런 일반적인 현상들이 사람들이 경험하는 모든 종류의 경험을 포괄하는 것은 아니지만, 최면 중에 나타날 수 있는 가능성이 있는 것들이다. 에릭슨은 이러한 최면 현상을 치료적 성과를 만드는 데 이용한 것이다.

무감각증

임신한 여성과의 최면 작업을 소개한 다음 기술은 무감각증 유도의 좋은 사례다.

임신한 여성의 천골 마취를 하기 위해 나는 여러 번 최면을 사용했지요……. 그 밖에 다른 것은 절대 언급하지 않았습니다. 나는 말했어요. "분만실로 들어갈 때 아기의 성별, 아기의 외모, 아기가 머리카락이 있을지 없을지를 생각해 보세요. 잠시 후에 당신 하반신을 전적으로 책임지고 있는 산부인과 의사는 당신에게 아기가 어떤지 보라고 이야기할 것입니다. 그는 아기를 위로 치켜 올릴 겁니다. (그 기법을 통해) 당신은 완전한 천골 마취—완전한 무감각증 상태—에 이릅니다." 내 딸 Betty Alice가 첫 아이를 가졌을 때 내 학생이기도 했던 의사는 매우 걱정을 했습니다. "걱정하지 말아요. 의사 선생님, 당신은 산부인과 의사이고 자신의 직무를 알아요. 분만실에서 당신은 내 하반신을 책임지고, 나는 상반신만을 책임질 뿐이에요." 딸은 그렇게 말하고 간호사와 분만실에 있는 사람들에게 호주에 있는 학교에 대해 이야기하기 시작했습니다. 잠시 후 "Betty Alice 씨, 아이가 남자앤지 여자앤지 알고 싶지 않으세요?" 의사는 딸에게 말을 건네고 남자 아이를 들어 올려 보여 주었습니다. 딸아이가 말했죠. "오, 남자아이로군요. 나에게 아이를 주세요. 난 다른 엄마들

하고 같네요. 아이의 손가락과 발가락을 세어 봐야겠어요."
그녀는 호주에 있는 학교에서 가르치는 것에 대해 말하고 있
느라고 무슨 일이 일어나고 있었는지 몰랐던 것입니다(Zeig,
1980: 43-44).

이 이야기와 다음에 나올 이야기는 1979년에 에릭슨이 5일
동안의 교육 세미나에서 한 이야기다(Zeig, 1980). 에릭슨은
최면으로 무감각증을 유도했던 또 다른 사례를 자세히 설명
했다.

이제 나는 다른 암 환자 사례를 말해 보겠습니다. 한 의사
가 나를 불러서 말했습니다 "세 아이들을 둔 35세 환자가 있
습니다. 그녀는 집에서 임종을 맞이하고 싶어 합니다. 오른
쪽 유방 절제술을 했지만 너무 늦었군요. 이미 뼈, 폐, 몸 전
체에 암이 전이되어 있어요. 약은 조금도 도움이 되지 못합
니다. 그녀에게 최면을 시도해 보시겠습니까?" 그래서 나는
왕진을 갔습니다. 현관문을 열었을 때 침실에서 계속 반복적
으로 들려오더군요. "나를 아프게 하지 말아 주세요. 나를
아프게 하지 말아 주세요. 나를 아프게 하지 말아 주세요. 날
위협하지 마세요. 날 위협하지 마세요. 날 위협하지 마세요.
날 아프게 하지 마세요. 날 위협하지 마세요. 날 아프게 하지
마세요." 난 그 꾸준히 반복되는 그 말을 잠시 경청했습니다.

그리고 나는 침실로 들어가서 나를 소개하려고 했습니다. 여자는 오른쪽으로 몸을 웅크리고 누워 있었습니다. 나는 크게 소리를 질러서 나 자신을 소개할 수도 있었습니다. 하지만 그녀는 끊임없이 계속 같은 말을 했습니다.

그때 나는 생각했습니다 '자, 어떻게든 그녀의 관심을 끄는 게 낫겠다.' 그래서 그녀의 반복적인 말에 동참했지요. "나는 당신을 아프게 할 거예요. 나는 당신을 아프게 할 거예요. 나는 당신을 위협할 거예요. 나는 당신을 위협할 거예요. 나는 당신을 아프게 할 거예요. 나는 당신을 위협할 거예요." 마침내 그녀가 "왜죠?"라고 말했어요. 그렇지만 그녀는 내 대답을 기다리지 않았고, 그래서 나는 내가 바꾼 반복적인 말을 계속했지요. "난 당신을 돕고 싶어요. 난 당신을 돕고 싶어요. 난 당신을 돕고 싶어요. 하지만 당신을 위협할 거예요. 당신을 위협할 거예요. 당신을 아프게 할 거예요. 그렇지만 당신을 돕고 싶어요. 그렇지만 당신을 위협할 거예요. 당신을 돕고 싶어요." 갑자기 그녀가 가로막고는 "어떻게요?"라고 이야기했어요. 그러고는 다시 반복적인 노래를 계속했지요. 그래서 나는 그 반복적인 말에 동참했어요. "나는 당신을 도울 거예요. 나는 당신을 도울 거예요. 나는 당신을 위협할 거예요. 나는 당신이 정신적으로 바뀌라고 할 거예요. 몸이 아닌 마음으로. 신체적으로 말고 정신적으로 바꿔봐요. 신체적으로 말고 정신적으로 바꿔요. 나는 당신을 아프게 할 거예요. 나는 당신을 위협할 거예요. 당신이 신체적이 아니라 정신적으로 바뀐다면 난 당신을 도울 거예요."

마침내 그녀는 "난 신체적이 아니라 정신적으로 바뀌었어요. 왜 당신은 나를 위협하고 싶어 하지요?"라고 말했습니다. 그러고 나서는 다시 평소처럼 노래를 부르기 시작했습니다. 나는 말했습니다. "난 당신을 돕고 싶어요. 난 당신을 돕고 싶어요. 난 당신을 돕고 싶어요. 난 당신을 돕고 싶어요." 마침내 그녀는 "어떻게요?" 하면서 스스로를 저지시켰습니다. 내가 말했습니다. "모기가 당신의 오른쪽 발바닥을 물었다고 느껴 봐요. 물었어요. 물었어요. 아프죠. 여태까지 어떤 경우보다 심하게 물린 거예요. 가렵죠. 아프죠. 여태까지 그 어떤 것보다도 심하게 물린 거예요." 마침내 그녀가 말했습니다. "의사 선생님, 유감이지만 내 발은 마비됐어요. 난 모기가 무는 것을 느낄 수 없어요." 이에 내가 대답했습니다. "맞아요, 맞아요. 그 마비 증상은 당신의 발목으로 올라가고 있어요. 당신의 발목으로 올라가고 있어요. 그리고 당신의 다리, 종아리로 올라가고 있어요. 그리고 천천히 당신의 무릎으로 올라가고 있어요. 이제 당신의 무릎으로 올라가 허벅지로 올라가고 있어요. 거의 중간까지요. 이제 중간이네요. 이제 중간이에요. 지금은 당신의 엉덩이 전체가 그렇고 왼쪽 엉덩이로 넘어가서 왼쪽 허벅지로 내려가요 천천히 왼쪽 무릎, 아래로, 아래로 당신의 왼쪽 발바닥 아래로. 이제 당신은 엉덩이부터 아래쪽까지 마비되었어요."

"그리고 이제 마비가 당신 왼쪽에서 위로 올라가고 있어요. 천천히, 천천히 당신의 어깨로, 당신의 목으로, 그리고 팔로 내려가 모든 손가락 끝까지. 그리고는 당신 팔 아래 오른쪽으로 마비가 시작되면서 어깨로 올라가고, 손가락으로 내려갑니다. 이제 등에 마비가 시작되고 천천히 당신 등에서 올라가 당신 목덜미에까지 이릅니다."

"이제 우리는 당신 배꼽을 향해 마비가 진행되어 나가게 할 것입니다. 대단히 유감스럽게도, 대단히 유감스럽게도, 대단히 유감스럽게도, 오른쪽 가슴 수술 부위에 마비가 이르렀을 때 완벽하게 마비되게 할 수가 없네요. 수술을 한 그곳은 매우 심하게 가려운 모기 물린 곳처럼 느껴질 겁니다."

그녀는 말했습니다. "맞아요. 전에 아픈 것보다는 훨씬 낫네요. 모기 물린 건 참을 수 있어요." 내가 모기에 물린 느낌을 없애 버릴 수 없었기 때문에 사과를 했지만, 그녀는 자신이 모기에 물리는 것 따위에는 신경을 쓰지 않는다고 나를 안심시켰습니다(Zeig, 1980: 185-187).

최면에 익숙하지 않은 독자조차 에릭슨의 반복되는 말 유도가 일반적이지는 않다고 생각할 수 있다. 이 사례는 최면에 대한 어떤 언급도 하지 않은 채, 환자의 입장에서 동참하는 힘을 아름답게 보여 주고 있다. 이는 활용이 최면과 어떻게 통합되는지에 대한 아주 훌륭한 예다. 또한 '유도(induction)' 에 들어서는 시점이 고통에 대한 이전의 기억이 전도되는 시점임을 주목할 필요가 있다. 이것은 틀림없이 참신한 방법이다.

또 다른 사례가 있다.

좋은 최면 내담자였던 한 비서가 전화를 걸어 이렇게 말했다. "생리를 할 때, 때때로 생리통을 심하게 겪습니다. 그리고 단지 생리를 시작하는 것뿐인데 오른쪽 아랫배에 심한 복통이 생깁니다. 생리통을 느낄 수 없게 해 주실래요?"

나는 전화로 그녀를 최면에 빠뜨렸다. 그녀에게 말했다. "당신은 깨어 있는 상태로 나에게 생리통에 대해 이야기를 해 주었습니다. 그리고 당신은 생리통이 경감되길 바라고요. 따라서 이것을 이해하세요. 당신의 생리는 더 이상 고통을 야기하지 않을 겁니다. 당신은 더 이상 생리통을 겪지 않을 겁니다." 그리고 나는 생리통을 강조했다. "이제 깨어나십시오." 그녀는 깨어나서 말했다. "감사해요. 고통이 모두 사라졌어요." 나는 "좋습니다."라고 말했다.

20분 후에 그녀는 나에게 전화를 걸어 이렇게 말했다 "무감각증이 소멸되어 버렸어요. 생리통이 다시 돌아왔어요." 내가 말했다. "트랜스 상태로 돌아가서 주의 깊게 들어 보세요. 나는 당신이 모든 종류의 생리통에 대해 최면 무감각증

(hypnotic anaesthesia)을 발달시키길 바랍니다. 이제 당신의 고통에서 자유로운 상태로 깨어나십시오." 그녀는 깨어나서 말했다. "이번에는 감각을 느끼지 못하게 도와주었군요. 매우 감사합니다."

30분 후에 그녀는 나에게 다시 전화를 걸어 "생리통이 다시 돌아왔어요."라고 말했다. 난 이렇게 말했다 "당신의 몸은 당신보다 훨씬 더 현명하군요. 당신은 생리통을 겪었던 게 아니에요. 나는 당신에게 최면을 통해 생리통이 없어지도록 했지요. 의사들은 급성 맹장염이 생리통과 같은 고통을 줄 수 있다는 사실을 압니다. 난 생리통에 대한 무감각이 오도록 최면을 걸었는데, 당신은 맹장이 아프다고는 하지 않았죠. 외과의사를 부르세요." 그녀는 그렇게 했다. 의사는 그녀를 병원으로 데리고 갔고 다음 날 아침에 급성 맹장염 수술을 했다(Zeig, 1980: 62-63).

이 사례는 바람직한 결과에 도달하면서도 환자가 표현한 바람뿐만 아니라 증상의 목적 또한 존중해 준 에릭슨의 보살핌을 잘 보여 준다. 처음 두 사례와 달리 세 번째 무감각증 사례에서 에릭슨의 기법은 매우 지시적이었다는 사실을 주목하라. 그는 지시적 기법을 의도적으로 피하지 않았으며, 오히려 언제 그것들을 사용해야 하는지를 잘 알았다.

마지막 두 사례를 비교해 보면, 어떤 경우에는 그 비서의 경우에서처럼 적어도 잠시 동안 고통을 완전히 없애기도 하지만, 다른 경우에는 조금 덜 힘든 다른 것으로 전환하기도 한다는 것을 알 수 있다.

에릭슨은 다른 모든 증상처럼 고통이 긍정적 기능을 가지고 있음을 알았다. 고통은 우리 몸에 문제가 있을 때 우리에게 말을 건네며 더 큰 피해를 입지 않도록 막고 문제 해결을 하도록 동기화시킨다. 예를 들어, 반복적인 말을 하는 여성의 사례에서 에릭슨은 그녀의 오른쪽 가슴에 무감각을 일으키지는 않았다. 그는 그녀가 자기 처벌적(self-punitive) 감정에 대한 분출구로 어떤 고통을 필요로 한다는 사실을 눈치챘다.

고통의 긍정적 기능에 대해 고려하지 않는 개입은 신뢰할 수 없다. 에릭슨이 암시를 할 때 매우 구체적이었으며, 무감각을 비서의 생리통에 한정시켰다는 것에 주목하라. 팔 공중부양과 함께 무감각증은 최면 상태에 들어갔음을 보여 주는 증거로 사용된다.

팔 공중부양

팔 공중부양(arm levitation)은 에릭슨이 연구를 시작하기 이전에는 문헌에 존재하지 않았던 현상이다. 이것은 최면 회기의 수많은 과정 속에서 그가 개발해 낸 과정이다. 팔 공중부양은 의식적인 의지와 독립적으로 발생할 수 있는 해리

과정이다. 영향을 받게 되는 팔에 감각이 사라지지 않는다는 점에서 무감각증과는 다르다. 의식적인 지시 없이 내담자 쪽에서 발생하는 적극적인 신체 반응이라는 점에서 자동적 글쓰기와 관련이 있다.

Rossi(1980a: 1)는 "의식은 언제 달라진 조건에 있는지를 항상 인식하는 것은 아니다."라고 지적했다. (그는 우리가 꿈을 꾸는 동안 스스로 꿈을 꾸고 있다는 것을 거의 좀처럼 깨닫지 못한다는 것을 유추를 통해 상기시켰다.) 에릭슨은 피험자의 반응성을 알아보고, 그 환자에게 최면 현상의 존재를 확인시키기 위한 '설득물(convincer)'로써 팔 공중부양과 다른 최면 현상들을 활용했다.

그는 팔 공중부양을 이끌어 내기 위해 직간접적 방법을 사용했다. 거침없이 이어지는 유창한 유도에 여기저기 끼어들어갈 수 있는 가설적인 암시의 예를 하나 들어 보면 다음과 같다. "그리고 아이였을 때 당신에게 있었던 야간 등(light)을 바로(right) 지금 생각해 내는 것이 편리할(handy) 겁니다. 그리고 당신의 기억은 그 시절로 거슬러 올라갑니다(float)." 특정한 단어들은 '손…… 오른쪽…… 빛…… 떠 있는'에 대한 당신의 무의식적 마음을 발생하게 한다. 그 때문에 밝음(lightness)에 대한 감각은 오른손에서 생겨날 수 있고 솟아오를 수 있다. 뒤이어 발생하는 움직임은 내담자가 반응적이라는 것을 최면가에게 나타내며, 내담자가 자신의 손이 분명히 저절로 들어 올려지는 것을 목격했을 때 최면이 확증된다. 의식은 의식이 변경되었음을 인식한다. 이런 경우에 Rossi의 말을 빌린다면, 꿈꾸는 사람은 자신이 꿈을 꾸고 있다는 것을 알며, 스스로 그것을 보려고 깨어 있다는 것도 안다. 에릭슨은 강직증, 납굴증을 유도하는 것과는 별도로 팔 공중부양을 발생시킬 수 있었는데, 그에 따라 그는 내담자의 손을 천천히 들어 올릴 수 있었고 공중에 그대로 떠 있게 할 수 있었다. 내담자 쪽에서 어떤 노력을 가하지 않고도 분명히 공중에 그대로 둘 수 있었다.

　자동적 글쓰기(handwriting)와 그 변형들은 최면에 걸린 환자에게 펜과 종이를 주는 단순한 과정을 통해서 의식적 자각이 줄 수 없는 정보를 무의식적 마음이 제공할 수 있게 하는 현상과 유사하게 관련이 있다. 자신이 만나는 모든 남자와 섹스를 하는 강박적 여성과 작업을 하면서, 에릭슨은 강박적 행동을 이해시킬 수도 없었고 감소시킬 수도 없었다. 환자는 좋은 최면 피험자였지만 자동적인 글쓰기조차 헛수고였다. 자동적 글쓰기의 변형된 시도에서 에릭슨은 환자의 손에 타이프로 친 원고를 쥐어 주었다. 환자에게 의식적으로 생각하지 말고 재빨리 "그 이유를 말해 주는 글자, 음절, 단어들에 밑줄을 치시오."와 같은 지시 사항을 따르게 했다. 환자가 자신의 강박에 대한 이유를 알고 이해할 준비가 되었다고 말할 때까지 밑줄 친 원고를 그대로 두도록 하였다. 어느 날 그녀는 자신의 행동에 대한 이유를 읽게 되었을 때 자신이 모든 남성과 섹스를 하면서 아버지와 상징적으로 섹스를 하고 있었다는 것을 깨닫게 되었다. 그 이유는 '아버지를 남성으로 만들고' 어머니에 의한 지배를 아버지가 극복하도록 돕기 위해서였다. 그녀의 강박은 치유되었다 (Rossi, 1980d: 163-168).

나이 퇴행

팔 공중부양과 더불어, 에릭슨은 최면 현상을 보여 주기 위한 목적으로 종종 나이 퇴행을 유도했다. 내담자의 과거에 대한 주의를 불러일으키는 것은 최면과정에 걸맞은 수많은 과정을 일으키기 때문에 유도과정에 도움을 준다. 그것은 실제 상황으로부터 주의를 돌리게 하고, 외부에서 내부로 주의를 옮기게 한다. 삶이 다르게 경험되었고, 그래서 앞으로도 다르게 경험될 수 있다고 암시하면서 내담자를 다른 시간의 틀에 새로이 접하게 한다. 이런 회상은 학창 시절에 대한 추억(학습하는 과정)을 포함할 수 있으며, 따라서 최면 경험과 새로운 학습 간에 긍정적 연합을 만들어 내기도 한다.

팔 공중부양과 더불어 나이 퇴행 유도에 대한 사례가 있다.

사례연구　　다음은 『밀튼 H. 에릭슨과 함께한 세미나

『(*A Teaching Seminar with Miton H. Erikson*)』(Zeig, 1980)
에서 녹음한 훈련 경험이다. 여학생 샐리(가명)는 수업에 늦
었다. 에릭슨은 시작하기 전에 그녀를 놀리고 당황스럽게
만들었다. 그런 다음 다음과 같은 말을 시작했다.

E: (그의 앞에 있는 마룻바닥을 바라보면서) 심리치료를 할 때
당신의 환자가 편안하게 느끼도록 만들어야 한다는 또
다른 확고한 신념을 그냥 내려놔 봐요. 난 그녀가 기분
이 나쁘고, 사람들 앞에서 당황스럽게 느끼도록 했어
요. (집단을 향해) 좋은 치료적 관계를 시작하기 위해서
는 거의 쓰지 않는 방법이죠, 그렇죠? (에릭슨은 샐리를 바
라보며 그녀의 오른손 손목을 잡고 천천히 들어올린다.) 눈을
감아 보세요. (그녀는 에릭슨을 바라보고 미소 지은 뒤 오른손
을 내려다보며 눈을 감는다.) 계속 눈을 감고 있어요. (에릭
슨은 그녀의 팔목에서 자신의 손가락을 치우고 그녀의 오른손이
뻣뻣하게 공중에 떠 있게 둔다.) 최면으로 깊이 빠집니다.
(에릭슨은 그녀의 손목 주위에 자신의 손가락들을 둔다. 그녀의
팔은 가볍게 떨어진다. 그런 다음에 에릭슨은 천천히 그녀의 손
을 밀어 내린다. 에릭슨은 천천히 능숙하게 말한다.) 그리고 매
우 편하게 느끼세요. 정말로 매우 편하고, 정말로 매우
편안하게 느끼는 것을 즐기세요……. 너무 편안하
고…… 당신은 놀랍도록 편안한 감정을 제외한 모든 것

을 잊어버릴 수 있습니다.

　그리고 잠시 후 마치 당신의 마음이 몸을 떠나 공중을 떠다니고 있는 것처럼 느껴질 겁니다. 과거로 돌아갈 겁니다. (잠깐 멈춤) 더 이상 1979년도, 1978년도 아닙니다. 그리고 1975년은 미래에 있습니다. (에릭슨은 샐리에게 가까이 몸을 굽힌다.) 그리고 1970년이고, 시간은 과거로 내려갑니다. 곧 1960년이 될 거고 곧 1955년…… 그리고 1953년이라는 것을 알 겁니다……. 그리고 당신은 어린 소녀라는 것을 알 것입니다. 어린 소녀가 되는 것은 멋집니다. 그리고 아마도 당신은 당신의 생일 파티를 기대하고 있거나, 어딘가를 가고 있거나, 어쩌면 할머니를 뵈러 가고 있거나…… 학교를 가고 있거나…… 아마도 바로 지금 당신은 선생님을 바라보면서 학교에 앉아 있거나 아마도 학교 운동장에서 놀고 있거나, 아마도 방학일 것입니다. (에릭슨은 의자에 깊숙이 앉았다.) ……언젠가는 어른이 될 어린 소녀가 되는 것을 당신이 즐기길 바랍니다……. 그리고 당신이 보다 편안하게 느낄수록 어린 소녀가 더 비슷하게 느낄 겁니다. 당신이 어린 소녀이기 때문이죠. (경쾌한 목소리로) 이제 나는 당신이 어디에 사는지 모릅니다. 그렇지만 당신은 맨발로 다니는 것을 좋아할지도 모르겠군요. 당신은 수영장에 앉아 있는 것을 좋아할 수도 있고, 물속에 당신의 발을 담그고 앉아 수영할 수 있기를 바랄 수도 있습니다. (샐리가 약간 미소 짓는다.) 바로 지금 당신이 좋아하는 사탕을 먹겠습니까? (샐리는 미소 짓고는 천천히 고개를 끄덕인다.) 여기에 있고 이제 당신은 입안에 있는 사탕을 느끼고 즐거워하세요. (에릭슨은 여자의 손을 가볍게 건드린다. 오랫동안 멈춤. 에릭슨은 의자에 깊숙이 앉았다.) 이제 당신이 많이 커서, 때때로 당신은 어린 소녀였을 때 당신이 좋아했던 사탕에 대해 많은 낯선 사람들에게 이야기할 겁니다. 그리고 배워야 할 많은 것이 있지요. 배울 것이 엄청 많아요. 그중 하나를 당신에게 바로 지금 보여 줄 겁니다. 나는 당신의 손을 잡을 겁니다. (에릭슨은 그녀의 왼손을 들어 올린다.) 나는 왼손을 들어 올릴 겁니다. 나는 왼손을 당신의 어깨에 올려둘 겁니다. (에릭슨은 그녀의 손목을 잡아 천천히 들어 올리고, 그녀의 오른팔의 상박 부위에 손을 올려놓는다.) 바로 여기네요. 나는 당신의 팔이 마비되길 원해요. 따라서 당신은 팔을 움직일 수 없지요. 내가 당신에게 팔을 움직이라고 말하기 전까지 당신은 팔을 움직일 수 없어요. 다 큰 소녀라고 하더라도 그럴 수 없지요.

이제 무엇보다도 당신의 몸이 점점 깊이 잠드는 동안 목 윗부분부터 당신이 깨어나길 바랍니다……. 당신은 목 윗부분부터 깨어날 겁니다. 어렵지만 당신은 그것을 할 수 있습니다. (잠깐 멈춤) 당신의 몸이 숙면을 취하고, 당신의 팔이 마비되는 것은 좋은 느낌입니다. (샐리는 미소를 지었고 그녀의 눈꺼풀이 실룩거렸다.) 그리고 목 윗부분부터 깨어납니다……. 당신이 어린 소녀였을 때의 기억은 어떤 것들입니까? 당신이 낯선 사람들에게 이야기할 수 있는 그런 것 말입니다. (에릭슨은 샐리를 향해 몸을 굽힌다.)

샐리: (헛기침을 하며 목을 가다듬고) 나는, 어, 기억하는데, 어, 나무와 뒷마당과 저…….

E: 당신이 나무에 올라갔나요?

샐리: (부드럽게 말하면서) 아니요. 그것들은 작은 식물들이었어요. 저, 그리고 골목이.

E: 어디죠?

샐리: 집들 사이 거리에 있는 골목이요. 모든 아이가 뒷마당과 뒷골목에서 놀았어요.

E: 당신이 어린 소녀였을 때, 많이 자라 어른이 되면 어떻게 될지 생각을 했나요?

샐리: 생각을 했는데, 저, 천문학자나 작가요.

E: 그렇게 될 거라고 생각합니까?

샐리: 그중 하나는 될 거라고 생각해요. (잠깐 멈춤) 내 왼손이 움직이지 않았어요. (미소 짓는다.) 그게 정말 놀랍네요. (그녀가 웃는다.)

E: 당신의 왼손에 대해 약간 놀랐나요?

샐리: 손이 움직이지 않을 거라고 당신이 말한 게 생각나네요.

E: 나를 믿었나요?

샐리: 믿었다고 생각해요. (미소 짓는다.) 난…… 당신이 목 윗부분은 깨어나게 하고 목 아랫부분은 그냥 두게 할 수 있는 것도 놀라워요.

E: 어떤 것이 놀랍죠?

샐리: 할 수 있는…… 내가 저…… 나의 몸이 목 아래로부터 잠들게 되고, 내 몸이 그렇게 마비되었다고 느끼면서도 내가 말할 수 있다는 거요. (웃는다)

E: 바꾸어 말하면, 당신은 걸을 수 없는 거지요.

샐리: 음, 바로 지금은 못해요. (고개를 젓는다.)

E: 이 집단에 있는 어떤 산부인과 의사도 신체 마취를 어떻게 하는지 압니다. (에릭슨은 샐리를 향해서 기대하듯이 바라본다.) (샐리는 '예' 라고 고개를 끄덕이곤 '아니요' 라고 고개를 젓는다. 그녀는 자신의 오른쪽을 멍하니 응시하기 시작한다. 그녀는 헛기침을 한다.) 35세이고 걸을 수 없다는 것을 어떻게 느끼세요?

샐리: 저…… 어떤 느낌인가 하면…… 저…… 바로 지금 즐겁게 느껴지는데요.

E: 매우 즐겁죠.

샐리: 으흠.

E: 당신이 처음에 들어왔을 때, 내가 당신을 놀리는 태도를 좋아했습니까?

샐리: 아마도 그랬죠.

E: 당신이 아마 그랬다고요?

샐리: 예.

E: 아니면 당신이 아마 그렇지 않았을 수도?

샐리: 예, 아마도 그럴 수도요. (샐리가 웃는다.)

E: (미소 짓는다.) 지금은 진실의 순간입니다.

샐리: 글쎄요, 예, 복잡한 감정이었죠. (웃는다.)

E: 당신은 '복잡한 감정'이라고 말했어요. 매우 혼란스러운 감정인가요?

샐리: 글쎄요, 예, 난 그것을 좋아했지만 좋아하지 않았어요.

E: 매우 매우 복잡한 감정이에요?

샐리: 음, 내가 그런 구분을 할 수 있는지는 모르겠어요.

E: 여기 오지 않기를 바랐나요?

샐리: 오, 아니요. 내가 여기 와서 매우 기뻐요. (아랫입술을 깨문다.)

E: 그러면 여기에 와서 걷지 않을 수 있는 방법을 배웠네요.

샐리: (웃는다.) 예, 나의 목 아랫부분부터 움직이지 않는 방법을요. (고개를 끄덕인다.)

E: 그 사탕은 어떤 맛이 났지요?

샐리: (부드럽게) 오, 정말 좋았어요. 그렇지만…… 어…… 난…… 가지고 있었는데, 여러 개의 다른 종류가 있었지요.

E: (미소 짓는다.) 그러면 당신은 사탕을 먹고 있었던 적이 있네요.

샐리: 어, 음. (미소 짓는다.)

E: 누가 당신에게 사탕을 주었나요?

샐리: 당신이 주었죠.

E: (인정하고 고개를 끄덕인다.) 나에게 관대하군요, 그렇죠?

샐리: 네, 정말로 좋았어요. (미소 짓는다.)

E: 사탕을 맛있게 먹었나요?

샐리: 어, 음, 예.

E: 모든 철학자가 '실재는 모두 머리 안에 있다.'고 말하지요(Zeig, 1980: 86-90).

학교('당신은 배울 수 있다.'고 암시하며)가 포함되었다는 것에 주목하라. 나이 퇴행은 어떤 특정한 혹은 외상적 사건을 다시 꺼내 놓는 것이 아니라 최면을 더 깊이 유도하는 것이다. 퇴행된 나이에서 내담자는 사탕을 먹는 환각을 일으키도록 유도되며 사탕 먹는 것을 생생하게 상기해 낸다(환미, gustatory hallucination). 그녀는 또한 강직증, 무감각증과 마비를 경험한다.

잠깐 이야기에서 벗어나, 모든 최면 현상을 넘어서서 샐리는 특이한 어떤 것을 경험했다. 그녀에게 '진짜로 좋은' 경험을 하게 하기 전에 에릭슨이 놀리고 고의로 그녀를 불편하게 만들어서 초기에 긴장을 일으키는 방법은, 세미나에 온 학생들에게 깊은 인상을 주길 원했던 개념의 씨앗을 뿌리는 것이었다. 그는 '기쁘고 좋은' 것이 좋은 치료를 하기 위해 절대적으로 필요한 것은 아니며, 경우에 따라서는 장애물이 된다는 것을 강조하고 싶었다.

교육 세미나 'The Teaching Seminar'[1]에서 그는 신경성 거식증이 있는 한 소녀의 치료에 관해 언급했다. 소녀를 도우려고 했던 사람들은 '전문적'인 사람들이었고 그녀에게 위안을 주려고 했지만, 자기가 친절한 치료를 받을 가치가 없다고 믿고 있는 그녀에게 도리어 불신만을 불러일으켰다. 다른 사람들은 모두 실패했으나 에릭슨은 단호했으며, 처음부터 그녀에게 엄격했다. 그녀는 자기가 받아야 한다고 믿었던 치료와 맞아떨어졌기에 에릭슨을 진심 어린 치료자로 보았다. 그러므로 그녀는 그의 지시를 따랐고 상태가 나

1) 이 사례에서 사용한 에릭슨의 기법에 대한 보다 자세한 설명은 연구업적에 나와 있는 『밀튼 H. 에릭슨과 함께한 세미나(A Teaching Seminar with Milton H. Erickson)』(Zeig, 1980)에서 찾아보기 바란다.

아졌다. 부드러운 치료가 긍정적인 결과를 위해 필수불가결한 것은 아니다.

2월의 남자

자신이 나쁜 엄마가 될지 모른다고 염려하고 임신을 망설였던 한 여성의 사례에서 치료적 맥락에서의 나이 퇴행이 매우 훌륭하게 묘사되고 있다. 인생 내내 어머니는 그녀의 욕구에 매우 둔감하였으며, 가정교사에게 그녀를 맡기거나 기숙사와 여름 캠프에 그녀를 맡긴 것 같았다. 어머니의 애정은 단지 보여 주는 전시에 불과했고, 어떤 깊이가 부족했다. 아버지는 더욱 애정이 깊었으며 진심 어렸지만 집에 거의 없었다.

에릭슨은 그녀가 최면에 잘 반응하는 내담자임을 알았다. 그는 그녀를 다섯 살로 퇴행시켰다. 그녀는 집에 있는 응접실에서 자신의 아버지를 만나기 위해 기다리고 있는 에릭슨을 발견했다. 에릭슨은 자신을 2월의 남자라고 소개했다. 그녀는 대화를 나누면서 2월의 남자를 좋아하게 되었다. 2월의 남자가 외로움에 대한 그녀의 이야기를 주의 깊게 들어 주었기 때문이다. 그는 그녀에게 6월에 다시 그녀를 보러 올 것이라고 말했다. 그녀는 5세 때의 몇몇 시점으로 퇴행하였고, 2월의 남자와 이 개인직이고도 지속적인 관계를 발전시킬 수 있었다. 스스로를 받아들일 것을 강조하고 중요한 인생 사건을 공유하기 위한 누군가를 그녀에게 제공해 주면서, 퇴행은 사춘기에 이르기까지 각각의 나이마다 풍성한 만남으로 이어졌다. 퇴행된 '방문'은 지지해 주거나 추억에 잠기게 하기 위해서, 중요한 진짜 인생 사건보다 며칠 앞서거나 혹은 뒤따라오는 '때에 맞춘' 것이었다. 환자는 모든 퇴행에 대해 자발적인 기억상실을 했다. 그리고 최면에 들어갔다 나오도록 했는데, 말로 표현되는 의미를 의식적으로 기억하는 것이 아니라 정서적 가치들을 유지하고 즐기며 궁극적으로 자신의 아이와 그 가치들을 공유하도록 하기 위해서다. 이러한 치료과정을 통해 그 여성은 부모로서 자신의 능력에 자신감이 생기게 되었다. 그녀는 결국 세 아이를 가졌고 육아의 즐거움을 온전히 누렸다(Haley, 1973).

기억상실증

기억상실증은 최면 회기 전체 또는 부분에서 자발적으로 발생하거나 최면가가 고의로 일으킬 수 있다. 만일 최면을 통해 의식적인 마음이 억압된 외상적 사건을 다시 체험할 준비가 되어 있지 않다면, 에릭슨은 기억상실증을 제안할 것이다. 2장에서 논의한 것처럼, 그는 무의식적 마음은 받아들일 수 없는 정보를 조금씩 걸러서 환자가 점차 다룰 수 있는 속도로 내보낸다고 보았다. 기억상실증은 주의 분산을 이용해 간접적으로 유도될 수 있다. 예를 들어, 여름 호박을 심고 가꾸는 이야기 중간에 갑자기 가족 휴가의 장점에 대한 언급이나 재산이 줄어드는 데 대한 스트레스에 관한 말을 끼워 넣을 수 있다. 여름 호박에 대한 이야기에 관심을 기울이는 동안에는 휴가에 대한 언급은 잊어버리기 쉽다. 그리고 일에 중독된 가족들의 삶이 여름 휴가를 갖게 되어 나아지는 결과가 나올지도 모른다.

망각된 고통

기억상실증은 말기 암에 걸린 한 남자의 고통을 다루어 주는 데 효과적인 수단이었다. 이 사례에서 에릭슨은 처음에는 무지근하고 욱신거리는 듯한 고통을 중량감으로 전환시키는 최면을 통해 고통이 줄어들도록 도와주었다. 고통에 대해 남자가 겪어야 할 경험은 고통을 전환하고 두 가지 종류의 통증, 즉 무지근한/욱신거리는(dull/throbbing) 고통과 예리한/찌르는 듯한(sharp/stabbing) 통증으로 고통을 나누어 구분하는 것으로 변경되었다. 무지근하고 욱신거리는 통증은 강한 중량감으로 성공적으로 전환되었다. 그 후에 짧고 강렬한 고통을 다루었다. 날카로운 고통을 느끼는 시간 간격을 더 길게 지각하고, 그것을 느끼는 지속시간은 훨씬 더 짧게 지각하기 위해서 시간 왜곡이 처음으로 도입되었다. 그리고 나서 지나간 고통을 더 이상 바라보지 않거나 다가올 고통을 더 이상 공포스럽게 예견하지 않게 하는 그물

망 효과와 함께 고통에 대한 기억상실증이 유도되었다. 이에 따라 시간이 왜곡된 (보다 짧아진) 날카로운 고통은 즉각적으로 잊혀지는 순간적인 섬광으로 경험되었다. 그를 관찰하는 사람이 보기에는 고통이 찾아온 것으로 보일지도 모르나, 그 남자는 마치 아무 일도 일어나지 않은 것처럼 느꼈을 것이다. 기억상실증은 계속 재발하는 날카로운 고통을 없앤 것은 아니지만, 그 고통이 자기 존재의 초점이 되지는 못하게 하였다(Erickson, 1959b; Rossi, 1980c: 258-261).

연습이 완벽을 만든다

시간 왜곡과 기억상실증은 일자리를 잃을 위험에 빠진 젊은 남성을 돕기 위해서도 사용되었다. 그는 풀타임으로 밤에 일하고, 주말에는 기타를 치며 나이트클럽에서 노래를 부르는 대학생이었다. 그의 음악이 세련되진 않았지만 장래성이 있어 그는 고용될 수 있었다. 그러나 스케줄이 워낙 많아 연습을 할 시간이 없자, 연주가 좋아지지 않는다면 다른 사람이 대신하게 될 것이라는 얘기를 듣게 되었다. 그는 엄청난 불안, 좌절, 우울을 느끼게 되었고, 그래서 에릭슨의 치료를 받고 싶어 했다. 에릭슨은 풀타임의 일이 활동을 엄청나게 해야 하는 시간이 있는가 하면 게으름을 피울 수 있는 시간 또한 갖고 있다는 것을 알게 되었다. 젊은 남자는 최면에 반응하는 피험자임이 확인되어 시간 왜곡을 훈련받았는

데, 이 경우에는 시간 확장이 사용되었다. 최면하에 그는 직장에서 한가한 시간 중 10~30초의 짧은 시간 동안 노래하고 연주 연습을 하는 자신을 상상하면서 몰입하도록 지시를 받았다. 에릭슨은 이런 최면 상태와 최면하에 부여했던 지시들을 기억하지 못하도록 했다.

다음 주 월요일에 그는 지난 토요일 밤에 최고로 해냈다며 흥분했다. 그는 이전의 연주 테이프와 현재의 연주 테이프를 비교해 보며 훨씬 향상되었음을 스스로 확인하기도 했다. 그렇지만 그는 연습할 시간이 없었기 때문에 어리둥절해했다. 하지만 그는 일이 있던 밤마다 매일 최면하에서 평균 적어도 세 번 정도는 길게, 몇 번은 짧게 연습 회기를 가졌다. 긴 회기에는 전체 연주곡을 연습하고, 짧은 회기에는 연습이 필요한 개별적인 곡을 다시 연습해 보았다. 그는 일을 계속할 수 있었고, 게다가 월급까지 인상되었다(Cooper & Erickson, 1959).

앞의 두 사례 모두 기억상실증과 시간 왜곡이 결합되었고 서로 다른 방식으로 연결되었다. 죽어 가는 환자의 사례에서는 쉽게 고통을 잊어버릴 수 있도록 부정적인 어떤 것을 경험하는 기간이 짧아졌다. 반면, 학생의 사례에서는 짧은 시간 동안 많은 것을 연습하게 하기 위해서 시간의 경험이 길어졌다. 연습은 단지 *상상*이나 환각이었지만 계속 일을 하면서도 실제 수행이 나아졌다는 것에 주목하라.

환각

 이전에 언급했듯이, 환각은 부적일 수도 있고 정적일 수도 있다. 부적인 환각은 이치에 맞지 않거나 문제가 있는 어떤 것을 지각하지 않도록 지각을 제거하는 데에 치료적으로 유용할 수 있다. 한번은 에릭슨이 뚜렛 증후군으로 고통을 겪는 사람과 작업을 했다. 뚜렛 증후군은 강박적인 행동에 이르게 되고, 종종 천하거나 상스러운 말을 하는 보기 드문 장애다. 환자의 첫 증상은 어느 일요일 아침 교회에 갈 때 나타났다. 교회 건물을 보면서 그는 통제할 수 없이 외설적이고 신성 모독적인 이야기를 내뱉으며, 이를 갈고 주먹을 흔들고 있는 자신을 발견했다. 처음에는 교회 건물을 보는 것만으로 이런 일화들이 나타났는데, 곧 종교적인 옷차림을 한 사람, 종교적인 일이나 단어에 대한 논의, 심지어는 신성모독에 대한 한 마디 단어조차 1~2분 동안 이러한 증상을 유발시켰다.

 그는 회원제 고급 바의 바텐더 일자리를 잃었으며, 마침내 자신의 행동이 수용되는 선술집에서 일하게 되었다. 그는 '저주하는 바텐더'로 알려지게 되었고, 바의 단골손님들은 그의 입에서 쉴 새 없이 터져 나오는 새로운 음란한 말을 따라잡는 것을 재미있는 도전거리로 여겼다. 일자리가 바뀌어 재정적인 문제가 생기게 되자, 그때까지 부인에게는 비밀로 해 왔던 그의 증상들을 부인도 곧 알게 되었다. 부인은 남편의 중상을 경험하고 난 후 에릭슨과의 상담을 잡았다.

남자는 최면에 동조적이었으며 만족스러운 피험자임이 증명되었다. 그는 선택적 배제 혹은 감각 자극을 변경시키는 체계적인 훈련 프로그램을 수행하게 되었다. 그러고 나서 중상의 폭발을 촉발시키는 자극을 빠짐없이 적어 넣은 목록을 활용하여 각각의 자극에 대한 지각을 변경시켰다. 교회는 '크고 흰 건물'이 되었으며, 수녀들은 '시시한 검은 옷을 입고 있는 여성'으로, 그리고 종교적인 말과 신성 모독적인 말은 의미 없는 시시한 음절로 변경되었다. 이 방법은 종교에 대해 그가 스스로 일으킨 생각에 적용되었다. 이런 생각은 그저 의미 없는 일련의 음절이 되었다.

결국 그는 회원제 고급 바의 일자리를 되찾았다. 시간이 지나면서 그는 종교적인 의미의 단어들을 자신의 어휘로 재통합할 수 있었고, 결국 교회로 돌아갈 수도 있게 되었다. 이 사례에서는 시각적·청각적 양식 모두에서 부분적인 부적 환각이 유도된 것이다(Erickson, 1965b).

수정구슬

정적인 환각은 사람들이 상상하거나 믿을 수 없는 어떤 실제를 경험하게 할 수 있다. 에릭슨은 정적인 환각을 사용할 때 놀라운 창의성을 발휘했다. 끔찍한 자기개념을 갖고 있고, 자신의 능력보다 낮은 일을 하며, 남자친구도 여자친구도 없는 30세 이혼 남성의 사례가 그 훌륭한 예다. 그는 어떤 것에도 흥미가 없었고, 매번 똑같은 싸구려 식당에서 식사를 해결했다. 그의 주요 관심사는 자신의 신체적 건강이었는데, 모든 의학적 증거가 좋게 나왔어도 자신이 만성적으로 건강이 좋지 않다고 생각하였다. 의사가 그를 에릭슨에게 보냈고, 최면 현상을 경험하는 그의 능력을 발달시키는 훈련이 이루어졌다. 치료는 여러 회기 동안 지속되었으며, 수정구슬 환각을 일으키게 하는 것이 포함되었다. 그 환각에서 그는 자기 삶의 감정적 혹은 외상적 경험을 마음속에 그릴 수 있었다. 이러한 일련의 경험은 그에게 자신의 상황에 대한 절망을 확인시킬 뿐이었다. 깨어나는 단계에서 자신에게 원하고 자신의 삶을 위해 바라는 것을 열거해 보게 하였다. 그가 '꿈꾸는 것'으로 끌어 모은 것 중에서 최고는 지나치게 많이 두렵거나 불안하지 않고, 앞으로 발생할 모든 나쁜 것을 무난히 해결하는 완전히 건강한 보통의 존재였다. 최면 상태에서 그의 희망은 현실과 유사하게 참으로 음울했다. 그의 최면 작업 내내 기억 상실증에 대한 지시가 포함되었다.

그 후 환자는 깨어나는 단계에서 미래로 향하도록 유도되었다. 그 미래는 좀 더 적절한 삶을 만들기 위해 노력했던 어떠한 적응적 행동이나 치료의 성과를 그가 뒤돌아 볼 수 있을 때였다. 이 접근은 그가 최면 상태에서 수개월 후의 미래를 투사해 볼 수 있게 해 주었는데, 수정구슬 속에서 과거를 보는 데에 자신이 이미 가지고 있던 기술들을 사용할 수 있게 해 주었다. 이런 방식으로 그는 자신의 성취를 이미 이루어진 것으로 볼 수 있었으며, 이것이 그가 자신의 가능성을 부인하지 못하도록 하는 데 도움이 되었다. 그는 최면을 통해 유도했던 미래 지향적인 내용의 회기에 대해 기억하지는 못했다. 하지만 그는 자신의 삶에서 변화를 이루어 내기 시작하였다. 연봉 인상을 요구하였고(그 과정에서 승진을 하였다), 데이트를 했으며, 더 나은 집으로 이사하는 등의 변화를 겪었다. 하나씩 그는 자기 삶의 불필요한 문제를 고쳐 나갔으며, 몸이 아픈 것에 몰두하지 않게 되었다. 에릭슨이 몇 년 뒤 그를 만나게 되었을 때, 그는 결혼을 준비하고 있었다 (Erickson, 1977).

구두 시험

또 다른 흥미로운 사례에서 에릭슨은 몇 가지 다른 현상과 함께 부적 · 정적 환각을 유도했다. 환자는 구두 시험을 볼 때마다 정신 및 신체 증상들이 일어나는 시험공포에 오랫동안 시달려 온 의사였다. 그는 시험관들에게 구두 시험 대신에 보다 힘든 지필 시험을 보게 해 달라고 설득하곤 하였고, 그의 높은 실력 덕분에 어려운 과정을 완수할 수 있었다. 그러나 마침내 그는 어떤 예외도 허용되지 않는 구두 시험에 맞닥뜨리게 되었고, 이유는 모르겠지만 자기에게 터무니 없고 이해할 수 없는 혐오감을 품은 한 남자가 시험 위원단에 있는 것을 알았다.

에릭슨에게 도움을 청하러 왔을 때, 그는 어떤 치료가 수반되는지 물어보지 않은 채 그 시험을 통과하기 위해서는 무엇이든 하겠다고 말했다. 에릭슨은 다양한 최면 현상 안에서 그 의사를 훈련시키기 위해 최면을 활용했다. 부적 환각·정적 환각, 기억상실증, 최면 후 암시, 깊은 최면 동안에도 기민하고 주의 깊은 것처럼 보일 것을 요구하는 능력이 포함되었다. 남자가 구두 시험을 치렀을 때, 그는 분간할 수 없는 최면 상태에 있었다. 그는 마치 인쇄물에 쓰인 활자처럼 구두 질문들을 보고 있는 자신을 발견했다. 그는 교과서에서 답을 직접 읽거나 본문에서 요약을 하는 것처럼 정보를 생각해 낼 수 있었다. 때때로 어떤 질문들에 대해서는 그가 회진을 하면서 인턴들에게 질문받은 문제에 대해 강의를 하고 있는 것처럼 보이기 위해서 상황을 변환시켜 경험했다.

치료과정 중에 환자는 시험 위원회에게는 보이지 않는 수많은 정적 환각(책, 글로 쓰인 문제들)과 부적 환각을 경험하기도 했다. 최면 후 암시는 최면 현상 유도가 끝난 다음에도 계속 진행되는데, 이것은 그가 치료 맥락의 밖에서도 이 감각 변화들을 경험하게 해 주었다(Erickson, 1966).

현상 대 기법

이 장의 전반부에서는 대체로 내담자의 경험을 구성하는 비일상적인 최면 현상과 사건에 대한 논의 및 사례가 제시되었다. 그것들은 현상을 총망라한 목록이 아니라 최면의 가능성에 대한 감을 줄 수 있는 것일 뿐이다. 제시된 예들은 특정한 최면 현상을 보여 주고 있지만, 독자들은 에릭슨이 종종 동일한 현상을 다른 방식으로 다뤘음을 주목할 필요가 있다. 기법과 현상 사이에는 차이가 있다. 현상은 발생할 수 있는 어떤 것인 반면, 기법은 현상과 함께 행해지는 어떤 것이다.

에릭슨이 발전시켰거나 혹은 그것들이 적용되는 방식에 혁신적인 변화를 가져온 다양한 기법들이 있다. 혁신적 적용의 한 예가 최면 후 암시(post-hypnotic suggestion)다. 최면 후 암시는 Mesmer 혹은 Braid 시대의 일반적인 기법이다. 그것은 '당신이 깨어났을 때, 당신은 두려워하지 않을 것이다.' 만큼이나 세련되지 못할 수 있다. 이는 앞서 구두 시험을 두려워하는 의사의 사례에서 에릭슨이 실시하였던 정적 · 부적 환각에 대한 최면 후 암시와는 대조적이다.

이 장의 나머지 부분에서 우리는 에릭슨이 이룬 수많은 기술적 혁신을 검토할 것이다. 각각의 기법들이 개별적으로 논의되어야 명쾌하겠지만, 에릭슨의 치료는 a라는 문제에 대해 x라는 기법으로 결코 단순하게 처방하는 것이 아님을 상기해야 한다. 개입은 x, y, z라는 기법을 포함할 수 있는

데, 아마도 깊은 최면을 한 맥락에서 또는 전혀 최면을 하지 않은 맥락에서 이루어질 수도 있고, 단지 그 사람과만 또는 중요한 타인이 있는 곳에서 이루어질 수도 있다. 각각의 개입은 환자의 욕구, 능력과 자원에 맞추어지게 된다. 75세 생일 축사에서 Margaret Mead는 에릭슨이 각각의 환자를 위해 새로운 기법을 개발했다고 특별히 언급하기도 했다 (Mead, 1976).

은 유

웹스터 사전에서는 은유(metaphor)를 "어떤 종류의 사물이나 생각을 글자 뜻대로 표시하는 단어나 구가 유사성이나 유추를 암시하기 위해 다른 사물이나 생각에 사용되는 말의 상징"이라고 정의하고 있다. 그렇다면 치료적 은유는 환자의 특정한 문제를 유추를 통해 나타내는 것이다. 유추는 어떻게 보다 효과적으로 행동할지를 알려 준다. 에릭슨의 작업에서 은유의 제시는 단순하거나 복잡할 수 있으며, 의미가 명백하거나 함축적일 수 있고, 최면의 맥락 속에서 제시되거나 대화 속에서 또는 활동으로 제시될 수 있다.

어떻게 제시되느냐에 상관없이, 은유는 여러 가지 이유로 강력한 개입이다. 첫 번째로, 은유는 저항을 거의 발생시키지 않는다. 문제가 아니라 문제와 단지 유사하기 때문에, 환자는 자신의 문제에 대해서는 특정한 입장을 고수하려고 할 수도 있지만 은유에 대해서는 특정한 입장을 가지려는 어떠한 노력도 하지 않는다. 두 번째로, 'LaVern' 이라는 이름을 'gov-er-ment' 라는 에릭슨의 습관적인 발음 속에 끼워 넣었던 것처럼(1장 참조), 은유는 문제를 극적으로 재구성하는 능력을 지니고 있다. 세 번째로, 효과적인 은유는 환자의 삶에서 친숙한 측면과 생각을 이용하고, 따라서 환자와 개인적으로 관련이 있다.

명백한 은유와 암시적 은유

에릭슨(Rossi et al., 1983)은 이전에 어떤 치료를 시도해도 고쳐지지 않았던 만성적인 통증 때문에 그를 만나러 멀리서 온 한 여성에 대해 이야기를 했다. 그는 2시간짜리 1회기 상담 동안 그녀와 정원에서 잡초를 뽑는 것에 관한 이야기를 나누었다. 풀을 뽑아내는 일을 하면서 쓰라린 물집이 생기고 곧 굳은살이 되어서 결국에는 별로 고통스럽지 않게 정원 일을 할 수 있다는 얘기를 하게 되었다. 그리고 멕시코 음식이 익숙하지 않은 사람은 그 매운 음식을 못 견뎌 하지만, 혀가 무감각해진 사람들은 그 음식이 꽤나 맛있을 것이라는 얘기도 나누었다. 에릭슨은 그녀에게 고통을 느끼게 하는 신경들을 무감각하게 할 수 있다고 알려 주었나. 여성은 고통에서 해방되어 집으로 돌아갔다. 이 경우에 그는 명백하게 은유와 문제를 연결 지은 것이다.

야뇨증이 있는 10세 소년을 치료할 때(Haley, 1973: 199-201), 에릭슨은 아이가 자기 문제를 별로 얘기하고 싶어 하지 않는다는 것을 알고 그를 존중해 주었다. 대신에 소년이 좋아하는 강한 근력과 근육의 협응 그리고 타이밍을 필요로 하는 운동들에 대해 이야기하기 시작했다. 이러한 신체적 속성들로부터 근육과 그 유형에 대한 이야기로 옮겨 갔다. 평평한 근육, 길고 짧은 근육, 그리고 눈의 홍채처럼 혹은 소화를 위해 음식을 갖고 있거나 필요하면 음식을 내려 보내는 위장 하부처럼 필요할 때 열리고 닫히는 순환적 근육들에 대한 이야기들이었다.

이 경우 홍채와 위 근육은 이미 적절한 강도, 협응, 타이밍으로 수행을 하는 방광의 괄약근으로 상징화될 수 있다. 결코 소년의 문제를 직접적으로 논의한 적은 없지만, 소년의 야뇨증은 지속적으로 줄어들었다. 여기서 은유는 암시적으로 남아 있었다.

단순한 은유와 복잡한 은유

만일 은유가 문제에 적절하기만 하다면, 단순한 은유는 놀랍도록 강력할 수 있다. 한 철저한 행동치료자가 Munion에게 영감의 순간에 (그리고 아마도 절망의 순간에) 집요한 패닉 증상을 지닌 환자에게 은유(행동주의적이지 않은 개입)를 적용하였다고 매우 수줍어하며 보고했다. 그는 환자에게 "당신의 패닉은 가려움증입니다. 그러니 긁지 마세요." 하고 말했다. 놀랍게도, 환자가 증상을 무시했을 때 증상이 감소되었고 다음 몇 주간에 걸쳐 증상이 사라졌다. 환자가 가려움을 무시하는 데 성공했던 과거력이 있었기 때문에 이런 단순한 은유가 분명하게 작용을 했다. 때때로 에릭슨은 자신의 문제가 해결하기 불가능하다고 믿는 환자의 신념을 단순한 은유로 도전했다. 그는 불가능한 것처럼 보이는 어려운 퀴즈를 제시하였다. 10그루의 나무를 각각 4개씩 5줄로 어떻게 심는가?[2] 대부분의 사람은 그 문제를 해결하려고 애쓰다가 풀 수 없다고 결론을 내린다. 그런데 일단 퀴즈에 대한 해답이 나타나면 자신들의 문제에 대해 인식하지 않았던 해결책이 있을 수 있다고 깨닫게 된다. 물론 여기서 언뜻 겉으로 보기에는 해결할 수 없을 것 같던 퀴즈는 해결될 것 같지 않아 보이는 환자의 문제를 은유하는 것이다.

반대로 은유는 길고 복잡할 수도 있으며, 교육적인 목적으로 이용될 수도 있고, 환자가 더 깊이 집중하고 깊은 트랜스 상태에 빠지게 하는 수단으로 활용될 수도 있다. 한 정원사가 아직 덜 자란 연약한 꽃을 돌보다가 피곤을 느껴 양지 바

---

2) 정답은 5개의 꼭지점을 가진 별 모양으로 나무를 심는 것이다.

른 곳에서 낮잠을 자던 중 한 친절한 노인이 삶에서 가장 행복했던 광경이 무엇이었는지 물어보는 꿈을 꾸고는 봄비를 맞아 곧 깨어난다는 내용의 긴 이야기가 포함될 수 있다. 이 가상의 환자에게 정원을 가꾸는 이야기는 상징적으로 자신의 아이에게 관심을 기울이는 것의 중요성을 강조하면서 가벼운 최면을 유도하는 데 사용될 수 있다. 묘사된 꿈은 최면 상태를 깊게 하며, 삶을 풍요롭게 하는 목표가 무엇인지를 깨닫게 하는 데 활용될 수 있다. 그리고 비를 맞아 깨어나는 것은 어떤 갑작스러운 일들이 그 사람을 불쾌하게 만들기보다는 성장하게 만든다는 것으로 새롭게 바라볼 수 있게 해준다. 앞의 사례는 명쾌함과 간결함을 위해서 꾸며진 것이다. 실제의 사례들이 다른 문헌에 많이 있지만(책 끝의 연구업적 참조), 양이 적지 않아 여기에 다시 소개하기는 힘들다. Lankton과 Lankton(1983)은 *The Answer Within*에서 매우 상세하게 다양한 의미가 함축된 은유과정을 적절하게 묘사해 놓았다.

은유 행동

지금까지 기술한 예시들은 대화와 유도를 포함했지만, 한편으로 은유는 행동적일 수도 있다. 한 사례에서 에릭슨(Rosen, 1982: 176-177)은 40층 높이의 건물에서 떨어지고 난 후 만성 통증에 시달리는 건설 근로자를 치료했다. 그 남자는 긍정적인 자존감과 만족의 원천이었던 자기의 일을 계속할 수가 없었다. 에릭슨은 통증을 감소시키기 위해 언어적 은유를 활용하는 것 이외에도, 환자가 먹고 살 능력을 상실한 것에 대한 행동적 은유를 고안하였다. 에릭슨은 그 남자에게 우스운 만화나 농담, 그 밖의 다른 것들로 가득한 스크랩북을 수집하게 했다. 남자는 친구들에게서 이런 것들을 수집하고, 일을 하다가 부상을 입은 동료 건설 근로자들에게 수집물을 보내 주게 되었다. 에릭슨이 내주었던 과제는 먹고 사는 것 이상의 가치가 있는 삶의 일에 대한 은유였다. 그는 다른 사람들과의 접촉을 통해서 적극적으로 인생의 기쁨을 찾게 되었으며, 도움이 필요한 사람들에게 기쁨을 나누어 주게 되었다.

Jay Haley(1993)가 전해 준 또 다른 사례가 있다.

수년 전에 한 연구자가 그의 치료적 절차를 일반화하기 위해 에릭슨과 긴 대화를 하고 있었다. 젊은 남자는 에릭슨이 자기의 '방법(methods)'을 명료하게 진술해 주기를 원했고, 에릭슨은 그를 교육시키기 위해 최선을 다하고 있었다. 어느 순간에 에릭슨은 논의를 멈추고, 남자를 집 앞 잔디밭으로 데리고 갔다. 그는 거리를 가리키고는 무엇을 보았는지 물어보았다. 남자는 곤혹스러워하며 길을 보았다고 대답했다. 에릭슨은 그 밖에 다른 어떤 것을 보았는지 물었다. 그가 계속해서 당황스러워하자, 에릭슨은 길에 세워진 나무를 가리켰다. "당신은 저 나무들에 대해 어떤 것을 알아차렸나요?" 그가 물었다. 세심하게 살펴본 후, 젊은 남자는 나무들이 모두 동쪽 방향으로 기울어져 있다고 말했다. "맞아요." 에릭슨이 기뻐하며 대답했다. "하나를 제외한 모두가 그렇죠. 끝에서 저 두 번째 것은 서쪽 방향으로 기울어져 있어요. 항상 예외는 존재하는 거죠."

나는 그때 에릭슨이 자신의 논지를 충분히 설명하기 위해 지나치게 어려운 방법을 사용하는구나 하고 생각했다. 그러나 이제 내가 복잡한 과정을 단순화하려고 할 때마다, 특히 에릭슨의 작업을 기술할 때, 피닉스에서 있었던 그날 오후의 경험이 생생하게 생각난다(Haley, 1993: 36-37).

앞마당 잔디밭으로 걸어 나가서 주의 깊게 바라보기를 요청했던, 매우 간단하지만 경험적인 행동은 참 인상적이다. 다른 방향으로 자란 한 그루의 나무는 치료의 일반화를 해결하려고 노력했던 Haley에게 강력한 상징으로 작용하였다.

일 화

은유와 매우 유사한 것은 에릭슨의 일화(anecdote) 말하기 기법이다. 일화는 이야기가 처음(도입), 중간(사건에 대한 설명), 끝(결론)이 필요하다는 점에서 은유보다는 조금 더 제약이 있다. 반면에 은유는 앞에서 설명한 것처럼 단순한 진술이거나 심지어 수수께끼가 될 수도 있다. 그렇지만 일화는 은유(상징적 표상)도 될 수 있지만 보다 직접적인 예시로 사용된다. 일화나 가끔씩 사용되는 상담 사례 제시는 에릭슨의 방법을 다른 치료자들에게 가르칠 때 주로 사용된다.

이야기를 말하는 것, 더 정확하게 이야기를 듣는 것은 아동기의 무의식적 회상과 개방성, 호기심을 불러일으킬 수 있다. 그것은 수동적인 주의 상태를 유도해 내며 최면유도를 촉진한다(큰 소리로 읽어 주는 이야기에 쏙 빠져든 초등학교 1학년생들로 가득 찬 방을 본 적이 있다면 어느 누가 이것을 의심할 수 있겠는가?). 상징적이든 보다 분명하게 지시적이든, 일화는 은유가 하는 것처럼 저항을 그냥 지나쳐 가게 하는 이점을 지닌다. 일화는 "당신은 'x'를 해야 한다."고 환자나 학생에게 말하지 않는다. 대신 "'x'를 한 어떤 사람이 있는데 이런저런 일이 있었어요."라고 말한다. 듣는 과정에서 일화는 단순한 진술보다 훨씬 쉽게 내면화된다. 이런 이유로 '주의를 끌기 위해 거짓말을 하지 말라.'는 단순한 진술보다 '양치기 소년' 우화가 더욱 설득력이 있는 것이다.

다음은 한 부부의 통증 통제를 위해서 일화가 사용된 사례다.

치료

신체적 문제를 경험하고 있는 한 부부가 에릭슨에게 치료를 받으러 왔다. 남자는 환지통(절단된 다리에 나타나는 감각)을 겪고 있었고, 아내는 이명(귀울림)이 있었다. 그들과 대화하던 중에 에릭슨은 자신이 대학생이었을 때 여행한 얘기를 해 주었다. 그는 보일러 공장에 들러 방해되지 않게 구석에서 밤을 보낼 수 있는지 공장장에게 물어보았다. 그는 공장 소음 속에서 감독이 대답하는 말을 듣기 위해서 여러 번 재차 질문해야 했다. 다음 날 아침에 출근한 공장 근로자들은 자신들의 정상적인 대화 소리를 그가 들을 수 있다는 것을 알고 놀라게 되었다. 왜냐하면 그들은 그런 기술을 습득하는 데 오랜 시간이 걸렸기 때문이었다. 에릭슨은 우리의 몸이 재빨리 학습할 수 있다는 것을 알았다고 말했다. 그는 TV에서 보았던 이란 사막에 살고 있는 유목민들에 관한 프로그램을 부부에게 이야기하기 시작했다. 더운 기후에도 그들은 꽤 편안하게 옷을 몇 겹으로 겹쳐 입었다. 그 회기의 나머지 동안에 그는 몇 개의 일화를 더 이야기했다. 그 일화들은 모두 끊임없이 계속되는 유쾌하지 않은 것을 결국에는 의식하지 않게 되는 능력에 관한 것이었다(Erickson & Rossi, 1979).

교육

다음은 에릭슨이 교육을 실시하는 상황에서 이야기했던

일화로서, 이야기하기를 교육적으로 (치료 외에) 활용한 훌륭한 사례다.

어느 날 고등학교에서 돌아오고 있는데 고삐가 달린 채로 도망치는 말이 우리 앞을 지나가고 있었다. 나중에 알고 보니 물을 찾아 달리고 있었던 것이다. 말은 몹시 땀을 흘리고 있었다. 우리는 도망친 말을 구석으로 몰았다. 나는 말 등 위에 뛰어 올라탔는데, 말에 고삐가 있었기 때문에 고삐를 붙잡고 '이랴.' 하고 큰 길로 향했다. 나는 말 주인의 농장이 어디인지 정확한 방향을 몰랐지만, 말이 제대로 된 방향으로 갈 것이라는 것을 알았다. 말은 빠른 걸음으로 가더니 전력 질주를 했다. 때때로 말은 큰 길에서 벗어나 들판으로 가려고 했다. 그래서 나는 고삐를 약간 끌어당기면서 말의 주의를 돌려서, 말이 달려야 할 곳이 큰 길임을 알려 주었다. 마침내 내가 말을 탄 곳에서 약 4마일 떨어진 곳에서 말은 주인이 있는 농장으로 들어갔다. 농장주가 말했다. "어떻게 말을 데리고 왔니? 어디서 말을 찾은 거지?" 나는 "여기서 약 4마일 떨어진 곳에서요."라고 대답했다. "말이 여기로 와야 한다는 것을 어떻게 알았니?" "몰랐어요……. 하지만 말은 알았죠. 내가 한 전부는 말이 계속 달릴 수 있도록 길에서 벗어나지 않게 하는 것이었어요." …… 나는 그것이 심리치료를 하는 방식이라고 생각합니다(O'Hanlon, 1987: 8-9).

암 시

암시(implication)의 개념은 은유를 다룰 때 이 장의 한 부분에서 짧게 다루었다. 암시는 직접적으로 말하지 않고 생각을 넌지시 비추는 의사소통 방법이다. 일단 이런 특정한 종류의 의사소통의 가치를 이해하게 되면, 에릭슨이 왜 그렇게 자주 암시를 사용했는지 또한 깨닫게 될 것이다. 암시된 것은 힘들여 하지 않아도 되는 예정된 결론으로서, 치료과정을 진전시켜 준다. 또한 이 기법은 은유와 일화처럼 환자의 지각에 직접적으로 맞서지 않아서 저항이 거의 생기지 않는다. 강력하게 자신이 확신하는 바를 주장하지 않고도 암시는 그럴 수 있을 것이라는 가능성을 나타낸다. 예를 들어, 이 문단의 세 번째 문장은 독자가 이 기법의 가치를 이해할 것이라고 암시한다. 이런 일이 발생할 수도 있고, 발생하지 않을 수도 있지만, 우리는 그것이 마치 일어날 것처럼 계속하게 된다. 이는 그러한 결과를 유도하는 분위기를 만들어 낸다.

적용

암시는 일반적으로 최면을 유도할 때 사용된다. 최면유도과정 중에 최면가는 최면과정이 처음에 눈을 감아 씰룩거리는 눈꺼풀인지, 곧 느려지게 되는 호흡인지 분명히 알 수 없다고 언급한다. 이는 둘 중의 하나가 먼저 발생할 수도 있고 두 가지 모두 발생할 수도 있다는 것을 암시한다. 이러한 이례적인 언어는 더욱 빠른 몰입과 해리적 반응을 만들어 내고, 이 두 가지 모두는 최면 현상의 핵심이다.

한 어머니가 에릭슨을 찾아왔다(Haley, 1973: 197-198). 딸이 자기 발이 너무 크다고 믿어서 지나치게 수줍어하는 탓에 내성적이고 고립된 채 지내고 있다는 것이다. 에릭슨은 어머니와 이야기하는 동안 일부러 소녀에게 수건 등을 가져오게 해서 그녀를 근처로 오도록 했다. 상담이 끝날 무렵, 에릭슨은 어머니와 이야기하다가 '우연히' 소녀의 발을 세게 밟았다. 그리고는 화를 내며 말했다. "사람이 볼 수 있을 만큼 발이 컸으면 이런 일이 없었을 거 아니냐." 에릭슨이 그녀의 집을 떠나기도 전에 소녀는 친구와 함께 영화를 보러 갔으며, 소녀는 더 이상 혼자 지내지 않게 되었다. 그녀의 발이 작다는 암시는 입에 발린 말이나 위로가 아닌 다른 방식으로 전달되었다.

또 다른 사례는 아내와의 계속되는 갈등으로 괴로워서 에릭슨(Haley, 1973: 247-249)을 만나러 온 남자의 사례다. 그는 자기가 출장 중일 때 아내가 외로워했을 것이고, 그래서 그의 친구 중 한 명이 아내와 함께 시간을 보내주기 위해 들렀으며, 저녁식사 시간에 떠났을 것이라고 말했다. 그는 아내가 외로워하지 않아도 됐을 것이라고 생각해 기뻤다고 했다. 한 번은 친구가 두고 간 치약을 발견한 적도 있고, 또 한 번은 자기 것이 아닌 면도칼을 발견하기도 했다고 했다. 그는 아내가 가난한 사람들을 위해 일하는 사회복지사 면허를 어떻게 땄는지 말했다. 마침내 약 5시간의 이야기 끝에 그는 "아시다시피, 내 아내가 다른 여자였다면 바람을 폈다고 말했을 겁니다." 그러자 에릭슨이 물었다. "당신의 부인이 다른 여자와 어떤 식으로 다른 건가요?" 그때 애써 인정하지 않으려 했던 방어가 깨지면서, 그는 에릭슨이 단지 암시만 했던 것을 직접 말하게 되었다. "저런, 내 아내는 다른 여자와 똑같군요." 만일 그가 해 온 부인(denial)을 직접 공격했더라면 그로 하여금 그에 대한 방어와 저항을 유발했겠지만, 아내가 다른 여자와 같다는 에릭슨의 암시와 인내심은 방어와 저항을 녹일 수 있었다.

역설적 개입

한 선교사가 식인 종족과 맞닥뜨리게 되었는데, 그 종족은 무엇보다도 진실과 정직을 소중히 여겼다. 그들은 선교사에게 말할 기회를 줄 것이며, 그 말을 듣고 그를 죽일 방법을 결정할 것이라고 했다. 그의 말이 진실이면 재빠르게 창으로 죽이고, 거짓이면 고통스럽게 끓는 기름에 넣어 죽이겠다는 것이었다. 선교사는 침묵하고 생각을 한 후 말했고, 식인종들은 선교사를 놔주었다. "당신들이 나를 끓는 기름에 넣어 죽일 겁니다."라는 그의 대답은 역설을 만들어 냈다. 두 가지 죽는 방법 모두 그 종족을 거짓말쟁이로 만드는 것이었기에, 그들은 선교사를 놓아줄 수밖에 없었던 것이다.

어떤 역설에든 모순과 진실이 모두 존재한다. 역설은 세상에 대해 사람들이 갖는 일반적이고 단선적인 생각을 무너뜨려서 그들을 혼란스럽게 만드는 것처럼 보인다. 그런 혼란스러운 순간에 사람들은 문제를 다시 바라보는 치료적 경험을 하게 된다. 에릭슨은 이런 패턴의 혼란을 좋아했으며 자유롭게 사용했다. 한 번은 다루기 힘든 아이의 부모를 자신의 사무실 밖으로 내보내고 나서 아이에게 너를 치료해 달라고 한 부모가 참으로 뻔뻔스럽다며 "자기들이 어떤 사람인지 생각은 해봤을까?"라고 부모를 비난했다. 그러면서 아이의 화난 마음을 공감하면서 아이의 신뢰를 얻었으며 그 어떤 것도 억지로 하지 않게 하겠다고 아이를 안심시켰다. 이렇듯 부모의 반대 입장에서 그는 부모가 내내 바라던 목적인 야뇨증, 엄지손가락을 빠는 버릇, 손톱을 물어뜯는 버릇에 대한 치료과정을 아이와 함께 계속 진행해 나갔다.

역설적 접근에는 증상 처방(symptom prescription)과 속박(binds)의 두 가지 유형이 있다. 증상 처방은 잘못된 방향으로 더 나아가서 올바른 곳에 다다른다는 점에서 역설적이다. 속박은 이 절의 처음에 소개했던 것처럼 일종의 내적인 논리적 갈등을 만들어 내기 때문에 역설적이다. 아마도 이러한 개입들이 효과적인 이유는 그것들이 우리 모두의 안에 존재하는 내적인 모순을 증폭시키기 때문일 것이다.

증상 처방

증상 처방(symptom prescription)의 한 종류는 위에서 기술했던 것처럼 에릭슨이 다루기 힘든 아동 환자들을 종종 다루는 방식이다. 야유를 퍼붓는 사람을 다루었던 상세한 설명(2장의 뒷부분 참조)은 반대의 것을 촉진시키는 것이 어떻게 긍정적인 방식으로 활용되는지에 관한 또 다른 예다. 이 경우 메시지는 '반대하는 너의 입장에 있으되, 너에게 요구되는 행동은 하라.' 다.

큰 소리로 불쾌하게 엄지손가락을 빠는 한 청소년기의 소녀는(Erikson, 1958) 그 행동을 그만두게 하려는 부모, 선생님, 또래들의 노력에 반항했다. 에릭슨은 부모로부터 한 달 동안 완전히 치료에 협력할 것이며, 어떠한 비난도 그들 속으로만 할 것이라는 다짐을 받아냈다. 그는 소녀를 환자로 받아들였으며, 손가락을 빠는 것으로 남을 화나게(성가시게) 하려거든 그 행동을 정말로 잘해야 한다고 격려했다. 그는 소녀에게 그 방법을 말해 주었다. 아버지가 석간신문을 읽고 있을 때 아버지 옆에 앉아서 적어도 20분 동안 큰 소리를 내며 손가락을 빨고, 바느질을 하는 어머니 옆으로 가서 똑같은 행동을 하는 것이다. 소녀는 자신이 싫어하거나 자신을 싫어하는 친구, 선생님들에 대해서도 비슷한 처방을 받을 예정이었다. 4주 이내에 그 행동은 점점 감소되었고 사라졌으며, 보다 건강한 사회적 관심으로 대체되었다.

에릭슨(1954a)은 오른팔에 강박적인 움직임과 무감각증이 있는 정신지체아와 작업을 했다. 소년의 강박적인 팔 동작을 세어 보니 1분당 135번인 것으로 밝혀졌다. 에릭슨은 회기와 회기 사이의 기간 동안에 강박 행동을 1분당 145번으로 증가시킬 것을 제안했고, 소년은 그렇게 했다. 바로 다음 회기에 빈도는 감소되었다가 그다음 회기에 증가되었다. 그래서 순차적으로, 약간 증가시켰다가 훨씬 더 많이 감소시켰다가 하는 방식으로 해서 팔 움직임의 빈도는 결국 1분당 5번으로 감소되었다. 그 후로부터는 1분이 아닌 하루 동안에 있었던 움직임의 빈도 변화를 측정했고, 그다음에는 하루가 아닌 일주일 동안 있었던 움직임을 측정하였다. 무감각증은 팔 움직임과 함께 증가했고 또한 감소했다. 마침내 소년은 하루 온종일 움직임을 멈추게 될 시기를 추측할 수 있었고, 다시는 손을 움직이지 않을 시점도 예측할 수 있었다. 소년의 추측은 정확했다.

증상 처방의 적용 범위는 아주 넓다. 증상 처방은 개인, 부부, 가족 치료에 사용될 수 있다. 첫 번째 사례에서 손가락을 빠는 행동을 증가시킨 것은 아이가 계속할지 말지를 선택할 충분한 시간을 주었다. 두 번째 사례에서는 행동을 더 하기를 선택할 수 있듯이 행동을 덜 하기도 선택할 수 있음을 알았을 때, 강박을 통제할 수 없다는 환자의 지각이 어떻게 붕괴되는가를 잘 보여 준다.

속박

어머니, 할머니, 증조모가 모두 그랬던 것처럼 자신이 22세에 심장병으로 죽을 것이라고 걱정을 하는 한 여성이 에릭슨 박사를 만나러 왔다(Rossi et al., 1983: 270-271). 그녀는 자신의 죽음을 위해 준비하고 있는 것들을 자세히 말하면서, 미납 계산서를 남기지 않으려고 모든 계산서를 꼬박꼬박 지불하고 있다고 말했다. 최면 상태에서 그녀는 만일 어머니와 할머니가 23세까지 살아 있었다면 아마 훨씬 더 오래 살았을 것이라고 한 에릭슨의 견해에 동의했다. 또한 그녀는 어떤 거래라도 자신이 계산서의 지불 날짜를 정할 권리가 있다는 그의 견해에 동의했다. 회기가 끝날 때 에릭슨은 정확하게 14개월 뒤에 치료 요금을 지불하길 바란다고 그녀에게 알려 주었는데, 14개월 뒤는 그녀의 23번째 생일이 되는 때였다. 그녀는 돈을 내기로 예정한 때에 나타났다.

보다 개인적인 사례로, 에릭슨은 자신의 한 아들이 시금치를 먹지 않을 것이라고 선언했던 날에 대한 이야기를 했다.

에릭슨은 진심으로 동의를 했고, 그는 아이가 아무것이나 다 잘 먹을 만큼 충분히 나이도 있고 힘도 세고 덩치도 크다고는 생각지 않는다고 말했다. 에릭슨의 부인은 아이가 아무것이나 다 잘 먹을 만큼 충분히 덩치가 크다고 주장했고, 물론 아이는 어머니 편을 들었다. 어머니와 아들은 아들이 시금치를 잘 먹지 못하니 1/2 티스푼이면 충분할 것이라는 에릭슨의 절충안과 싸워 반 접시의 시금치를 먹는 것으로 결정을 내렸다. 아이는 재빨리 그것을 먹어 치웠고, 엄마의 지지로 다시 더 달라고 했다. 에릭슨은 처음에 생각했던 것보다 아이가 좀 더 덩치가 큰 것 같다고 마지못해 동의했다 (Erickson & Rossi, 1975).

이 사례에서 아이가 시금치를 먹지 않아도 좋다고 에릭슨이 동의한 것은 아이가 너무 작다는 지각을 기반으로 한 것이다. 아이가 계속해서 "시금치 안 먹어."를 하기 위해서는 자기가 너무 작다는 것에 동의를 해야 했다. 역으로 시금치를 먹는 것은 자신과 아버지의 눈에 보다 긍정적인 '덩치 큰 소년'의 이미지를 갖게 해 준다. 이것은 '청개구리 심리'라는 대중적 심리기법과는 매우 다르다. 첫 번째 사례에서 에릭슨은 여자가 지닌 가치(지불하지 않은 계산서를 남기지 않는 것)와 통념(자신이 거래의 지불 시기를 정할 수 있다는 것)을 자신이 22세에 죽을 것이라는 오래된 신념과 경쟁시켰다. 그녀는 22세에 죽을 수 없었고 그녀의 두 가지 신념에 진실할 수 있었다. 속박(binds)의 사용은 너무나도 명백해서 우리 문화의 한 부분이 된다. 심지어 기본적 양육기술에서도 일반적으로 나타난다. "목욕하기 전에 이 닦을래, 아니면 끝나고 닦을래?" "완두콩을 조금 줄까, 많이 줄까?"와 같은 선택권이 주어지는 것이 그것이다.

과 제

에릭슨은 종종 행동적 변화가 심리적 변화에 앞서 발생함을 인식했다. 따라서 그는 원하는 결과를 얻기 위해서 과제를 처방하곤 했는데, 이 과제는 대부분 회기 밖에서 수행하는 것이었다. 이런 과제에는 적어도 네 가지 유형이 있다고 볼 수 있다. 문제 지향, 기술 훈련(building), 시련 그리고 모호한 목적 과제가 그것이다. 이 장의 앞에서 언급한 것처럼, 에릭슨에게 있어서 정해진 개입은 거의 한 가지 기법이 아니라, 환자와 그 문제에만 적절한 기법을 맞춤형으로 조립하고 혼합하거나 독특하게 합성하는 것인 경우가 더 빈번하게 많았다. 에릭슨이 부여한 과제의 많은 부분이 그러했다. 한 가지 예외로 여기서 주목할 수 있는 것은 과제에 대한 이유가 사람마다 다르긴 하지만 예외적으로 상당수의 사람들에게 동일한 지시(피닉스에 있는 지그재그로 올라가는 산인 스쿼산 꼭대기를 등산하라는 지시—능숙한 등산가는 왕복하는 데 한 시간도 채 걸리지 않는다)를 주었다는 것이다. 이런 것은 모호한 기능 과제 부분에서 더 논의가 될 것이다.

문제 지향적인 과제

살을 빼고 담배를 끊고 싶어 하는 한 여성이 에릭슨을 만나러 왔다. 그녀는 이렇게 말했다. "난 먹는 걸 참을 수가 없고 담배 피우는 것을 참을 수가 없지만, 운동은 참을 수 있고 또 그렇게 합니다." 에릭슨은 그녀가 신앙심이 깊다는 것을 알고는 그녀가 그의 지시를 따를 것이라는 가장 종교적인 약속을 이끌어 냈다. 그녀는 2층집에 살았는데, 담배를 피우고 싶을 때마다 성냥을 놓아둔 지하실로 내려가야 했다. 그리고 담배를 놓아둔 다락방으로 담배를 가지러 뛰어 올라간 다음, 불을 붙이고 담배를 피기 위해 지하실로 다시 뛰어 내려가야만 했다. 만약에 그녀가 케이크를 먹고 싶으면, 얇게 한 조각을 자른 다음 그것을 먹기 전에 집 밖으로 나가서 주변을 한 바퀴 돌고 와야 했다. 만약 케이크를 한 조각 더 먹고 싶으면, 얇게 한 조각을 자른 다음 그것을 먹기 전에 집 주변을 두 바퀴 돌아야 했다. 곧 그녀는 담배 양을 줄였고 살도 멋지게 빠지기 시작했다(Zeig, 1980: 195).

또 다른 사례로, 1년간 결혼생활을 한 부부가 에릭슨을 찾아왔는데, 이유는 아내가 남편에게 불쾌한 감정을 느끼기 때문이었다. 남편은 침실에 가서 잠자리에 들기만 해도 발기를 했으며, 아침에 발기한 채로 일어나는 것을 보았다. 그녀는 이렇게 설명하면서 좌절했다. "한 번, 단 한 번만 남편이 잠자리에 들면서 자동으로 발기하지 않을 수 있다면……단 한 번만 그가 나에게 여성적인 매력을 느끼게 해 줄 수 있다면……." 그녀를 단지 바라보는 것 혹은 침실에 있는 것 이외에 다른 어떤 것이 그를 흥분시킬 수 있다는 사실이 그녀에게는 중요했다. 그녀는 자신이 그러한 반응을 불러일으키기를 원했다. 방 밖으로 아내를 나가게 하고, 에릭슨은 이것의 중요성에 대해서 남편을 교육시키고는 그날 밤에 음경을 이완시키고 잠자리에 들라고 지시했다. 방법은 자기 전에 자위 행위를 반복해서 음경을 이완시키는 것이었다. 아내는 그날 밤에 남편을 흥분시키는 데에 즐거운 시간을 보냈으며, 자신의 여성적 매력에 대한 생생한 감각을 얻었다. 남편에 대한 불쾌한 감정 또한 사라졌다(Haley, 1973: 159).

이 두 가지 사례에서 에릭슨이 요구한 과제는 직접적인, 상식적인 방식으로 치료적 요구에 부응하는 것이었다. 그러므로 우리는 이것을 '문제 지향적인 과제 할당'이라고 부른다. 첫 번째 사례에서 '담배를 피지 말고 덜 먹으라'고 하지 않고, 하고 싶은 대로 행동을 하되 특정한 방법으로 하라고 환자에게 이야기했던 것이 주목할 만하다. 다른 사례에서 음경을 이완시키고 침대에 들라는 지시는 치료로 인가받을 수 있을지 의심스러울 정도로 단순하다. 그렇지만 부부의 갈등이 완화된 것을 보면 그것이 치료적이라는 것을 의심할 수 없다. 이 기법의 진짜 매력은 치료의 경제성에 있다. 예를 들어, 이런 단일 회기 개입과는 대조적으로, 부부치료는 수개월, 심지어 몇 년이 걸리기도 한다.

기술 훈련

케이트라는 70세 여성이 에릭슨에게 엄청난 도전을 제시하였다. 그녀의 부모가 여성을 위한 교육을 좋게 생각하지 않았기 때문에 그녀는 꽤 똑똑해 보였지만 평생 문맹인 채로 살고 있었다. 그녀는 에릭슨을 만나기 전까지 50년 동안이나 교사들을 하숙생으로 받으면서 읽기와 쓰기를 가르쳐 줄 것을 약속받았다. 그리고 50년 동안 그 교사들의 노력은 헛되었고 그들은 결국 포기했다. 이러한 과거의 노력에 대한 자세한 이야기를 들으면서, 에릭슨은 케이트가 최면치료로 뚫을 수 있는 심리적 장애물을 지니고 있다고 결론을 내렸다. 그는 그녀에게 읽기를 3주 만에 가르치겠다고 했다! 작업은 대개 최면 상태에서 시작되었고, 깨는 단계에서 반복되었다. 그는 그녀가 모르는 어떤 것을 배워야 하는 것이 아니라, 그녀가 오래전에 배운 것들을 반복할 필요가 있을 뿐이라고 말했다. 첫 번째로, 그는 그녀가 마음에 드는 어떤 방식이든 상관없이 연필을 손에 쥐고 종이에 낙서를 하게 했다. 다음에는 종이를 자르기 전에 손톱으로 표시를 하는 것처럼 종이에 직선을 긋게 했다. 그녀에게 수직선, 수평선, 사선 그리는 것을 가르치고 나서 도넛 구멍 같은 표시, 반으로 잘린 도넛 표시를 가르쳤다. 이 모든 표시를 연습하고 나서야 그녀는 집으로 돌아갈 수 있었다. 다음 회기에서는, 목재 더미와 완벽한 집 사이의 유일한 차이는 집이 목재를 합쳐 놓은 것이라고 그녀에게 이야기해 주었다. 진행을 계속하면서 그녀는 자신이 그리는 것들이 글자라는 얘기를 듣지 않았지만, 글자를 그리고 만들기 위해서 자신이 배운 글자의 부분(선, 원, 반원)을 사용했다. 이런 글자들은 그녀가 이미 알고 있는 물건으로 묘사되었다(예: 'L' 자는 목수가 쓰는 직각자의 짧은 부분을 세워 놓은 것). 그녀는 처음에 글자를 만드는 것을, 그다음에는 단어를 만드는 것을 지도받았다. 이러한 것들이 그녀가 스스로 형성한 특정한 조합이기 때문에, 그녀는 그 조합에 이름 붙이는 것 또한 배워야 했으며, 이름 붙이는 것이 말하는 것과 유사하다는 것을 알게 되었다. 그래서 조금씩 그녀는 자신이 이미 알고 있는 것을 합쳐 놀랍게도 3주 만에 글을 읽게 되었다(Erickson, 1959a).

이 사례는 기술 훈련 과제의 정수를 보여 주는 것으로, 환자가 이미 자신의 문제를 해결할 자원을 갖고 있다는 원칙을 잘 보여 준다. 그런 다음 치료의 목적은 바라는 결과를 얻기 위해 체계적으로 기초 자원을 증진시키는 기술 훈련 과제를 개발하는 방법을 찾는 것이다. 조금씩 증진시킨다는 원리를 보여 주는 또 다른 예가 있다. 에릭슨은 고등학교 투포환 선수가 자신의 한계인 58피트를 넘길 수 있는 방법을 찾도록 도와주었다. 에릭슨은 소년이 58피트와 58.01피트 사이의 차이를 정말로 구별할 수 있는지 궁금해했다. 과연 0.01피트 더 멀리 투포환을 던질 수 있을까? 0.03피트 더? 그 이상? 그 선수는 3주 뒤에 국내 고등학교의 기록을 깼다. 그 선수는 계속 투포환 운동을 하면서 6피트 10인치의 세계 기록까지 달성했다(Rosen, 1982: 102-105).

시련

에릭슨이 처방한 어떤 과제들은 '시련'이라고 불릴 정도로 너무 상세하거나 길거나 힘든 것이었다. 시련은 오직 환자 개인에게 적용되거나 (2장에서 인용한 '잠을 자든지 일하든지' 사례에서처럼) 혹은 여러 가족 구성원을 포함하기도 한다. 시련은 다양한 기능을 하지만, 그 과정의 분명한 한 가지 특징은 증상이나 문제 행동을 포기하는 것이 시련을 계속하는 것보다 훨씬 낫다는 것이다.

한 소년이 이마에 있는 뾰루지를 뜯어 심한 상처가 났는데, 그것이 치료되도록 절대 그냥 놔두지를 않았다. 이 자학은 2년간 계속되었으며 소년은 잔소리, 의사의 충고와 치료(붕대), 위협, 학교 친구들의 놀림, 심지어 터무니없는 처벌에도 결코 따르지 않았다. 소년은 그것이 깨뜨릴 수 없는 나뻔 습관이라고 느꼈다. 평소처럼 집에서 작업을 하다가, 에릭슨은 소년이 낱말을 쓸 때 철자를 빠뜨리는 문제가 있음을 알게 되었다. 그는 또한 아이가 주말에 어떤 집안일을 맡게 되는지 알게 되었다. 가족으로부터 동의를 얻은 후 그는 과제를 처방했다. 소년은 토요일, 일요일 아침 6시부터 오후 늦게까지 손으로 글씨를 쓰는 데 시간을 보냈는데, 페이지마다 '이마에 있는 상처를 뜯는 것은 좋은 생각이 아니다.'라는 문장으로 꽉 채웠다. 덧붙이자면, 이 문장은 소년이 에릭슨과의 협상을 통해 쓰기로 선택한 것이었다. 아이는 자신의 작업을 조심스럽게 검사했고, 각 글자를 셌다. 아이는 어떤 글자를 최고로 잘 썼는지, 그리고 어디서 더 잘 썼는지 알아차렸다. 아이가 이 과제를 하는 동안, 아버지는 아이가 하던 집안일을 책임지곤 했다. 아이는 쉬는 동안에 아버지가 자기를 위해서 자신이 해야 할 집안일을 어떻게 잘하고 있는지 가서 볼 수 있었다. 확실히 아이는 마당에 잎 하나 없는 것을 보고는 매우 기뻐했다.

한 달 내로 상처는 치료되었다. 마당의 상태는 최고였다. 아이의 글쓰기와 철자는 향상되었다. 손으로 글쓰기는 사실 시련의 초점이었다. "넌 단어에서 철자를 빠뜨리는 나쁜 습관을 갖고 있구나." 아이와 가족들은 나쁜 습관을 극복하기 위해 전념했고, 이 과정에서 두 가지 문제를 극복해 냈다 (Haley, 1985c: 100-104).

모호한 목적의 과제

과제를 소개하는 부분에서 우리는 에릭슨이 종종 사람들을 스쿼산 꼭대기에 올라가게 했다는 것을 주목하였다. 이것은 때때로 목적이 모호한 과제였다(더 많은 정보는 Lankton & Lankton, 1983 참조). 모호한 과제들은 에릭슨의 개입 중 몇 가지 점에서 가장 독창적이고 순수할 수 있는데, 이런 과제들이 환자에게 상당히 의존한다는 점에서 그러하다. 이러한 과제는 분명한 의미나 목적이 없기 때문에 일종의 행동적 투사기법이 될 수 있다. 환자가 경험하는 것은 자신이 가지고 오는 것이며, 아마도 환자가 배울 필요가 있는 것이다.

다음은 은유적이고 모호한 과제를 사용한 사례다.

정신과 의사와 그의 아내가 부부치료를 위해 펜실베이니아에서 왔다. 그들은 자신들의 상황에 대해 짧게 설명했다. 정신과 의사인 남편은 개인병원을 운영하고 있었는데 그가 방치해서 침체를 겪고 있었고, 13년간 일주일에 세 번씩 분석을 받고 있었다. 아내는 가계 경제를 위해 자신이 좋아하지 않는 일을 하고 있었으며, 6년 동안 일주일에 세 번씩 분석을 받고 있었다. 에릭슨은 남편에게 세 시간 동안 스쿼산 꼭대기를 등산한 후 다음 날 와서 보고하라고 지시했다. 비슷하게 여자는 식물원으로 보냈다.

다음 날 남자는 자신의 경험이 놀라웠다고 보고했다. 여자는 식물원에서의 3시간이 인생에서 가장 따분했고, 결코 다시는 가지 않을 것이라고 했다. 그다음 에릭슨은 아내를 스쿼산 꼭대기로 보냈고, 남편은 식물원으로 보냈다. 다음 날 아침 정신과 의사는 다양한 종류의 식물들이 혹독한 애리조나의 열기에서 적은 양의 물로도 잘 자라나고 있다는 것이 정말로 경이롭다고 했다. 그는 그것이 영감을 불러일으킨다는 것을 발견했다. 아내는 에릭슨에게 이렇게 말했다. "난 그 빌어먹을 산을 올라갔지요. 난 산에다 욕을 했어요. 스스로 욕을 했죠. 그렇지만 주로 걸어가는 내내 당신 욕을 했지요. 왜 내가 그 산에 올라가는 망할 바보였는지 궁금했어요. 따분했고요. 나는 산을 올라가고 있는 내가 미웠어요. 하지만 당신이 내가 그래야 한다고 말했기 때문에 그렇게 했지요. 정상에 올랐어요. 몇 분 동안은 만족감을 느꼈지만 오래 지속되지는 않았어요. 난 내려오면서 내내 당신과 나를 더 욕했죠. 저런 산에 절대로 절대로 다시 올라가지 않을 거고, 날 절대 바보로 만들지 않을 거라고 맹세했죠."

그날 오후 두 사람 각자 자신의 과제를 선택할 수 있었다. 그들은 다음 날 아침에 와서 보고를 했다. 남편은 정원으로 되돌아가 다시 즐겼다고 했다. 놀랍게도, 아내는 스쿼산 꼭대기에 다시 한 번 가는 것을 선택했다. 그녀는 두 번째 산행에서 산이 더 좋아지지는 않았고, 올라가고 내려오는 내내 에릭슨, 산, 자신에게 욕을 했다. 그렇게 하여 에릭슨 박사는 그들의 치료가 완결되었다고 말해 주고, 그들을 펜실베이니아로 돌려보냈다. 집으로 돌아가서 그들은 각자 자신의 분석가를 해고했다. 남편은 자신의 일을 시작했다. 아내는 변호사를 고용해 남편과 이혼했다. 그녀는 자신이 더 좋아하는 다른 일자리를 잡았으며 훨씬 더 행복해졌다. 에릭슨은 "그녀는 매일 결혼생활에서의 고통스러운 산에 올라가느라 지쳤어요……. 그녀의 전체 이야기는 상징적입니다."라고 설명했다. 이 사례에 대한 흥미로운 부차적인 사건은 그 부부의 분석가와 그의 아내가 나중에 부부치료를 받으러 에릭슨에게 왔다는 것이다(Zeig, 1980: 146).

비순응

때때로 환자는 이 책의 어디선가 언급한 것처럼 주어진 과제를 완수하지 않기로 결정할 것이다. 모호한 목적의 과제가 투사적인 기법으로 작용하기 때문에 환자에게 어떤 상당한 양의 통찰을 주는 것처럼, 어떤 과제에 대해 환자가 반응하는 태도(혹은 끝까지 해내지 못하는 것)는 환자에 대한 정보와 치료에 임하는 환자의 태도에 관한 정보를 제공해 준다.

과체중인 여성이 체중 감소를 위해 도움을 얻고자 에릭슨을 찾아왔다. 에릭슨은 해가 뜰 때 스쿼산 꼭대기에 올라가라고 지시했고, 그녀는 역시 과체중인 아들을 데리고 갈 수 있는지를 물었다. 다음 회기에 그녀는 자신도 아들도 산에 오르지 못했다고 보고했다. 그녀는 살빼기를 원하느라 스스로를 웃음거리로 만드는 행동을 그만두어도 괜찮은지 에릭슨에게 물어보았고, 그는 아무 문제없다고 말했다(Rosen, 1982: 126-127).

이 사례는 과제에 순응하는 데 실패했음에도 훌륭한 치료적 결과가 나올 수 있음을 보여 주었다. 환자는 자신이 살을 뺄 작업을 할 준비가 정말 안 되어 있다는 것을 알게 되었다. 이런 통찰 덕분에 환자는 자신이 십중팔구 체중 감량에 실패하고 절대로 감량이 불가능하다고 자신의 미래를 확신하면서 그것에 많은 노력을 하는 불편을 겪지 않아도 되었다. 이 사례에서 그녀는 살빼기를 시도하지 않기로 선택했기 때문에 결코 실패하지 않은 것이다.

결 론

이 장이 심리치료 영역에서 밀튼 에릭슨이 한 기법적인 기여의 모든 것을 철저히 개관해 준다고 말할 수 있다면 좋았을 것이나 그렇지 못했다. 어떤 하나의 장이나 책도 이를 적절하게 해내지 못할 것이다. 다시 말하지만, 에릭슨의 개입은 각각의 환자에게 독특한 것이었다. 그만의 기법적 레퍼토리는 방대했고, 그는 환자의 자원을 이끌어 냈다. 그럼에도 이 장에서는 에릭슨이 심리치료 영역에서 시도한 중요하고도 수많은 독특한 기법적 공헌들을 개관했다.

　가장 광범위한 의미에서 그의 가장 중요한 기법적 기여는 최면의 영역에 있다. 그는 임상적 최면 실습을 합법적으로 만든 공로를 인정받았다. 최면에 대한 그의 관심은 최면과 최면 현상에 대한 과학적 연구와 임상적 연구에 중요한 기여를 하게 되었다. 그는 많은 현상을 치료과정에 적용했으며, 이전에 관찰된 적이 없었던 현상(예: 팔 공중부양)까지도 개발했다. 최면에 걸릴 것이라고 전혀 기대하지도 않고, 에릭슨과 어떤 공통적인 언어도 공유하지 않은 순진한 내담자에게 최면을 걸기 위해 그는 팬터마임 기법을 성공적으로 사용했다. 이는 최면과정에 대한 진정한 완숙이 이루어졌기 때문에 가능하였다.

　에릭슨은 은유, 일화, 이중 구속, 역설적 개입, 암시, 과제의 사용과 같은 수많은 '비(非)최면 기법'을 발달시켰다. 이런 기법들은 증상에 초점이 맞춰진 단기 접근에 잘 맞을 뿐 아니라, 문제 해결을 위해서는 환자와 그 삶의 어떠한 측면이든 활용한다는 입장을 잘 뒷받침해 준다.

　최면적 개입의 틀 안에는 개론서에서 논의되기에는 너무 진보적인 에릭슨이 개발한 수많은 기법이 있다. 점철기법, 혼동기법, 최면적으로 유도된 꿈은 고급 최면 훈련 세미나에서 논의되기에 석설한 그의 작업의 예들이다. 비슷한 이유로 우리는 최면하에 혹은 최면 없이 사용될 수 있는 고급 기법인 복합적인 숨은 은유, 상징의 사용 같은 복잡한 개념들을 깊이 있게 논의하지 않았다.

우리가 그의 모든 기법을 여기서 완벽하게 나열할 수 없지만, 이 장은 에릭슨의 기법적 기여에 대한 분명한 시야를 독자들에게 주었을 것이다. 이러한 기법적 혁신이 보다 광범위하게 수용되고 점차 수많은 임상가가 그것을 주도하는 철학을 기꺼이 받아들이는 한편, 이러한 혁신이 비평을 낳게 되는 것 역시 자명한 일이다. 다음 장에서 우리는 가장 설득력 있는 비판적 평가들을 검토할 것이다.

4 비판과 반박

사람들은 각자 다르기 때문에 이론에 기반한 어떠한 심리
치료도 틀릴 수 있다고 생각한다.

Milton H. Erickson(Zeig, 1980: 131)

이 장에서는 밀튼 에릭슨(Milton Erickson)의 작업을 겨냥
한 가장 흔한 비판의 타당성에 대해 개관하고 검토하고자 한
다. 에릭슨식 관점에서 고려한다면, 이러한 각각의 비판은
타당하기도 하고 또 타당하지 않기도 하다. 다음 두 개의 서
술은 그 예다.

강점

에릭슨식 접근에서는 문제 해결에 사용되는 각 환자의 강

점과 자원 그리고 고유한 측면을 찾는다. 그것은 환자에 대한 치료자의 관점을 한정 짓고 제한하는 엄격한 이론적 속박으로부터 자유롭다. 환자의 무의식적인 마음은 정확한 정보를 제공하고 해결책을 가져다준다는 점에서 치료의 강력한 협력자다. 그러므로 통찰이 필요 없는 단기치료가 종종 가능하다. 이러한 단기치료로 인해 확인된 문제가 경감되고, 환자들이 시간 소모적인 심리치료 없이도 자유롭게 자기 할 일을 다하는 삶을 살게 된다.

임상가의 자원이 또한 문제 해결을 촉진한다. 밀튼 에릭슨은 환자와 훌륭한 라포를 발달시키고, 환자의 현상학적인 세계에 함께 참여하는 최고의 임상가였다. 그의 지각과 독창성은 치료의 효과를 무한히 향상시켰다.

약점

에릭슨의 치료적 접근은 이론적 체계가 부족하므로 선뜻 연구되거나 교육되지 않았다. 경험 없는 임상가의 개입을 지도해 줄 수 있는 어떤 정해진 프로토콜이 없다. 어떤 개입은 환자의 의식을 넘어서 무의식적 마음을 활용한다. 이로 인해 타인을 조종하는 것으로 보일 수 있으며, 정보에 입각한 동의(informed consent)를 지키지 못할 수 있다. 개입은 종종 지시적이어서, 치료자의 편향과 남용에 영향을 받기 쉽다. 통찰이 종종 주요한 것이 아니기 때문에, 비평가들은 치료에서 나온 결과가 피상적이라고 주장한다. 일부 비평가들은 에릭슨이 카리스마적이고 자신의 환자에 대해 부당한 통제를 행사하는 숭배의 대상자였다고 비판하기도 한다. 그들은 에릭슨이 했던 것은 오직 그만이 할 수 있다고 주장한다.

절반이 비었다 혹은 절반이 차 있다?

이상의 강점과 약점은 모두 나름대로의 타당성을 갖고 있다. 그러한 강점과 약점 각각은 에릭슨식 접근의 유사한 측면들을 서로 다른 관점에서 언급하고 있는 것이다. 예를 들어, 각 환자에게 독특한 개입을 발전시킨다는 에릭슨식 접근의 비이론적인(atheoretical) 특징은 표준화된 연구와 교육방법을 따르기 어렵게 만든다.

첫 문단에서 시사했듯이, 이러한 타당하면서도 타당하지 않은 비판 모두가 '에릭슨식 접근'과 관련이 있다. 실제로 약점 가운데서 강점을 찾는 능력, 문제 가운데서 해결방법을 찾는 능력, 그리고 환자의 상황에서 치유적 역설을 찾는 능력 등은 환자를 돕는 에릭슨의 천재적인 일면들이다.

비판

이 장의 나머지 부분에서는 에릭슨식 접근에 대해 가장 흔히 접할 수 있는 비판들을 상세하게 검토할 것이다. 몇 가지 예외가 있지만, 이러한 비판은 대체로 네 부분으로 분류될

수 있다. 에릭슨식 접근의 비이론적 특징에서 나온 이론적 비판
은 다음과 같다.

1. 연구가 빈약하다.
2. 접근법을 배우기가 어렵다.
3. 경험이 없는 임상가들은 프로토콜이나 분명한 치료 모
   델을 구할 수 없다.

윤리적인 비판은 다음과 같다.

4. 접근이 조작적이다.
5. 지시적이다.
6. 기법이 피상적이다.

개인적 비판은 다음과 같다.

7. 에릭슨은 숭배 대상자다.
8. 치료자는 카리스마적이어야 한다. 따라서 에릭슨만이
   자신이 했던 것을 할 수 있었다.

접근의 한계는 다음과 같다.

9. 에릭슨식 접근은 오직 특정한 환자군에게만 적용된다.

10. 에릭슨식 접근을 하는 치료자는 생계를 유지하려면 많은 수의 환자가 필요하다.

비판의 타당성을 평가하기

다른 사람들이 제시하는 에릭슨식 작업의 부정적인 측면에 대해서 검토하는 이 장에서는 심리치료의 접근들에 관해서 일반적으로 나타나는 비판의 배경과 특징을 검토하는 것이 유용하겠다. 정신분석, 인지적 접근, 인지/행동 접근, 행동적 접근, 내담자중심 접근, 게슈탈트 접근, 실존치료와 집단치료 등이 일반적으로 받아들여지는 심리치료 접근법이다. 각 접근법은 다른 접근법이 하지 않는 무언가를 제공하고, 그 '무언가'가 각각의 접근법을 구분해 주며 고유한 기여와 관련된 정체성을 부여한다. 이러한 본질적인 차이는 그 접근법이 일반적인 기준 혹은 수용되는 치료 절차와 어떻게 다른지를 통해 알 수 있다. 그것은 양날의 칼이다. 그러한 차이 덕분에 얻는 것도 있고 잃는 것도 있다.

어떤 접근법은 부적절하다고 여겨질 수 있는 어떤 것을 하거나(덧붙임, commission) 혹은 역으로 중요하다고 여겨지는 것을 하지 않아서(누락, omission) 일반적으로 받아들여지는 치료 절차와 다를 수 있다. 예를 들어, Alexander Lowen의 생명 에너지적 접근은 광범위하게 치료자/환자의 신체적 접촉을 수반하는데, 이러한 것은 다른 많은 접근법에서는 금지되어 있다. 한편, 해결중심 치료와 같은 단기적 접근방법은 통찰을 불러일으키지 않고 기능적인 변화를 이끌어 낸다. 정신역동적 접근에서는 통찰의 발달이 필수적이라고 생각하기 때문에, 그와 같이 통찰을 높이 평가하는 사람들은 단기적 접근이 부족하다고 할 수 있다.

　대부분의 비판이 적어도 약간의 진실을 포함하기 마련이지만, 그것이 자기의 편익을 도모하는 관점에서 나온 것이라면 그러한 평가는 오점을 남길 수 있다. 이러한 평가들은 종종 전체를 포괄하지 못하거나 잘못된 결론을 도출할 수 있다. 심리치료의 모든 주요 접근은 동일한 논리적 오류에 기반한 비판에 노출되어 있다. 즉, 모든 다른 접근법과는 구분되는 그 접근법만의 특징을 찾아내서, 그러한 차이로 인해 생길 수밖에 없는 덧붙임이나 누락을 이유로 그 접근법을 깎아내린다. 예를 들어, 행동적(학습 이론에 기반한) 접근을 비난하는 비평가들은 이론이 환원주의적이라고 말한다. 개인의 자유 의지를 행동의 자기 조절적 매개로서 인정하지 않는다는 것이다. 그리고 통찰이 발달하지 않기 때문에 증상의 대체가 발생하기 쉽다고 말한다. 실제로 단순하고, 효과적이고, 반복 가능하며, 측정가능한 개입을 발달시키는 것이 바로 이론의 환원주의적 특징이다. 접근의 환원주의적 특징에 대한 비평은 환원주의적 측면의 가치를 전체 그림으로 온전

히 보여 주지 못한다. 마찬가지로 증상의 대체가 발생할 것
이라는 결론은 잘못된 것이다. Kazdin(1982)은 연구문헌들
을 개관하여 증상의 대체(치료된 증상이 다른 유해한 증상으로
대체됨)라는 경험적인 현상이 개개인의 사례에 기록되어 있
다고 일반적으로 합의할 수 있는 결론을 발견하였다. 하지만
그는 심리치료나 행동치료 후에 증상 대체의 출현을 증명하
는 강력한 증거를 찾아내기는 어렵다고 결론 내렸다. 통찰과
관련해서 Cautela(1993)는 행동치료의 맥락 내에서 자발적
으로 통찰이 생기거나 심지어 치료자의 안내에 의해 통찰이
이루어진 사례들을 보고하기도 했다.

물론 접근의 전체 범위와 그 영향력을 검토하고 신중하게
결론을 이끌어 내는 타당한 비평들이 있을 수 있다. 예컨대,
전기 자극 충격 치료(Electro-conversive Shock Treatment:
ECT)는 과거 수십 년간 심한 장애가 있는 환자들에게 종종
사용되었던 치료의 한 예다. Breggin(1979)은 ECT의 부정
적인 영향을 검토했고, 정신적 손상과 함께 영구적인 퇴행성
기억상실이라는 부작용의 가능성을 발견했다. 그 후 몇 년
안에 이런 타당한 우려 덕분에 ECT가 보다 신중하게 사용되
었으며, 이에 관한 많은 연구가 촉발되었다.

우리는 에릭슨식의 접근법을 둘러싼 다양한 비판들을 검
토했으므로, 이러한 비판의 증거늘을 검토하고 그것이 온전
한 비판인지를 주시하면서 평가를 계속하고자 한다.

이론적인 비판

에릭슨식 접근법은 적어도 표면적으로는 비이론적이며, 강력한 이론적 기반에서 나오는 설득력이 부족하다는 비판을 받기 쉽다. 구체적으로 잘 정의된 이론을 지니고 있는 접근법은 과학적 연구에 적합하고, 이론은 쉽게 배울 수 있는 개념적 틀을 제공해 주며, 개념적 틀은 그에 따른 프로토콜을 개발하게 해 준다. 이론에 기반한 강점이 없다는 점은 에릭슨식의 방법이 연구가 힘들고, 배우기 어려우며, 초심자인 에릭슨 학파 치료자를 도와줄 프로토콜이 없다는 비판을 불러일으킨다.

에릭슨은 심리치료 실습에서 이론을 제한적이라고 여겨 멀리하였다. 실제로 에릭슨의 목적은 각각의 환자를 위한 새로운 개입을 만들어 내는 것이었다. 그는 주어진 환자에게 가장 효과적인 개입 전략은 환자의 욕구에 가장 잘 맞으며, 환자의 고유한 강점을 활용하는 것이라고 주장했다. 개념적으로 이러한 방침은 사람들 사이에 공통적인 일반적 과정이 있다는 가정에 기반하는 이론적 접근법과는 정반대다. 『랜덤 하우스 사전』(1994)은 이론을 "여러 현상을 설명하는 원리로 사용되는 일반적인 명제의 일관된 집합"으로 정의한다. 심리치료 이론이 적용될 수 있기 위해서는 환자들 혹은 하위 환자군의

구성원들이 동일하다고 간주되어야 한다. 이론을 기본으로 하는 접근들은 환자 구성원들 사이의 공통성을 가정한다(예를 들어, 정신분석은 모든 환자가 동일한 일련의 발달 단계를 거친다는 것을 전제로 삼으며 행동적 접근은 주어진 문제 행동이 특정한 조건 자극 혹은 일련의 자극에 대한 반응이라고 가정한다).

연구

집단 구성원(우리의 경우에는 환자들)에 대한 개념적인 표준화는 이론이 일관된 설명 원칙들을 서술할 수 있게 해 준다. 그리고 이러한 원칙들의 반복적이고 예측 가능한 특징이 연구를 가능하게 한다. 아이러니하게도, 에릭슨은 심리치료 이론을 고수하기를 거부하였으나 소년 시절부터 생각을 검증하고 타당화하는 방법을 찾는 데 온 힘을 다한 연구자였다. 미시간에 있는 엘로이즈 병원에서 재직하는 동안에 그는 연구 책임자였다. 그의 경력의 첫 단계는 연구자였으며, 이어서 임상가와 교육자로서의 경력을 갖게 되었다. 전통적인 실험 방법론에 능숙하기는 했지만, 에릭슨은 경험주의자라기보다는 인류학자처럼 최면 현상을 연구했다. 그는 개인의 고유성을 강조하며, 집단 규준보다는 오히려 개인차를 탐색하였다.

에릭슨은 자신이 임상적으로 했던 많은 일에서 환자 개개인의 차이 때문에 전통적인 실험적 방법 혹은 실험실 장면을 통해서는 환자들을 연구할 수 없었다고 주장했다. 그가 내담자의 고유한 특질에 초점을 맞춘 것은 최면에 대한 토론 중에 그가 했던 진술에서 엿볼 수 있다(Erickson, 약 1960; in Rossi, 1980b).

나는 모든 피험자의 개인차와 독특성, 그리고 최면관계의 매우 개인적인 특징을 완벽하게 알고 준비하는 것이 중요하다고 강조하는 것 외에는 최면을 유도하는 방법에 대한 일반적인 이해에 부언할 것이 아무것도 없다.

나중에 그 모임에서 그는 표준화된 최면유도에 대해 논평을 했다……. 우리는 축음기를 사용해서 암시를 통제함으로써 최면 현상을 밝히려는 양적 연구들을 찾아볼 수 있었다. 마치 그런 식의 측정이 서로 다른 피험자들 사이에서 생기는 반응의 정도와 특징을 통제할 수 있다고 보는 것 같았다(p. 304).

에릭슨은 최면 피험자나 심리치료 환자 모두 표준화된 방식으로는 효과적으로 치료할 수 없다는 자신의 신념 때문에 다른 연구방법을 채택했다. 에릭슨은 최면 실험을 했던 첫해에 내담자와 함께한 자신의 작업을 꾸준히 기록했다. 이것은 유도된 최면 현상뿐만 아니라 최면유도의 방법까지도 남긴 임상 기록이었다. 그는 이를 잘 요약하여 Clark Hull과 함께 참석한 대학원 세미나에서 보고했다.

Rossi(1980a)는 에릭슨이 대부분의 최면치료 작업을 사실상 실험적이고 탐색적으로 여겼다고 말했다. 그는 또한 최면 반응을 (개인에게) 고유한 것이라고 여겼는데, 이는 최면가가 다양한 최면 현상이 독특하고도 자발적으로 발생할 수 있다는 점을 방심하지 말고 주의해야 한다는 것을 의미한다. 수년간 에릭슨은 그가 관찰하고 반복 검증한 현상을 풍부하게 기록했다. 현장 관찰이라는 그의 방법은 그가 치료 시에 환자의 반응성을 연구하는 방법들 중 하나다.

보다 전통적인 연구를 수행하기 위해서 에릭슨(약 1960)은 실험적으로 만족스러운 최면 상태와 임상적으로 만족스러운 최면 상태를 구별하는 것이 필수적이라고 믿었다. 더욱 깊다고 여겨지는 실험적인 최면 상태는 피험자의 몰입의 깊이에서 보면 임상적 최면과 다르다. 실험적인 피험자는 암시에 반응적이긴 하지만 진행되고 있는 주관적 경험에 단지 암시를 끼워 넣을 뿐이다. 이러한 반응은 피험자 내부에서 생긴 것이고 최면가의 통제를 넘어서는 것일 수 있다. 에릭슨(약 1960)은 최면 상태에서 우유 배달 구역을 운전하는 경험을 하는 젊은 남자를 예로 들었다. 그 청년은 한 떼의 거위들이 자신의 우유 수레 앞을 지나가는 것을 기다리느라 잠시 지체를 하였다. 환각으로 보이는 거위의 존재를 눈치채지 못한 에릭슨은 수레를 끌고 있는 말이 계속 길을 갈 것이라고 암시했는데, 나중에 알고 보니 말이 거위를 짓밟지 못하도록 우유 배달 청년이 고삐를 당겨서 말을 제어했음을 알게 되었다. 내담자는 에릭슨의 암시를 받아들이긴 했지만 자신의 내적인 경험을 완전히 수정하려고는 하지 않았다.

대조적으로 충분한 최면 상태의 임상 상황에서 피험자 혹은 환자는 최면가에게 반응을 나타내며, 암시에 따라 내적인 경험을 수정할 것이다. 에릭슨은 적절한 연구라고 채택된 수많은 연구가 실제로는 임상적으로 반응하는 최면 상태의 피험자들을 대상으로 했는데, 그들은 언어적·비언어적으로 실험자 기대에 반응적일 수밖에 없다고 보았다. 그리고 이러한 수준의 반응성이 있는 피험자를 활용하는 연구는 분명히 오염된 결과를 낳을 수 있다고 보았다.

실험자 기대에 버금가는 실험자 편향(experimenter bias)의 문제는 실험적으로 적합한 최면 상태에 빠진 피험자를 활용하는 연구를 통해 타당화될 수 있다. 피험자들은 최면에 걸린 상태에서 그들이 받는 지시에 완전히 반응하고, 지시를 주는 사람(학생)의 기대를 충족시키라는 지시를 받는다. 지시를 주는 역할을 맡은 학생들에게는 다양한 암시 문장과 최면 상태에서 피험자로부터 이끌어 낼 몇 가지 목표 현상이 주어졌다. 최면에 걸린 피험자들은 모든 최면 현상(예: 팔 공중부양과 환각)을 보일 수 있었다. 지시를 주는 학생들은 몇 개의 실험 집단으로 나뉘는데, 집단별로 지시를 주는 학생들에게 최면 피험자는 한 가지 최면 현상을 제외한 모든 최면

현상을 잘해낼 수 있다고 믿게 했다. 물론 제외한 최면 현상
은 집단마다 다르게 알려 주었다. 그 결과로 최면 피험자들
은 지시를 주는 학생들의 무언의 기대를 충족시켰는데, 피험
자가 할 수 없을 것이라고 학생들이 믿은 특정한 현상만을
일으키지 못했다(Erickson, 1960).

　위의 실험자 편향 연구는 현장 실험과 임상적 관찰로 이루
어져 있는 에릭슨 연구의 한 유형을 예로 든 것이다. 전통적
인 연구방법을 그의 임상적 작업에 적용하는 것이 불가능하
다는 것을 인정하면서, 에릭슨은 자신의 작업을 평가하는 다
른 방법들을 찾아냈다. 그는 정기적으로 자신의 개입을 오랜
기간 추적하였다. 연구 보고서는 몇 달, 심지어 몇 년에 걸쳐
환자를 반복적으로 체크하는 사례들로 가득했다. *An
Uncommon Casebook*에서, O'Hanlon과 Hexum(1990)
은 316개의 사례를 목록으로 만들고 요약을 했을 뿐만 아니
라, 대부분의 사례에서 치료 결과와 추후 자료를 열거하였다.

　에릭슨식 접근법의 상당수가 경험적으로 연구될 수 없다
는 비판은 부분적으로 타당하다. 그러나 에릭슨은 창조성과
독창성을 가지고, 자신이 작업한 몇몇 현상들이 경험적으로
타당화될 수 있다는 것을 증명했다. 실제로 최면과 최면 현
상 연구에 대한 그의 문헌적 기여는 두드러진다. 그는 임상
사례 연구 발표에서도 실질적인 기여를 했다. 무엇보다 그
접근이 변화 지향적이었기 때문에, 그의 모든 개입은 나중에

실제 성과와 비교될 수 있는 구체적이고 계획된 결과를 산출하도록 맞춰져 있다. 에릭슨식 접근으로 치료하면 의도한 결과와 실제 성과를 쉽사리 비교할 수 있다. 이러한 것은 N=1로 하는 연구로 알려져 있으며, 어떠한 접근법을 사용하는 임상가에도 유용하다고 추천되는 연구방법이다.

학습

에릭슨식 접근은 이론적인 근거가 부족하기 때문에 배우기 어렵다는 비판을 받아 왔다. 즉, 방법을 이해하기 위한 어떤 개념적인 구조도 없다. 그렇지만 이론의 부재 때문에 임상가가 에릭슨식 접근을 배우거나 실습하지 못하는 것은 아니다. 과정을 개념화하는 것을 도와주는 몇 가지 지침이 있다(2장 참조). 여기에서 우리의 목표는 이론적 개념과 관련된 학습과정을 살펴보는 것이다. 이론이란 무엇인가?

이론은 본래 지적인 연습이다. 복잡한 과정에 대한 생각을 조직화하도록 돕고, 궁극적으로는 명확히 예측할 수 있도록 고안된 패러다임이다. 하나의 모델로 주어진 시점에서 이해되는 실재에 대한 기술이며, 그러므로 새로운 사실들이 이론에 맞지 않는 것으로 드러나게 되면 변화하기 쉽다.

만약에 어떤 사람이 심리치료 실제를 배우는 데 있어서 안내가 되는 이론의 유무에 대한 상대적인 가치를 검토하기를 바란다면, 주어진 이론에 충실할 때 얻는 것과 잃는 것을 검토해야만 한다. 단순한 설명, 구체화된 과정과 특정한 치료 프로토콜은 명확하게 정의된 이론에서 나올 수 있는 이점이며, 이때 연구는 더욱 단순하고 명확하다. 에릭슨은 이론에 충실하게 되면 치료자가 주의를 기울이거나 기울이지 않는 부분을 규정지음으로써 치료적 처치를 선택할 범위를 좁힐 수 있다고 주장했다. 또한 이론들은 각 환자의 독특성을 적절하게 존중하지 못한다고 주장했다. 그리고 가장 중요한 점은 이론이 문제 해결의 원천이라는 암묵적 기대를 한다는 것인데, 이는 환자가 치료 장면에 가져오는 의미 있는 자원과는 반대되는 것이다. 이러한 것들이 이론에 충실할 때 치러야 할 대가다. 에릭슨은 그 대가가 너무 크다고 보았다.

일상의 삶에서 비유를 들어 보자. 대부분의 사람은 자전거를 탈 수 있다. 이것은 경험적으로 습득된 기술이다. 응용 물리학에서 자전거 타기는 하나의 운동이다. 비록 대부분의 사람이 자전거를 타는 것과 관련된 특정한 법칙을 분명히 말할 수 없어도 자전거를 타지만 말이다. 그러나 유능한 물리학자는 기저의 법칙들을 기술할 수 있으며, 자전거를 타고 길을 내려가고, 방향을 바꾸고, 주차된 차를 안전하게 피하는 방법에 대한 일관된 이론을 세울 수 있다. 그러나 그러한 이론은 실용적 가치가 없을 뿐더러, 산악 자전거를 탈 경우에는 완전히 쓸모없게 되어 버린다. 이러한 것이 매일 대부분의 임상가가 직면하는 치료적 도전에 관한 보다 잘 맞는 비유다.

에릭슨의 학생들은 행동을 통해서 그리고 경험을 통해서 학습을 했다. 그들은 최면을 받고, 이야기를 들으며, 식물원에 가거나 스쿼산 꼭대기에 올라가고, 치료 시연을 보며, 해결된 수수께끼와 단어 게임을 본다. 그들은 경험을 했다! 학생들은 에릭슨의 환자들이 치료받는 것과 똑같은 방식으로 학습을 했다. 이런 경험의 강점은 그것이 나중에 활용된다는 것이며, 교육적 목적으로 그들에게 주어진 은유는 저마다 개인적인 의미를 가진다는 것이다.

문제가 되는 비판은 이러한 접근이 배우기 어렵다는 것이다. 그럴 수 있다. 어떤 사람은 분명하게 기술되는 지적 개념화 없이는 학습 경험을 할 수 없다. 그렇지만 경험적인 기반은 매우 중요하다. 그것은 어떤 엄격한 법칙도 고수하도록 환자들에게 요구하지 않기 때문에 치료 장면에서 보다 쉽게 사용될 수 있다.

마지막으로, 대부분의 치료적 접근이 배우기 어렵다는 점을 인정하는 것이 유용하다. 또한 어떤 접근법에서 가르침의 한 부분을 차지하는 (경험적인 학습으로부터) 이론적인 학습이 지니는 상대적인 가치를 분리해 내는 것은 불가능하다. 이는 실제로 한 정신분석가를 효과적이게 만드는 것이 그가 정신분석 이론에 정통한 것인지, 아니면 7년간 개인 심리분석을 한 것인지 알 수 없는 것과 마찬가지다.

프로토콜

어떤 비평가는 에릭슨식 접근이 임상가를 지도해 줄 어떤 분명한 치료 프로토콜을 제공하지 않는다고 지적한다. 이것은 사실이다. 실제로 에릭슨은 'X'라는 환자에 대한 심리치료가 'Y'라는 환자에게는 심리치료가 되지 않는다고 단언하기 위해 무척이나 노력했다. 공황장애와 같은 문제에 직면했을 때, 그는 순차적으로 치료 단계를 진행시키지 않았다. 그는 어떠한 프로토콜도 개개인 환자의 능력, 강점, 자원을 고려할 수 없다고 판단하였다. 모든 치료 프로토콜은 환자의 전체적인 모습이 아니라 확인된 증상에만 초점을 두고 있다. 프로토콜은 증상의 체계적인 기능을 검토할 수 없다. 프로토콜은 모든 아기를 겸자로 분만하는 것과 유사하다. 프로토콜을 통해 개인은 마치 다른 사람과 전혀 다르지 않은 것처럼 치료를 받는데, 이는 저항을 일으키며 치료과정을 혼란에 빠뜨린다. 치료 프로토콜은 에릭슨의 철학과는 대조적이다.

그러나 에릭슨식 치료를 하고자 하는 학생들에게 지침이 없는 것은 아니다. 치료 매뉴얼이 되는 어떤 방식도 나와 있지 않은 이 책은 최면과 그 적용을 개관하고, 몇몇 기법을 고찰하며, 여섯 개의 중요한 원리를 기술하였다. 에릭슨과 그의 작업에 대한 100개 이상의 책들이 있다. 에릭슨식의 접근법을 훈련시키는 기관은 전 세계에 75개 이상이 있다. 피닉스에 있는 밀튼 H. 에릭슨 재단은 5일간 지속되는 집중적인 훈련 모듈을 제공하는데, 초급 단계, 중급 단계, 고급 실습자 과정까지 마련이 되어 있다. 아울러 유명한 에릭슨 전문가들이 전문가들을 훈련하기 위해서 전 세계를 돌아다닌다.

이러한 많은 학습 기회를 통해 초심 실습자들은 가장 중요한 메시지를 반복적으로 들을 것이다. 당신의 환자에게 면밀한 관심을 기울여라. 환자의 문제, 현상, 타고난 자원, 변화의 준비, 반응 상태를 이해하기 위한 독특한 원천은 바로 당신의 환자다. 만약에 실습자가 개인차에 주의를 기울이고, 2장에서 언급했던 원리들을 명심하여 에릭슨이 개발한 다수의 기법들에 익숙해지면 효과적인 개입을 훨씬 순조롭게 진행할 수 있을 것이다.

간단히 말해서, 치료 선택과정에서 추진력은 증상, 이론, 그리고 치료자의 이론적 선호에서 나오는 것이 아니라, 바로 '환자'로부터 나온다. 본질적으로 위의 진술은 '과정'이라는 측면에 있어 다른 치료 모형들과 다른 점이다. 다른 모형들은 치료자가 예측할 수 있게 해 준다. 합리적 정서행동치료(인지행동적 모델)는 정서적인 반응과 뒤이어 나오는 행동 모두를 매개하는 특정한 사고 유형을 치료자가 찾도록 한다. 체계적 둔감법(행동적 접근)은 치료자가 불안 반응을 유발하는 위계적 자극을 찾아내어 치료 계획을 준비할 수 있게 한다. 에릭슨식 모델은 치료자에게 무엇을 예상하는 것이 아니라 어디를 볼지에 대해 말해 준다. 치료는 환자의 고유한 경험 패턴에 초점을 맞춘다.

재차 말하지만, 에릭슨의 이러한 방식이 비판 받는 것은 초심 임상가들에게 프로토콜이나 분명한 치료 모델을 제공해주지 않기 때문이다. 이 접근의 철학에 따르면, 프로토콜들과 단순한 패러다임의 적용은 불가능하다. 그러나 에릭슨식 방법은 본질적으로 광범위하게 적용할 수 있는 접근법이다. 그리고 단순성의 상실은 넓은 적용 가능성으로 인해 치러야 할 대가다.

윤리적 비판

에릭슨식 접근은 적어도 어떤 측면들에서는 윤리적인 의심을 받는다. 특히 접근이 조작적이고, 지시적이며, 피상적이라는 비난을 받는다. 조작적이고 지시적이라는 비판은 덧붙임, 즉 다른 어떤 이론적 도식에서는 금지된 접근을 한다는 것에 대한 비판이다. 피상적이라 함은 누락하는 것 이상으로, 그 접근이 완전한 치료를 제공하는 데 필수적이라고 여겨지는 것들을 하지 않는다는 믿음을 반영한다.

개관
모든 접근은 치료에 대한 구체적인 기준을 갖고 있다. 치료에 대한 기준은 접근의 한계 내에서 할 수 있는 것의 범위를 정한다. 에릭슨식 치료는 광범위하게 받아들여지는 치료적 접근에서 벗어나 그러한 접근법의 일부 의견과 요구 조건을 위배한다. 그러한 특정한 위반이 해가 되지는 않는지, 실제로 환자를 돕는지, 그것이 단순히 문제 해결에 대한 다른 철학을 반영하는 것인지 아닌지를 평가해야 한다. Lowen의 생물 에너지적 분석은 정신분석적 접근에서 말하는 신체적 접촉의 경계선을 엄청나게 넘고 있지만, 환자들은 신체적인 접촉에서 생기는 분명한 해로운 영향 없이 이 접근을 통해 계속 도움을 받고 있다. 정신분석의 맥락에 Lowen의 접근에서와 동일한 정도의 접촉이 있다면, 그것이 환자/분석가 관계에 큰 해를 끼쳐서 효과적인 분석이 불가능하게 될 수 있다.

그렇지만 보편적인 윤리적 고려 사항이 있다. 예를 들어, 환자와의 성적 접촉은 보편적으로 금지되어 있으며, 어떠한 이론적 · 비이론적인 접근에서도 지지되지 않는다. 환자의 비밀을 유지하는 것은 미국에서 심지어 법으로까지 명기된 또 다른 윤리적 기준이다. 또한 보편적으로 받아들여지는 다양한 다른 윤리적인 고려 사항들이 있다. 이러한 윤리적 기준 중에서 어떠한 것도 에릭슨식 접근에 대한 비판으로는 제기되지 않았다.

에릭슨은 최면에 있어서 가능한 해로운 영향과 잠재적인 남용, 특히 부적절한 조작에 관한 수많은 염려를 잘 알고 있었다. 그는 개인적인 윤리 기준을 강하게 표현하면서 이 같은 우려에 대해 연구하였다. 1932년에 에릭슨은 *Journal of Abnormal and Social Psychology*에 논문을 냈는데, 거기에서 그는 최면의 해로운 영향에 대한 모든 가능성을 개관했다. 최면은 성격을 노예화시키고, 의지력을 파괴하며, 순진한 내담자를 자동화시킨다는 것이 그 당시 최면에 대한 우려였다. 당시의 어떤 연구문헌도 그러한 혐의를 경험적으로 검증하지 않았다. 에릭슨은 최면에 걸린 사람들이 과도한 피암시성, 성격 변화, 현실과 환상을 구별하는 능력의 상실, 건강하지 못한 정신적 태도 혹은 도피 기제와 같은 문제를 발달시킬 수 있는지를 검토하였다. 그의 표본 집단은 대략 300명의 각기 다른 피험자와 함께한 작업이었으며, 그중 몇몇은 4~6년 동안 500번 이상의 최면을 받았다. 그리고 그는 이러한 우려를 입증하는 어떤 사례도 발견할 수 없었다.

흔히 최면을 받은 사람들이 반사회적 혹은 자신의 가치와는 다른 방식으로 행동하도록 유도되거나 강요될 수 있다는 염려가 있다. 에릭슨(1939)은 정상적으로 깨어 있을 때와 최면 상태에서 내담자의 행동을 비교하는 통제 연구를 발표했다. 피험자들에게는 비윤리적 혹은 자신의 욕구에 위배되는 과제가 주어졌다. 모든 경우에 그들은 최면 상태에서 순응하기를 거부했다. 어떤 경우에는 깨어 있는 상태에서 더 잘 순응했으며, 최면 상태에서는 부적당한 요구에 대해 짜증스러움을 더 잘 표현하였다. 에릭슨은 최면에 걸린 사람에게 자기 또는 타인에 대해 나쁜 행동을 하도록 유도하는 데 최면이 잘못 사용될 수 없다는 결론을 내렸다.

조작적

에릭슨식 심리치료가 조작적이라는 비판은 어느 정도는 정보에 입각한 동의(informed consent)를 둘러싼 문제로부터 나왔다. 에릭슨식 접근은 다양한 수준에서의 의사소통을 강조하며, 자원을 동원하기 위해 무의식적인 마음을 이용한다. 의식적인 자각을 넘어선 치료적 효과는 이러한 방법들에서 나온다. 그렇다면 실제로 '정보를 전달받는 것'이 의식이라면 어떻게 정보에 입각한 동의를 할 수 있을까?

이것은 치료과정에 내재된 갈등으로 인해 악화되는 복잡한 문제다. 그 이유가 무엇이든지, 환자가 혼자서 의식적인 영향을 줄 수 없는 변화를 추구하고 있다는 사실에서 갈등이 생겨난다. 무의식적인 자원을 동원하는 에릭슨식 개입이 많은 경우, 정보에 입각한 동의를 얻는 것이 개입을 비효과적으로 만드는 것은 당연하다. 예를 들어, 존은 대학에 들어가기 위해 집을 나오겠다는 주장을 하려 했지만 부모의 회피적인 반응을 오랫동안 인식하였기 때문에 이사라는 실제 단계까지 밟지 못할 수 있다. 그가 부모에 맞서야 한다고 제안하는 직접적인 접근은 때 이른 직면이기 때문에 결국 그것이

거절되는 결과를 가져올 것이다. 그러나 영국의 왕 조지로부터 떠나온 미국에 대한 역사적인 은유(특히 존이 애국자이거나 미국의 독립전쟁을 옹호하는 사람이라면)를 들어, 자연스러운 갈등과 두 국가가 누리는 궁극적인 협력 및 존중을 예로 든다면 매우 다른 결과를 가져올 수 있다. 이 사례에서 정보에 입각한 동의를 한다면 그것은 다양한 수준의 은유기법이 그의 행동에 영향을 주는 데 사용될 것이고, 그래서 그의 상황을 새로운 방식으로 사고하게 될 것이며, 결국 양가적으로 느끼던 행동을 실행하면서 부모로부터 독립하게 될 것이라고 존에게 명백하게 이야기해 주어야 한다. 그러면 존은 허락을 하겠지만, 은유적 개입의 효과성은 심각하게 손상될 수 있다.

은유는 조작적인가? 확실하다. 존의 선택이 단지 부모의 의견을 따르지 않는 것 이상이 되게 하기 위해서, 이러한 개입은 존의 선택을 신중하게 재구성해야 했다. 그것은 존에게 선택의 기회를 준 것이며, 그렇지 않았으면 그가 느끼는 스트레스는 매우 컸을지도 모른다. 실용적인 견지에서 조작은 정확하게 존이 치료에서 얻고자 한 것이었다. 그는 치료를 받으러 오기 전에 가족의 평화와 개인적 성장을 위한 자신의 욕구가 갈등이 된다는 것을 알고 있었다. 존을 비롯해 다른 모든 자발적인 환자들은 그 내적인 막힌 상태(변화에 대한 저항)를 이미 경험했으며, 교착 상태를 깨뜨리기 위해 의식적으로 치료를 받기로 선택한 것이다. 단순히 그에게 집에서 계속해서 고통을 겪거나 혹은 갈등에 직면해야 한다고 알려주는 치료는 전혀 치료가 아니다.

치료에 대한 동의 개념이 생긴 의학 장면에서 이러한 역학 관계는 매우 다르다. 예를 들어, 환자는 자신의 가슴 통증을 치료할 수 없기 때문에 의학적 도움을 구한다. 진단과 추천되는 절차(심장 절개술)를 환자에게 설명하고, 잠재적인 이점과 위험성도 함께 설명해 준다. 절차에 대한 환자의 전체적인 이해는 절차의 효과성을 급진적으로 변화시키지 않아야 하며, 절차의 진행 여부를 환자가 선택해야 한다고 가정한다.

하지만 심리치료 영역에서는 특정한 경우에 한해 세부적인 절차상의 동의가 금기시된다. 의식적인 자각들 간에는 구분이 있다. '자의식적인' 자각(self-conscious awareness)이라고 표현될 수 있는데, 이는 단순한 개입 경험을 넘어서 개입과정에서 자기 자신을 관찰하는 것이다. 앞의 존의 예를 사용해 보면, (정보에 입각한 동의 없이) 은유 제시에 따른 의식적인 자각은 스스로 결정할 권한이 있음을 깨닫는 것과 부모와의 갈등에 직면하는 것에 손익이 모두 있을 수 있음을 넓은 마음으로 이해하는 것이다. 동일한 개입 후에는 다음과 같은 부정적인 '자의식적'(정보에 입각한 동의를 받은) 자각이 경험될지도 모른다. "나를 조지 워싱턴이나 뭐 그런 것으로 생각하나 본데요. 조지 워싱턴에게는 별일이 아니겠지요. 그

는 직업이 있었고, 머무를 곳이 있었으며, 자기 결정을 지지
해 주는 아내가 있었습니다. 내가 엄마나 아빠에게 직면하는
데 어떤 것이 도움이 되죠?" 환자가 '자의식적인' 자각으로
부터 도움을 가장 잘 받을 수 있는 시기를 결정하는 데에는
치료자의 신중함이 요구된다.

어떤 접근들에서는 전체적인 절차를 설명해 주는 것이 '자
의식적인' 자각으로부터 이득을 얻는 데 도움이 된다. 예를
들어, 안구운동 둔감화와 재생법(Eye Movement Desengitiza-
tion and Reprocessing: EMDR)은 환자에게 그들이 영향받을
수 있는 시행 절차와 방법에 대해 세부적으로 설명해 줌으로
써 환자가 개입과정과 관련되어 있는 내적인 경험을 지각하
고 그것을 치료자에게 보고할 수 있도록 해 준다.

요약하자면, 에릭슨식 치료는 조작적이라고 비판받아 왔
는데, 조작적이란 말은 타당하다. 모든 효과적인 치료들은
어느 정도는 조작적이라는 것이 저자들의 입장이며, '조작'
이라는 용어에 일반적으로 부여되는 부정적인 함의 이상을
보기를, 그리고 주어진 조작이 유익한지 아닌지를 보기를
조언하고 싶다. 여러 기법 중에서 가장 최소한도로 끼어드
는 로저스식의 접근법조차 환자를 이끌어 내도록(환자가 말
을 더 하도록 조작하는 것) 조정하는 반영적인 경청방법을 사
용한다. 다양한 에릭슨식 조작법처럼 로저스식 조작법은 환
자를 도와주는 데 사용되며, 그것은 실제로 환자가 치료에

서 추구하는 것이다.

지시적

에릭슨식 치료는 지시적이기 때문에 비판을 받아 왔다. 이 것은 환자가 치료의 속도와 방향을 정하는 데에서 나오는 비 판이다. 로저스식(내담자중심) 치료에서 환자는 치료자가 무 조건적인 긍정적 존중, 진실성과 공감으로 반응하는 맥락 속 에서 자신의 감정에 대해 이야기하도록 격려받는다. 치료자 는 그 이상으로, 개인적으로는 가능한 한 끼어들지 않도록 장려된다. 이론은 이러한 조건들이 내담자의 자기 발견에 도 움이 되며, 그 결과 내담자의 성장을 가져올 것이라고 여긴 다. 유사하게, 정신역동적 접근에서 치료자는 전이과정을 촉 진시키기 위해서 흐릿한 (정체를 알 수 없는) 대상이 되는데, 이는 분석가/환자 관계에 대한 환자의 내적인 갈등을 투사시 킨다. 두 가지 접근에서 지시를 하는 것은 과정을 혼란스럽 게 할 것이며, 실제로는 절차상 그리고 심지어 윤리적으로도 위배가 될 것이다.

다른 접근들은 꽤 지시적이며, 지시적이지 않다면 효과가 없을 것이다. 합리적 정서행동치료는 변화를 시작하거나 꾀 하기 위해 행동 과제를 사용한다. 분명한 것은 지시 내리기의 장점이 어떤 치료적 접근법이냐에 따라 달라진다는 것이다.

Yapko는 지시적인 에릭슨식 심리치료와 관련된 우려에 대해 다음과 같이 적절하게 기술했다.

비평가들은 지시적인 접근이 조작적이라고 종종 주장한다. 즉, 내담자들이 마치 치료자의 게임판에서 움직이는 체스 말처럼 다루어진다는 것이다. 비평가들은 지시적인 치료를 하는 것이 내담자가 처치 전략의 이유나 예측되는 결과에 대해 충분히 듣지 못하기 때문에 비윤리적일 수 있다고 주장한다(따라서 처치에 대해 진정한 정보에 근거한 동의를 가로막는다).

실제로 치료에 대해 지시적인 접근이 적절하게 사용되었을 때, 이러한 접근들은 내담자의 욕구와 능력에 너무 완벽하게 초점을 맞추어서 더 이상 어떠한 인간중심 접근도 가능하지 않는 것처럼 보인다. 목표를 선택하는 사람도 내담자이고 개인적 참조 틀에 의해서 완벽하게 수용되는 사람도 내담자다. 게다가 내담자는 치료에서 수행되는 것과 수행되지 않는 것을 통제하는 힘을 가진다. 거의 모든 다른 치료 양식에서 그런 것처럼 말이다. 지시적인 기법의 주된 이점은 경험적인 학습, 즉 가장 중요하고 기억할 만한 학습이 실제 삶의 맥락에서 발생하는 것을 인정하고 강조하는 것이다(Yapko, 1990: 380).

지시적인 접근이나 기법을 비판하는 사람들은 자기 참조적인 성장과정이 치료자의 끼어드는 지시로 인해 혼란스러

위질까 염려한다. 또한 치료자 자신의 가치를 취약한 환자에게 부과할 수 있다는 우려를 한다. 2장에서 우리는 에릭슨이 자신의 의견을 환자에게 드러내는 것을 인용했다. 에릭슨은 왜 자신이 소극적인 태도를 취해야 하며, 잠재적으로 환자의 삶을 파괴할 누군가를 묵인하고 말을 하면 안 되는지 의문을 가졌다. 에릭슨은 자기가 지시하고 의견을 내놓았던 몇몇 사례들을 제시하였다. 우리가 2장에서 에릭슨의 축어록을 인용했던 이유는 그의 말들에 환자에 대한 돌봄(자신의 의견을 중요시하는 것이 아니라), 환자가 의견이나 지시를 듣고 어떻게 나아갈지 스스로 결정할 수 있는 능력과 자율성을 지닌다는 그의 존중이 담겨 있기 때문이었다.

에릭슨식 치료는 종종 지시적이다. 그러한 지시들은 환자의 호소문제에 영향을 줄 뿐만 아니라 체계적인 변화를 가져오는 자기 지각을 변경시킬 수 있었다. 그러므로 모든 지시적인 접근이 문제가 있다는 생각은 전혀 타당하지 않다.

피상적

에릭슨식 접근은 단순하고, 통찰의 발달보다는 오히려 증상의 경감에 초점을 맞추기 때문에 피상적이라고 평가받기도 한다. 여기에서 검토되는 다른 비판들처럼, 대부분의 경우에 치료가 실제로 짧고 통찰의 발달을 고려하지 않으면서 문제 해결을 추구한다는 점은 인정된다. 피상성에 대한 주장

이 타당한지 아닌지를 평가할 때는, 그 접근이 정말로 부적
절한지(환자를 돌보지 않는 것)를 평가해야 한다.

Yapko(1990)는 피상성 문제에 대한 글을 썼다. 그는 짧고
지시적인 접근을 얘기하고 있다.

> ······ 통찰보다는 경험적인 학습을 통해서 잠재해 있는 역
> 동을 다루는 능력을 갖는 것이다. 그러한 학습은 다차원적이
> 고 새로운 지적 이해에만 한정되지 않는다. 비평가들은 대개
> 성장과정 대신에 해결책과 결과를 강조하는 것을 싫어하지
> 만, 성장이 오랜 문제에 대한 새로운 해결책을 점차적으로 개
> 발하는 것과 관련된다는 것을 종종 인식하지 못한다(Yapko,
> 1990: 380-381).

Zeig는 에릭슨식 치료가 통찰을 버렸기 때문에 피상적이
라는 비판에 대해 다음과 같이 썼다.

> ······ 에릭슨식 치료자들은 증상을 다룰 때 눈덩이 효과
> (snowballing effect)를 기대한다. 증상에 대해 극복할 수 있
> 다는 자신감을 갖는 것은 환자를 어쩔 수 없다는 마음에서
> 벗어나게 한다. 그 결과로 환자의 사회적 체계를 포함해서
> 환자의 삶의 다른 측면에 유익한 영향이 있을 수 있다······.
> 심리적인 통찰은 (다른 관점에서 보면) 에릭슨식 접근과는 대조

적인 것으로 보인다. 에릭슨식 접근에서는 의식적인 이해를 건너뛰고 환자의 무의식적인 이해를 자극시키는 방향으로 나아간다. 실제로 통찰은 에릭슨식 방법론 내에서 사용될 수 있다. 다만 그것은 건강을 증진시키는 많은 방법 중 하나일 뿐이다. 만약에 통찰이 변화를 촉진시키기 위해 사용될 수 있다면, 에릭슨은 그것을 활용했을 것이다. 그러나 좀 더 자주 왜 그런지를 이해하는 것이 어떻게 다르게 행동해야 하는지를 찾는 데는 도움이 되지 않는다……. 변화는 통찰과는 독립적이다(Zeig, 1990b: 375-376).

통찰에 관한, Lankton(1990)의 의견은 다음과 같다. "변화는 새로운 행동이 가져온 학습에서 생기는 것이지, 통찰이나 이해로부터 나오는 것이 아니다."(p. 365)

에릭슨식 치료가 피상적이라는 비판은 잘못되었다. 이 방법을 실천하는 저명한 임상가들은 전략적 개입이 뿌리 깊은 역기능적인 패턴을 무너뜨리는 효과를 지니고 있으며, 결과적으로 꽤 역동적일 수 있는 이차적 변화를 유도한다고 단언한다. 예를 들어, 에릭슨(1960)은 체중이 240파운드나 나가고, 수년간 다이어트를 시도했으나 실패해 온 한 여성의 이야기를 했다. 최면을 하는 동안 그는 그녀에게 암시를 주었다. 그녀에게 의사가 처방한 식이요법을 따르게 하고, 그녀가 먹으려고 자리에 앉았을 때 몇 시간 동안 음식이 계속 있는 것처럼 보이게 하는 방식으로 시간 왜곡을 경험하게 했다. 그녀는 그 회기가 있은 지 9개월 뒤에 120파운드를 감량한 상태로 시간 왜곡이 효력이 있었음을 보고하려고 왔는데, 사회적 활동이나 여가 활동 역시도 이전보다 더 만족스러워했다. 짧은 치료였다. 통찰은 없었다. 체계적인 향상이 있었다.

마지막으로, 우리는 에릭슨의 작업이나 접근이 덧붙임이나 누락 때문에 비윤리적이라는 생각과 관련해서 그것이 완전히 지지받지 못한다고 단호하게 말하고 싶다. 에릭슨의 접근은 보편적으로 적용되는 어떠한 윤리적 기준에도 거의 위배되지 않는다. 이 접근은 다른 접근에서 적용하는 지침으로부터는 벗어나 있지만, 그러한 지침은 특정한 이론적 토대와 기법적인 기제에만 해당되는 지침들이다.

개인적인 비판

다음의 비판들은 에릭슨이나 그의 성실함에 대한 공격은 아닐지라도 그가 한 일보다는 그가 어떤 사람이냐는 것에서 나온 것이다. 따라서 우리는 그 비판들을 개인적인 것으로 여기기로 하였다. 구체적으로 살펴보면, 이러한 비판은 그가 숭배 대상자이며 카리스마적인 사람으로, 그가 한 작업은 다른 사람들이 힐 수 없나는 것이다.

1장을 읽은 사람들은 에릭슨이 눈부신 성과로 가득 찬 놀랍고 흥미로운 삶을 살았다는 것을 안다. 그는 유머감각이 있었고, 사람들과 그 삶에 대해 강한 흥미를 가졌으며, 호기심과 재능을 발휘한 선구자였다. 전체적으로 볼 때, 이러한 특성들은 실제로 그가 교육자, 상담자, 멘토, 치료자가 되게 만들었다. 이에 대한 악평은 그가 명성을 바라는 대신에 지식의 창출에 공헌했어야 한다는 것이다. 하지만 실제로 사람들의 주목을 끈 것은 에릭슨이라는 사람이 아닌 그가 이룬 성취였다고 할 수 있다. 그가 죽은 이후에 1만 명 이상의 전문가들이 에릭슨식 방법의 심리치료만을 다룬 6개의 국제학회에 참석했기 때문이다. 게다가 에릭슨은 자신의 개인적 노력보다는 제자들의 저술로 더 유명해졌다.

숭배

확실히 에릭슨이 숭배의 대상자인지 아닌지를 평가하기 위해서는 그 용어가 의미하는 것을 정의해야 한다. 대부분의 숭배 대상자들은 카리스마적이고, 철학 혹은 선동하는 신념(그리고 자신의 추종자들이 신봉하길 요구하는 신념)이 있으며, 추종자들이 심지어 가족보다 자신에게 더욱 충성을 하도록 장려하며, 추종자들을 적극적으로 모집하는 데 관여한다.

에릭슨은 처음 두 개의 특징에 들어맞는 것으로 보이는데, 그가 카리스마적이고 배우러 오는 사람들을 기꺼이 가르치려고 했다는 점에서 그러하다. 그러나 그런 개인적인 매력은 에릭슨을 추종하는 사람들이 생겨나게 하는 데 그리 중요한 이유는 아닌 것 같다. 이 책의 저자 중 한 사람(Munion)은 에릭슨을 만난 적이 없지만 '카리스마적'이라고 할 수 없는 그의 지적 유산이나 치료적 개념들에 매우 큰 관심을 가지고 있다. 사람들의 비판에 가장 적당한 설명은 에릭슨이 심리치료에 대해 거역하지 못할 영향력을 가진 카리스마적인 사람이라는 것이다.

에릭슨은 무수한 강의, 시연, 연구, 저술, 공동 저술을 통해 자기의 생각을 드러냈다. 그러므로 그가 자신의 철학과 신념을 촉진시켰다는 생각은 타당하다. 그렇지만 그의 생각에 내재해 있는 것은 개개의 환자들을 항상 그의 개인적 참조 틀에서 만나야 한다는 것이다. 에릭슨의 교육방법은 독단과는 정반대이며, 연구자들은 그가 창안해 낸 어떤 방법도 공식화하기 어려웠다. 그는 학생들이 자신의 환자가 어떤 사람인지에 주목하고 환자들이 치료적 만남에 가져오는 자원들에 주의를 기울이도록 격려하는 것에 관심을 두었지, 다른 사람들이 자신이 하는 것처럼 치료를 진행시키려 하는지 여부에는 무관심한 것처럼 보였다.

에릭슨이 그의 학생들이나 환자들에게 충성을 요구했다는 것을 보여 주는 예는 어디에도 없다. 그는 가족의 가치를 높이 평가했으며, 의사들이 귀담아 듣지 않았을 때에도 가족치료를 했다. 학대적인 관계에서 희생되는 누군가가 자신이 대안을 가지고 있음을 깨닫도록 적절한 상황에서 도와줄 수는 있겠지만, 환자를 대신해서 인생을 선택해 주는 것은 그의 방식이 아니다.

에릭슨이 추종자들을 얻으려고 했는지 안했는지에 대한 질문에 답해 보자면, 에릭슨을 잘 알고 있던 Zeig는 다음과 같이 얘기했다. "에릭슨은 개성의 중요성을 확고하게 믿는 사람이며, 모방을 높이 평가하지 않았다. 그는 사람들이 그들만의 고유한 스타일을 발달시키는 것을 선호했다."(Zeig, 1990b: 375)

에릭슨은 숭배 대상자였을까? 그는 심리치료의 주요 접근법들을 만든 다른 창시자들 그 이상도 이하도 아니다. 어떠한 교육자나 강한 영향을 주는 혁신가도 자연적으로 추종자를 갖는다. 숭배는 (적어도 경멸적인 의미에서) 카리스마나 교육 혹은 신념 체계에서 나온 것이 아니라 그런 구성 요소들을 잘못 사용하는 데서 나오는 것 같다.

모두가 그가 한 것을 할 수 있는 것은 아니다

이 부분 전체를 '맞다' 는 말 하나로 요약하고 그대로 두고 싶은 생각이 든다. 비판의 요지는 그의 카리스마적인 특성이 치료를 효과적으로 만들었던 것이며, 다른 사람들은 그렇게 할 수 없다는 것이다. 에릭슨은 아마도 동의를 하겠지만, 반드시 카리스마 때문은 아니다. 그가 동의하는 이유는 아마도 자신의 고유한 재능과 약점이 다른 사람들의 그것과는 다르다고 보았기 때문일 것이다. 그러므로 분명한 것은 아무도 그와 똑같은 방식으로 효과적일 수 없다는 것이다. 예를 들어, 어떤 사람이 에릭슨에게 자신의 자신감을 향상시켜 달라고 부탁을 했다면, 에릭슨은 밧줄로 된 다리 건너기, 암벽 오르기 그리고 절벽에서 자일로 하강하기의 방법을 보여 주지만 내담자가 이런 행동들을 하도록 도와주지는 않을 것이다. 모험에 기반한 그런 프로그램이 실제로 있고, 참여자들은 활동 참가가 변화하는 과정이 될 수 있다고 보고하기도 한다. 그러나 에릭슨은 말년기의 상당 부분 동안 휠체어 신세를 지고 있었다. 그래서 그는 또 다른 방식을 찾아냈는지도 모른다. 내담자의 자원을 활용할 뿐만 아니라 자신의 치료적 강점을 활용하는 것이었다. 그는 개성을 아주 높이 평가했으며, 그의 치료는 각 환자의 고유한 강점에 초점을 두었다. 따라서 그가 치료자들마다 독특한 방식으로 자연스럽게 치료를 하리라 기대했다는 데 대해 아무도 이의를 제기할 수 없다.

아마도 의문에 대한 보다 적절한 해답은 그를 카리스마적이게 만드는 그러한 특성이 (1) 다른 치료자가 배울 수 있는 것인지, (2) 에릭슨의 접근법에서 없어서는 안 될 기본적인 것인지에 대한 것이다. 우리는 앞에서 카리스마에 대해 어느 정도 다루었다. 에릭슨의 삶은 흥미로운 경험과 성과물의 집합이었다. 그는 쾌활한 유머감각을 가진 사람이었고, 사람과 그 삶에 강한 관심을 가졌으며, 호기심과 재능으로 가득 찬 선구자였다.

경험, 성취 그리고 재능은 쉽게 얻을 수 있는 것이 아니지만 사람들에게 흥미를 갖게 만들며, 이는 카리스마의 중요한 구성 요소가 되는 것 같다. 놀기 좋아하는 쾌활한 면 역시 에릭슨의 매우 매력적인 측면이며, 또 그는 실제로도 그러했다. 그렇지만 정말로 그를 흥미 있게 하고 매력 있게 만드는 것은 그가 사람들에게 관심을 가졌다는 점이다. 즉, 자기에게 빠져 있지 않고 '타인'에게 진실한 관심을 집중하는 것이다. 저자들은 다음과 같이 제안한다. 개인적 속성에서 볼 때, 만약 치료자가 진실로 환자와 환자의 삶에 관심을 갖게 되면, 치료자는 에릭슨식 심리치료를 하기 위한 충분한 '카리스마'를 갖게 될 것이다.

타인들에 대한 에릭슨의 개인적 매력이 그의 치료 효과에 필수적인지 아닌지에 대해서는 항상 그렇지는 않다고 확실히 말할 수 있다. 에릭슨이 환자를 고의로 불쾌하게 하거나 퉁명스럽게 했던 사례가 문서로 잘 기록되어 있다. 기이하게도, 이는 특정 사례에서는 효과적인 접근인 것처럼 보인다. 그것은 신중한 관찰의 중요성과 환자를 그들의 특별한 참조 틀 안에서 만나고자 하는 의지가 중요하다는 것을 다시금 보여 준다.

만약에 전문가 학회 모임과 훈련에 참석하는 것이 얼마나 많은 치료자가 에릭슨식 접근법의 구성 요소를 자신들의 치료에 사용하는지를 나타내는 타당한 지표라면, 매우 많은 사람들이 어느 정도는 에릭슨이 한 것을 할 수 있다는 상당한 증거가 된다. 실제로 각각의 환자들을 고유한 개인으로 보고 환자의 독특한 자원과 욕구에 맞도록 치료를 준비하는 치료자라면, 에릭슨이 할 수 있는 것을 정확하게 해낼 수 있을 것이다. 남은 것은 적절한 기법적 기술을 습득하는 것이다.

실제로 앞서 말한 어떤 추론은 논쟁적이며 과장되어 있다. 모두가 에릭슨이 한 것을 할 수 있는 것은 아니다. 에릭슨은 천재였으며, 그에 대해서는 의심의 여지가 없다. 오직 드물게 몇 명만이 천재성을 지닌다. 에릭슨의 학생들 중 어느 누구도 완벽하게, 심지어 단순하게 최면을 유도하는 것조차 그와 똑같은 효과를 낼 수 없었다. 그렇지만 저자들은 '천재'라는 말을 초심자들을 놀라 달아나게 하는 별칭으로 사용하길 원하지 않는다. 천재는 다양한 방식으로 세부적인 곳에 주의를 기울이며 자신의 창의성을 결합시킨다. 만약에 에릭슨을 남다른 천재로 단순히 생각해 버린다면, 우리는 자신의 창의성과 세부적인 면에 주의를 기울이는 능력을 발달시킬 기회를 잃어버릴 수 있다.

접근의 한계

에릭슨식 접근은 제한적인 집단이나 몇몇 문제들에만 적

용 가능할 뿐이라는 비판을 받기도 한다. 또한 에릭슨식 치료를 한다면 치료자들이 생계를 유지하기 위해서 많은 환자가 필요할 것이라는 말도 있다. 이러한 비판들의 타당성을 결정하려면 대강의 문헌 검토가 필요하다.

적용 가능성

몇몇 비판가들은 에릭슨식 접근법이 그 적용에 있어 제한적이라고 비난한다. 즉, 어떤 환자 집단에만 효과적이라는 것이다. 아마도 이 염려를 증명할 가장 단순한 방법은 에릭슨의 사례 연구를 개관하고 요약한 O'Hanlon과 Hexum (1990)의 *An Uncommon Casebook*을 검토해 보는 것뿐이다. 그들은 에릭슨이 역사적으로 어떤 다른 치료자들보다 연구논문에 많은 사례를 추가했다는 것을 발견해 냈다. 책에서는 사례 연구를 여러 부분—습관과 강박, 신체적 문제와 고통, 성적인 문제, 수면문제, 공포증과 정서적 문제, 인지와 의사소통 문제, 부부·가족·관계 문제, 심각한 행동과 인지 장애, 그리고 다른 여러 가지 문제들—으로 나누었다. 이 문제의 범위를 살펴보면, 이보다 더 폭넓게 적용 가능한 다른 어떤 접근을 떠올리기는 어렵다.

아마도 적용 가능성을 염려하는 사람들은 치료자가 최면 유도를 하는 동안에 그의 직접적인 암시를 통해 의자에 차분히 앉아서 수동적으로 치료되어야 하는 사람들에 대해 엄격하게 생각하고 있을 것이다. 그 환자 집단은 실제로 꽤 작을 수 있지만, 에릭슨의 작업이 그러한 집단이나 접근에 분명하게 제한된 것은 아니다. 에릭슨은 의학적인 문제를 심리적인 문제와 분리하려 주의하면서도, 사실상 어떠한 종류의 심리적인 호소라도 환자의 참조 틀 내에서 기꺼이 마주하려고 했다. 많은 사례에서 최면은 필요치 않았다.

개입을 할 때 에릭슨은 환자 기능의 어떤 측면이라도 기꺼이 활용하려고 했기 때문에 다른 접근들이 할 수 없었던 방식으로 사람들을 치료하는 유연성을 갖고 있었다. 전통적인 정신분석은 짧게 할 수 없으며, 자원이 빈약한 사람들에게는 거의 쓸모가 없다. 인지적 접근은 정신지체 환자들과 작업하기는 조금 힘들다. 행동적 접근은 부부문제를 다루는 커플들을 돕기에는 유용하지 않다. 요컨대, 최면유도는 여러 경우에 부적절할 수 있으나, 에릭슨식 접근은 최면 그 이상이며, 실제로 거의 보편적으로 적용 가능하다.

생계 유지하기

에릭슨식의 심리치료를 할 수 있는 사람이라면 생계를 위해서 많은 환자가 필요할 것이라는 비판이 있다. 이러한 특별한 비판은 다소 '조롱하는 투'가 담겨 있음에 틀림없으며, 에릭슨식 개입이 종종 빨리 효과를 보기 때문에 환자들의 치료가 빨리 종결되어 수입이 적어질 수밖에 없다는 말이다.

뭐가 더 나을 수 있다는 말인가? 여전히 고통받는 사람이 많아서 찾아올 사람들이 지속적으로 있다는 것은 거의 의심할 여지가 없다.

연구문헌을 검토해 보면, 에릭슨의 수많은 개입들은 몇 회기로, 심지어 단 한 회기로 짧게 끝난다는 것을 알 수 있다. 같은 문헌 리뷰에서 상당수의 환자가 여러 달, 심지어 몇 년 만에 간헐적으로 돌아온다는 것도 보여 준다. 각각의 환자의 욕구가 치료기간을 결정했다.

한 가지 주목할 점은 (똑같은 '조롱하는 투' 로) 만약 에릭슨이 환자를 너무 빨리 치료해서 자신의 발등을 찍었다면, 돈을 지불할 수 없는 사람들을 무료로 때로는 에릭슨의 집이나 사무실에서 치료에 대한 약간의 서비스를 교환하는 식으로 치료해 주어서 그가 자신의 다른 발등을 찍었다는 점이다. 이러한 유형의 교환은 환자에게 참여하는 느낌과 존엄을 갖도록 했으며, 아마도 치료 효과를 높이는 투자이기도 했다.[1] 에릭슨은 돈이 아닌 사람들의 삶에 관심이 있다고 밝혔다.

그러한 교환은 환자들에게만 한정되지 않았다. *Taproots* 에서, O'Hanlon(1987)은 자신이 어떻게 에릭슨을 만나서 배우게 되었는지를 설명했다. O'Hanlon은 돈을 벌기 위해

---

1) 물물교환(bartering)은 현재 미국심리학회(American Psychological Association)의 윤리에 의하면 비윤리적인 것이다.

정원 일을 하는 학생이었다. 에릭슨은 자신이 해 주는 교육에 대한 대가로 정원의 잡초 뽑는 일을 제안했다. 그러나 에릭슨의 모든 학생이 돈을 내거나 일을 한 것은 아니었다. Jeffrey Zeig는 6년 넘게 에릭슨의 학생이었다. 그는 에릭슨에게 지불할 돈이 없었고, 절대 돈이 청구되지도 않았다. 그는 치료를 할 경제적 여유가 없는 환자들을 돌보았고, 밀튼 H. 에릭슨 재단을 설립함으로써 에릭슨에게 도의적인 의무를 다했다.

다시 말하지만, 에릭슨은 그의 독특한 참조 틀 내에서 자신의 학생들을 만났다. 만약에 학생들의 가치 체계에서 일을 하도록 하는 것이 충분히 중요했다면, 에릭슨은 그러한 가치를 존중해 주고 기회를 주었다.

결 론

우리는 에릭슨식 심리치료 접근에 대한 수많은 비판을 개관했다. 이러한 비판들을 깊이 평가해 보니, 많은 경우에 비판이 타당하기는 하지만 좁은 관점에서만 나온 것이라고 평가된다. 에릭슨식 접근의 비이론적인 특징에 대한 비판들은 약간의 타당성을 갖고 있지만, 에릭슨식 접근이 이론적인 구조가 갖는 이점을 포기한 대신에 있었던 가치들에 대해서는 인정하지 않는다. 에릭슨식 접근의 윤리를 문제 삼는 비판들은 한 접근에 필요한 구성 요소나 가치들이 모두에게 필요하다고 가정하는 편협한 관점에서 나온 것이다. 본질적으로 에릭슨의 개인적인 특성에 초점을 맞추는 비판은 에릭슨을 제외한 누가 에릭슨식 심리치료를 할 수 있는지를 문제 삼는다. 이는 각각의 치료자들이 고유하다는 면에 있어서는 타당하다. 하지만 모든 치료자는 환자의 개인적 자원에서 나온 독특한 문제 해결방법을 탐색하고 환자 자신의 개인적 참조 틀에서 환자를 이해할 수 있어야 한다. 마지막으로, 적용할 수 있는 범위와 절대적인 치료기간과 관련된 비판들은 분명히 억측에서 나온 것으로 보인다. 이러한 비판은 잘못되었거나 비논리적이다.

5 Milton H. Erickson의 영향

…… 환자를 대할 때, 당신은 그의 현재뿐 아니라 미래에
대한 관점과 가능성까지 대하는 것이다.

Milton H. Erickson(Rossi & Ryan, 1985: 7)

이 장의 목적은 현대 심리치료 분야에 기여한 에릭슨의 업
적을 확인하는 것이다. 그는 심리치료 분야에 다음과 같은
변화를 주었다.

1. 임상적 최면술을 정식으로 인정받는 치료적 접근이 되
   도록 하였다.
2. 치료의 초점이 통찰/이해 중심에서 눈에 보이는 변화 중
   심으로 전환되었으며, 과거에서 현재와 미래의 관점으

로 전환되었다.

3. 단기적, 문제 중심적 방법에 대한 관심이 높아졌고 그것의 사용이 증가하였다.

4. 최면 개입과 심리치료의 주요 기법들 내에서 유머와 드라마의 가치가 존중받게 되었다.

5. 사람들이 기능을 하는 맥락(환경)의 유용성에 대한 관심이 증가되었다.

6. 에릭슨의 작업은 전 세계적으로 지지자들을 만들어 냈다.

7. 에릭슨의 작업은 여러 다른 학파를 파생시켰다.

에릭슨이 미친 영향을 설명하기 위해서는 근본적으로 최면 현상에 대한 그의 경험적 연구에 대해 아는 것이 중요하다. 연구에 대한 에릭슨의 관심은 당시로서는 쉽게 받아들이기 어려웠던 그의 일부 접근들을 신뢰할 수 있게 해 주었다.

에릭슨의 작업에 반대하는 입장에는 보통 두 가지 이슈가 존재한다. 하나는 비이론적(혹은 반이론적)이라는 점이고, 다른 하나는 그의 많은 연구는 사실 최면에 기반한 것이며, 이는 프로이트의 반박에 의해 이미 퇴조한 것이라는 점이다.

에릭슨의 많은 개입들은 주요 치료 학파들의 이론적 가정들과 대립하였다. 에릭슨은 이론적 관점을 배척하였는데 그 이유는 그것이 임상가들로 하여금 환자가 지닌 문제를 제한적 관점으로 보도록 한다고 믿었기 때문이다(예를 들면, 그는 지시적이었는데, 이는 정신분석과 인간 중심적 접근에서는 반대하는 부분이다). 간단하게 설명하면, 에릭슨이 환자와 문제에 대해 지녔던 견해는 이론적인 제한 없이 새로운 방법을 다양하게 적용하며 환자가 가진 문제 해결 자체를 위해 노력하는 것이었다. 이러한 개입들은 때로 매우 독특하고, 정밀하며, 위력적이고, 믿을 수 없을 만큼 간단하게 효과를 보였다. 그의 저서와 강연을 통해 그의 접근법이 알려지면서 에릭슨은 인기를 얻게 되었다. 또한 그에게 영향을 받은 여러 학파가 생겼다. 그들의 모든 접근은 간명성(parsimony) 원리에 기반한다. 그의 실제적인 접근이란 변화의 핵심 요소들에 초점을 두고 중요하지 않은 것들을 제거하는 것이었다.

에릭슨 접근의 간명성

에릭슨은 환자의 통찰이나 이해가 변화의 선행 조건은 아니라고 주장했다. 자전거를 탈 때 물리학에 대해 알 필요가 없듯이, 그는 행동을 결정할 것이라 여겨지는 무의식적인 힘에 대한 통찰 없이도 행동적 변화를 이룰 수 있다고 보았다. 에릭슨은 사람들, 그들의 자원, 능력, 삶의 환경 그리고 문제들을 세심하게 관찰했다. 그는 변화가 필연적으로 나타나고 그것이 환자의 신뢰를 얻을 수 있도록 그들의 내적인 삶과 사회적 상황을 재설정하는 것을 돕는 방법들을 고안했다. 그 과정에서 그는 다른 접근들의 이론에 도전했다. 그것은 마치

달의 특정 주기 동안에 감자의 싹눈이 위로 향하게 심어야만 감자가 자랄 수 있다는 할아버지의 미신에 그가 도전했던 것과 비슷했다. 그는 땅을 파고 감자를 심은 후 흙을 덮고 물을 준다면 할아버지가 생각하는 불필요한 과정 없이도 감자가 자랄 수 있다고 생각했다(1장 참조).

에릭슨은 변화의 핵심적인 요소뿐 아니라, 어떤 이에게는 부적절하지만 어떤 이에게는 효과적인 방법들을 알아내는 탁월한 재능을 가졌다. 예를 들면, 2장에서 우리는 내성적인 앤과 또 다른 부부의 사례를 대조해서 살펴보았다. 에릭슨은 앤의 정숙함을 고려하여 자제하면서 그녀를 치료하였다(그러한 면에 있어서 그는 거의 로저스 학파와 같았다). 그러나 또 다른 부부에게는 엄청나게 함부로 대했다. 그는 심지어 조악하고 충격적인 지시라 할지라도 그 부부가 그로부터 이득을 얻을 수 있다는 것을 알았다("……제기랄 도대체 왜 재미로 섹스하지 않는 거요? 그리고 난 후 적어도 석 달 동안 임신되지 않도록 악마에게 빌어 보세요. 자, 지금 가세요." Rossi et al., 1983: 205). 두 번째 사례에서 부부의 정숙함을 고려하는 것은 적절치 못하다고 보고, 에릭슨은 시각적인 접근이 보다 효율적일 것이라고 생각했다. 1940년대 가족치료를 하고 있던 임상가들에게 그것은 사실상 생소한 것이었다. 그러나 에릭슨은 어떤 상황에서는 그러한 것을 실행했다. 왜냐하면 그것이 상식적이며 치료과정을 촉진하기 때문이었다. 에릭슨은 새로운 가족치료를 창안하려고 한 것이 아니었다. 그는 오히려 변화를 진척시키고 급진시키는 데 관심이 있었다. 치료에서 그가 한 것은 가족의 변화를 촉진시키는 것이었다.

그 결과로 우리는 심리치료 분야에서의 그의 영향을 평가하는 데 있어 딜레마에 빠진다. 그는 가족치료 분야가 생기기 이전에 그 영역에서 활동했고, 그의 전략적인 가족 개입은 오늘날까지 Haley, Madanes 그리고 Lankton 부부와 같은 이들을 통해 여전히 영향력을 미치고 있으나 그가 가족치료를 정립했다고는 할 수 없기 때문이다.

다른 학파들(정신역동, 정서중심, 행동중심, 인지중심, 관계중심 학파)은 인간의 일부 기능을 강조한다. 그러나 에릭슨은 인간이 지닌 기능의 모든 측면에서 실제 사람들을 만난다. 그러므로 우리는 그의 업적에서 이전에 언급되었던 학파들의 관점을 모두 찾아볼 수 있으며, 반대로 많은 학파가 에릭슨의 방식을 포함하고 있기도 하여 그 경계가 분명치 않다. 에릭슨은 가족치료사는 아니었지만 가족을 치료했다. 그는 행동주의자는 아니었지만 행동치료를 했다. 유사하게, 여러 인지적 접근들에서는 에릭슨식 치료를 하는 것이 아니면서도 에릭슨의 방법을 사용하는 것이 사실이다.

인간 기능의 모든 측면을 다루었기 때문에 에릭슨의 영향은 명백히 구분되는 학파를 세우는 방향으로 가지는 않았다. 그는 '에릭슨식 치료'라는 독립적인 학파에 단호하게 반대했다. 오히려 그의 영향력은 그의 개인적인 발자취에 남겨져 있는 다양한 혁신에서 발견된다. 이 장에서는 심리치료 분야에서 그만의 독특한 관점으로 이룬 그의 주요한 업적과 영향력을 살펴볼 것이다. 독특하게 에릭슨이 기여한 것 중 하나는 최면 분야다.

최면치료

프로이트에 의해 반박된 이래, 최면은 20세기 초반 동안 냉대를 받아 왔다. 잘못 알려진 탓에 심지어 오늘날까지 최면을 우려하는 견해가 있다. 4장에서 논의했듯이, 에릭슨은 최면에 대한 일반적인 미신을 물리쳤다. 에릭슨은 연구와 실제 임상과정을 통해 최면을 학문적인 의구심의 대상으로부터 (그리고 간혹 대중을 기만하는 쇼라는 비난으로부터) 합법적이고 매우 효과적인 실제 치료방법으로 전환시켰다. 에릭슨이 가져온 많은 최면기법의 개발과 다양한 전략적 기술의 혁신에 대해서는 3장에서 이미 살펴본 바 있다.

최면의 임상적 실제에 미친 에릭슨의 영향은 측정할 수가 없다. 에릭슨은 20세기의 최면 분야에서 독보적인 인물이었다. 사실 에릭슨 이전에도 최면기법이 있었고 심리적 고통을 경감시키기 위해 그것을 사용하는 사람들이 있었다. 하지만 전통적인 최면은 기껏해야 기계론적이었으며, 트랜스 상태로 만들거나 치료를 위한 프로토콜로 사용하는 데 더 초점을 두었다. 이것은 환자가 중심이 되는 유연한 접근이 아니었다. 에릭슨은 치료를 최면유도 및 최면 경험과 조화를 이루도록 능숙하게 섞어 엮는 방법을 고안했다. 그는 최면으로부터 원리를 찾아 굳이 트랜스 상태에 의존할 필요 없이 그 원리를 치료에 적용했다.

에릭슨이 최면 분야에 기여한 바는 광범위하다. Irving Kirsch, Steven Jay Lynn 그리고 Judith W. Rhue(1993)를 포함한 연구자들은 최면 역사에 있어 에릭슨의 업적이 이정표와 같다고 논하면서 그가 임상 실제에서 최면이 사용되고 수용될 수 있게 했다고 밝혔다. Bernie Zilbergeld, M. Gerald Edelstein 그리고 Daniel L. Araoz(1986)와 같은 임상가들 또한 에릭슨을 심리치료와 최면의 대가로 보았고, 그가 최면에 대한 관심을 새롭게 부활시키는 데 크게 공헌했다고 지적했다.

종종 에릭슨의 치료는 이것 '아니면' 저것이 아니라 이것 '그리고' 저것이었다. 최면치료 현장에서 에릭슨의 영향을 확인해 볼 때 이는 사실이다. 치료는 길고 험난한 연구의 시간이며 동시에 최면을 실행하는 시간이었다. 그는 생각하는 과학자와 능숙한 관찰자로서 명성을 얻었다. 그의 치료에서 중요한 또 다른 것은 그의 혁신적인 접근들이었다. 그는 최면을 통합시켜 극적이고 효과적인 결과를 이끌었다. 그의 과학적인 진정성과 치료적인 효과성의 조화는 에릭슨을 최면의 선구자로 추앙받게 한 이유다.

최면 분야에서 유명한 인물들은 모두 에릭슨의 업적에 반응을 보였다. André Weitzenhoffer는 에릭슨의 업적에 대해 논평한 최면가 중 한 명이었다. Weitzenhoffer(1989)는 임상 최면 연구와 이론 및 실제에 의미 있는 기여를 한 인물로서 최면에 관한 저술을 하기도 했다. 그는 최면의 발전에 있어서 에릭슨의 역할을 규명하는 문제를 논했다. 궁극적으로 그는 전통적인 접근과 반(半)전통적인(semi-traditional) 접근을 에릭슨의 접근과 구분하였고, 에릭슨의 접근을 비(非)전통적인(non-traditional) 접근으로 이름 붙였다. 그는 전통적인 접근과 반전통적인 접근은 최면 중심이라고 보았고, 에릭슨의 접근은 환자 안에서 개입을 이끌어 내는 내담자 중심이라고 인식했다. 그러나 에릭슨식 접근이 더 우월하다고 칭찬하는 데까지는 가지 않았다. 그는 반전통적인 최면 내에 에릭슨 접근의 요소들이 존재하며, 이는 전통적 최면치료를 응용한 것이라고 언급했다. 여기서 전통적 최면치료의 응용이란 "피험자가 전반적인 과정을 이끌어 갈 수 있다는 점에 특별한 관심을 기울이는 것"이다(1989: 1). Weitzenhoffer(1989)는 에릭슨식 접근의 특징이 활용에 있으며, 에릭슨은 그 과정을 명백하게 인식하고 방법론적으로 발달시킨 첫 번째 인물일 것이라고 인정했다(1989: 191).

치료 시연

Weitzenhoffer(1989)는 에릭슨이 개척했던 치료 유형의 전형이라 할 수 있는 치료 시연에 대해 이야기했다. 이 사례에는 에릭슨이 개척한 비전통적인 최면 유형과 간접적인 방법에 대한 그의 신념이 잘 드러난다. 이 특별한 시연에서 피험자는 좋은 최면 상태를 이루었으나 바랐던 최면 현상을 명백하게 보여 주는 데는 실패했다. 에릭슨은 계속해서 대화체로 그녀를 독려하면서 무심코 실린더 속에 말아져 있는 종이를 꺼냈다. 그는 분명히 무심코 그 말려진 종이를 한 번 펴고 다시 말았다. 그러고 나서 피험자에게 그것을 가리킨 다음 손가락을 말려진 종이 속에 끼웠다 빼서 다시 종이를 펴고 무심하게 바닥에 떨어뜨렸다. 이후 피험자는 요구된 모든 최면 현상에 꽤 잘 반응했다.

나중에 Weitzenhoffer는 에릭슨에게 그 사건에 대해 물은 후 무슨 일이 일어났는지 알게 되었다. 시연 중 에릭슨은 그 여인을 자신이 일 년 전에 치료했고 그때 그녀는 약혼반지를 끼고 있었다는 것을 떠올렸다. 지금 그녀는 약혼반지도 결혼반지도 끼고 있지 않았고, 시연하는 동안 자신의 약혼 실패가 이슈가 될까 두려워서 저항을 하고 있는 것이라고 에릭슨은 추측했다. 그는 비언어적으로 그녀에게 그 문제에 대해 무관심하다는 것을 알린 것이고, 그 후 시연은 잘 진행될 수 있었던 것이다. 이 사건은 에릭슨이 짧은 시간 동안에 상황을 세부적으로 간파하는 능력이 있음을 보여 주는 좋은 예다. 그가 저항을 해결하고 문제를 풀 때 의식적 혹은 무의식적인 마음과 소통하는 법을 보여 주고 있다.

에릭슨의 치료가 최면의 임상 실제에서 의미 있는 진보를 이루었다는 것을 지지하는 좋은 근거다. 그는 환자의 강점과 능력을 통합하고 활용하는 최면치료의 방법을 개척했다. 또한 최면과 최면 현상에 대한 이해를 넓히고 그 과정에서 새로운 최면기법을 발달시키는 실제적인 연구 기반을 마련했다. 그는 American Society of Clinical Hypnosis와 같은 주요 최면학회들을 창설하고, 학회지를 발간하고 발전시키는 데 기여했으며, *The American Journal of Clinical Hypnosis*의 초창기부터 10년 동안 편집장을 역임했다. 그의 저서들은 효과적인 치료적 개입을 찾기 위한 임상가들의 관심을 모으는 데 성공했다.

건설적인 무의식

에릭슨은 무의식에 대해 긍정적인 견해를 발전시켰다. 이는 최면치료의 실제 현장에서 그가 이루어 낸 진보의 밑거름이 되었다. 그는 무의식이 각종 정보나 능력의 근원일 뿐만 아니라 변화를 이루는 강력한 자원이라고 보았다. 정신역동적 전통에서는 무의식적인 마음을 병리적인 행동의 '보이지 않는' 요소라고 보는 데 반해, 에릭슨은 무의식이 그 이상의 것이라고 보았다. 더 중요하게, 그는 무의식이 자각(awareness)의 외부에 존재하는, 행동을 결정하는 요소이기 때문에 통찰의 발달 없이도 긍정적인 행동적·기능적 변화를 이끌어 내는 데 쓰일 수 있다고 인식했다. 환자에게 간접적인 암시를 주는 것은 무의식적인 과정을 이끌어 내고 저항을 비켜 가게 하며, 환자를 위한 새롭고 긍정적인 경험을 창조하도록 할 수 있다.

심리치료 분야에서 에릭슨이 기여한 두 번째 일은 실제적이고 미래 지향적인 방식을 개척한 것이다.

초점의 전환

무의식을 건설적인 변화의 중개자로 보는 에릭슨의 견해는 분명 심오하며 최면이 관여되지 않았을 때조차 그의 접근에 크게 영향을 미쳤다. 다른 많은 접근이 무의식적인 마음에 어떤 공공연한 관심을 보이지 않았기 때문에, 에릭슨의 무의식적인 마음에 대한 견해는 다른 접근들에 영향을 주지 않았다(예를 들면, 통찰의 발달은 의식적 현상이라고 보았다). 그러나 그의 무의식에 대한 견해가 시사하는 바는 매우 컸다. 에릭슨 치료는 무의식적인 치료적 변화가 가능하며 그것이 종종 바람직하기도 하다는 견해를 기초로 한다. 통찰의 발달이 치료적 변화를 위한 기본적 요건으로 고려되지 않는다면 모든 종류의 개입이 가능해진다. 단기적, 전략적, 해결 중심적, 체계 중심적 개입은 모두 그 뿌리가 이러한 패러다임의 전환 속에 있다. 그리고 에릭슨 치료는 이러한 혁신적인 발달에 있어 중요하였다. 비슷하게, 에릭슨이 통찰의 발달 없이도 기능적인 변화를 보였던 일련의 성공적인 개입들을 보여 줌으로써 다른 접근들(예: 인지-행동적 접근) 역시 이득을 얻게 되었다.

언뜻 보기에는 기능적 변화에 중점을 둔 개념이 (학습 이론에서 나온) 행동주의적 접근을 닮아 있다. 그러나 에릭슨은 행동주의적 접근과는 방법론적으로 달랐다. 예를 들어, 그는 환자가 의식적으로 문제를 다룰 준비가 되어 있지 않은 경우에는 흔히 문제를 상징적으로 다루어 성공하곤 했다. 그는 은유, 일화, 모호한 목적의 과제를 사용했다(Lankton & Lankton, 1983 참조). 그러한 접근의 결과나 초점이 기능적인 변화일 수 있지만, 그 개입들 안에는 기술적으로 '행동적인' 것은 아무것도 없다.

통찰을 발달시키는 것에서 벗어난 에릭슨 치료의 두 번째 영향은 치료적으로 과거 대신 미래에 초점을 두는 것이다. 에릭슨의 사례는 목적론적 지향을 보여 준다. 물론 환자의 현재 딜레마를 조성하는 과거의 역할은 인식한다. 그러나 에릭슨은 문제가 해결된 미래는 어떠할지에 대해 지속적으로 초점을 기울인다. 반면, 통찰 중심의 치료자들은 과거를 기술하고 병인론을 이해한다. 미래중심 접근은 문제를 현재에서 기술하고, 불가피하면서도 가능성이 있으며, 염원하는 변화를 지향한다. 바꿀 수 없는 과거를 변화시킬 수는 없지만 건설적인 미래를 확보할 수는 있기 때문이다.

에릭슨이 미래를 지향하는 동시에 무의식적인 마음을 활용하는 방식 중 하나는 환자에게 최면을 통해서 자신의 특정 문제가 다 해결된 때를 그려 보도록 하는 것이었다. 이 기법 (미래 투사)은 다음 사례에서 기술되고 있다.

수정구슬

한 여성 환자는 에릭슨과의 치료과정에서 난관에 봉착했다(1954b; Rossi, 1980d). 그녀는 불안, 우울, 철수 그리고 의존을 경험했다. 그녀는 문제를 주지적으로 반복하면서 치료의 초점을 좁혔다. 그녀는 아버지와 함께 생활하는 것을 좋아하지 않으면서도 집을 떠날 수 있는 기회를 잡지 않았다. 직업에 대해 지독하게 불평하면서도 승진을 가능하게 하는 도전을 꺼렸다. 사회적 만남들이 필요했고 그녀 자신도 원하고 있었지만 그럴 만한 기회들을 피해 버렸다. 그녀는 처음에는 최면에 긍정적으로 반응했지만, 곧 저항하고 부정적으로 되어 버렸다.

그런 시점에서 그녀는 만약 목표들 중 단 하나만이라도 이루다면 틀림없이 나머지는 다 잘될 것처럼 느껴진다고 반복해서 강조했다. 에릭슨은 이 기회를 잡고 최면 상태에서 그녀에게 자신의 삶에서 중요한 사건이 묘사된 환상 속의 수정구슬을 그려 보라고 지시했다. 그러한 이미지를 통해서 그녀의 무의식적인 마음은 미래의 이미지를 구체화하도록 도울 의미 있는 패턴을 그려냈다. 수정구슬 속에 묘사된 그녀의 미래의 이미지들은 그녀가 즐겁고 행복하게 어떤 행동들을 하는 것이었다. 그녀는 미래의 장면 속에 매료되었다. 그녀는 친구 결혼식에서 자신을 보았다. 지금부터 3개월 후의 일이었다. 거기서 그녀는 예쁜 드레스를 입고, 몇몇 남자와 춤을 추었으며, 결혼식 손님 중 한 명에게 데이트 신청을 받았다. 그녀는 에릭슨에게 그녀의 환상에 대해 모두 이야기했고, 에릭슨은 이 기억을 잊게 될 것이라고 지시하면서 최면을 마쳤다.

환자는 다음 몇 주 동안에 두 번 더 치료에 왔고, 두 번 다 최면을 요청했다. 최면 상태에 있는 동안, 그녀는 자신이 무의식적으로 결혼식 장면에서 보고 느꼈던 모든 것을 실제로 재경험할 것이라는 말을 들어야 한다고 했다. 그러고 나서 그녀는 치료를 중단했다. 결혼식이 있은 지 며칠 뒤에 그녀는 에릭슨의 사무실로 찾아와서는 마지막 회기 이래로 예언처럼 모든 일이 일어났다고 말했다. 그녀는 친구 결혼식에 참석하게 되었고, 신부 들러리로 초대되었다. 이러한 시도들이 이어져 그녀는 아버지와 함께 살던 예전의 집에서 나와 출퇴근 시간을 3시간이나 줄일 수 있는 시내의 아파트로 이사를 했다. 그 후 그녀는 자신의 신부 들러리용 드레스를 만들어야 했고 더 많은 돈도 필요하게 되었다. 그녀는 도전했고 그로 인해 직장에서 승진했다. 그녀는 친구를 위한 신부 축하식(bridal showers)을 계획했다. 결혼식에서 그녀는 사람들을 만났고, 그중 한 명에게 데이트 신청을 받았다(비록 그녀가 마음속에 그리던 상대는 아니었지만). 그녀는 에릭슨에게 자신이 잘되게 도와줘서 감사하다고 했다. 그녀의 문제를 해결한 것은 결혼에 대한 그녀 자신의 준비이자 비전이라는 것을 알아채지 못한 채로 그녀의 문제는 해결되었다.

미래에 대한 에릭슨의 초점은 적어도 부분적으로는 최면 중의 퇴행 경험 속에 충분히 빠져들 능력이 입증된 피험자들의 관찰로부터 온다. 에릭슨은 피험자가 그들의 삶에서 과거 사건을 생생하게 재경험할 수 있거나 최면을 통해 이끌어 낸 기억을 '실제' 사건으로 통합할 수 있다면, 최면으로 경험된 미래는 '실제적인' 영향력을 갖는다고 주장했다. 나이 순행(age progression)과 같은 에릭슨의 기법을 보면 최면이 미래를 지향하게 만드는 유일한 필요조건은 아님을 알 수 있다. 비최면적 치료도 미래 지향적일 수 있으며, 미래를 지향하는 것은 오늘날 많은 치료적 접근들에서 일반적으로 나타나는 특징이기도 하다. 해결중심 접근을 발전시킨 Steve de

Shazer나 그 동료들의 업적을 통해, 미래에 대한 지향은 치료 문화 속으로 들어오게 되었다. 에릭슨은 치료를 위해 건강한 미래에 대한 비전을 발달시키려 노력한 선구자다.

에릭슨이 기여했던 세 번째 일은 단기치료(brief therapy)에서의 선구적인 작업이었다.

단기/해결 중심적 접근

에릭슨의 견해에 따르면 통찰이 성공적인 치료의 결정적인 요소는 아니었다. 따라서 그의 개입들은 해결 중심적이고 가능한 한 단기간에 이루어진다. 그의 작업 결과로 인해 단기/해결중심적 방법들이 더 많이 받아들여지고 사용되었다.

에릭슨의 많은 사례들은 하나 혹은 몇 회기의 적은 치료적 만남으로 이루어졌다. 에릭슨이 치료를 시작했을 무렵 기존의 주요 학파들(정신역동, 내담자중심, 행동치료)은 잘해야 여러 회기가 요구되었고, 종종 매주 여러 회기로 수년간 치료가 지속되기도 했다. 에릭슨의 단기 접근은 급진적인 시도였다. 그는 단기치료 운동의 창시자였다. 그의 접근법은 직면한 어려움을 극복하는 데 최소한의 도움만 주면 환자 스스로 자신의 삶과 문제를 가장 잘 다룰 수 있다는 정중한 신념을 가지고 있었다. 나아가 Jay Haley가 지적한 바와 같이, 치료는 해결이 아닌 문제의 차원에서 접근해야 한다. 문제는 환자가 치료를 받고 있다는 것을 의미하며 해결은 환자를 치료에서 빼내어 가능한 한 빨리 그로부터 독립된 삶을 살아가도록 해야 한다는 것을 의미한다.

우리는 이미 그가 했던 단기치료의 많은 성공 사례를 살펴보았다. 밀워키의 아프리카 바이올렛 여왕의 사례는 단일 회기로 개입이 이루어진 좋은 예다. 비행기 타기를 두려워하던 한 여성 사업가는 한 회기 후 편안하게 댈러스까지 비행기를 타고 갔으며 두 회기 후 출렁다리를 건너는 두려움을 떨쳐냈다. 에릭슨의 논문에는 이러한 사례가 넘쳐난다.

하지만 몇 번의 회기가 언제나 짧은 시간을 의미하는 것은 아니다. Jay Haley와의 대담(Haley, 1985a)에서 에릭슨은 간절하게 사회적 관계를 회복하고 싶어 하는 정신과 여의사의 사례에 대해 얘기했다. 그녀는 자신의 유일한 두 친구들을 남겨 두고 다른 도시로 떠나야 했다. 그녀의 위생 상태는 심각했는데, 기름진 머리와 더러운 손톱을 내버려 두었고 샤워도 하지 않았다. 어울리지 않는 옷을 입었고 화장도 하지 않았다. 초기 회기를 마치면서 에릭슨은 성공적인 치료를 위해서는 시키는 대로 해야 한다고 알렸다. 그는 그녀의 약속 이행 수준을 점검해 보기 위해 3일 동안 집으로 돌려보냈다. 환자는 모든 지침을 따를 준비를 하고 돌아왔다.

에릭슨은 이후 3시간 동안 그녀의 위생 결핍 상태를 자세히 살펴보고 더러운 부분과 깨끗한 부분을 비교하기 위해 그녀의 더러운 목을 반쪽만 씻도록 요구했다. 그녀는 다음 회기에는 깨끗이 씻고 왔으나, 화장은 전혀 하지 않았고 서로 어울리지 않는 옷차림이었다. 지난 회기 이후의 진전과 세부적인 사항에 대해 되짚어 본 후, 에릭슨은 그녀가 만나고 관계하는 사람들을 대할 때 외양에 너무 무신경했다고 말하고는 이를 절대 잊지 못할 과제를 내주었다. 두 번째 회기를 마칠 때, 그는 그녀에게 집으로 가서 거울 앞에서 옷을 모두 벗고 서서 그녀 자신이 여자임을 상징하는 세 부분을 응시할 것을 지시했다.

그녀가 세 번째 회기에 왔을 때는 치료를 위해 준비해 둔 700달러를 어떻게 쓸 것인지 구체적으로 생각하라고 지시했다. 그녀는 화장을 하고, 백화점에서 조언을 받아 직장 상사가 여는 몇 주 뒤의 댄스파티에서 입을 옷을 구입하기로 했다. 그녀는 춤 교습도 받기로 했는데, 가는 길에 에릭슨에게 들르기로 되어 있었다. 에릭슨에게 들렀을 때 그녀는 잘 차려입었고 살도 약간 빠져 있었다. 3개월 뒤에 그녀는 다른 도시에서 새롭게 자리를 잡았고, 한 교수를 만나 1년 만에 결혼했다. 그녀가 춤 교습을 받으러 가는 길에 에릭슨을 보러 들렀던 저녁까지 합치면, 에릭슨의 치료적 접근은 4회기였다. 더 명백히 말하자면, 에릭슨은 그 방문을 매우 중요하게 생각했다. 그녀가 그동안 충실히 약속을 이행해 왔으며, 그를 방문한다는 것은 실제로 그녀가 파티에 참석한다는 것을 보증하는 것이기 때문이었다. 두 번째 회기는 3시간이 걸렸다. 이처럼 회기의 시간을 연장하는 것은 드문 일이 아니었다. 그러나 상대적으로 적은 방문 횟수에도 불구하고 실질적인 치료적 변화를 만들어 내는 에릭슨의 뛰어난 능력은 의심할 여지가 없었다. 치료는 그 순간의 요구와 환자의 욕구를 충족시키기 위해서 연장되는 것이지, 치료자의 편의를 위한 것은 아니었다.

확산

에릭슨은 단기/해결 중심적 치료의 선구자다(Furman & Ahola, 1994). 에릭슨의 이러한 접근법은 밀워키의 단기가족치료 센터에 몸담았던 Haley와 Cloé Madanes의 전략적 접근과 de Shazer의 해결 중심적 접근 같은 심리치료 분야의 다른 접근들의 모태가 되었다. 또한 팰러앨토에 있는 Mental Research Institute(MRI)에서 시행했던 단기치료에도 영향을 주었다. 이 접근들은 최소한의 개입으로 환자의 능력을 끌어낼 수 있다는 믿음을 주었고, 통찰을 통해서만 기능적 변화를 보증했던 그간의 패러다임을 변화시켰다.

유머와 드라마

에릭슨의 접근은 개입의 범위를 제한하는 이론적 제약으

로부터 자유로웠다. 예를 들어, 이론에 기반한 정신분석가는 환자가 대상(object)에 전이를 일으키게 하기 위해 중립적이어야만 한다. 반면, 에릭슨은 자신을 자유롭게 두었다. 농담이나 유머가 치료과정에 통합되었다는 것을 의미한다. 결과적으로 유머는 합리적인 개입의 영역 내에서도, 심지어 최면과정에서도 존중받게 되었다.

유머와 드라마는 에릭슨 스타일의 자연스러운 부분이다. 이 두 가지 의사소통 수단은 예리하고 기억할 만한 메시지를 전달한다. 더 나아가 그것은 비선형적인 방식으로 진행된다. 즉, 인지적이기보다는 훨씬 경험적인 것이다. 유머와 드라마는 환자의 전체적인 관심을 사로잡고, 문제 지향적인 참조틀을 붕괴시키고, 의식적 혹은 무의식적으로 새롭고 치료적인 대안들을 고려하게 한다. 드라마는 새로운 아이디어를 전달하는 훌륭한 수단이며, 유머는 삶이 잘 풀릴 때뿐만 아니라 잘 풀리지 않을 때도 있다는 부드러운 암시를 주는 긍정적인 조절 효과(balancing effect)를 갖고 있다. 유머와 드라마는 독립적인 것으로 간주된다. 먼저 우리는 에릭슨이 사용한 유머의 예를 볼 것이다.

유머

에릭슨은 유쾌한 사람이었고, 그의 친구, 가족, 학생 그리고 환자들과의 관계에서 그러한 성품이 잘 나타난다. Sidney

Rosen은 에릭슨이 한 번은 자신에게 "유머가 발끝까지 퍼지게 하라."고 말했다고 했다(1988: 19).

Cloé Madanes는 가족치료에 에릭슨의 관점을 받아들여 다음과 같이 기술했다.

> 딱딱한 사람들에게 농담을 적용하면 새로운 행동과 새로운 대안들을 이끌어 낼 수 있다. 유머러스한 재정의, 설명 또는 지시는 가족에게 놀라운 힘을 주고 극적으로 개입의 영향력을 높여준다(1987: 51).

에릭슨은 유머를 직접적으로 쓰기도 하고 과제의 일부로 사용하기도 했다. 예를 들어, 그는 모두에게 화난 듯 행동하는 어린 소녀를 치료했다. 소녀는 주근깨가 많아 자주 놀림을 받은 듯했다. 에릭슨과 만났을 때 소녀는 골이 난 표정이었고 반항적이었다. 소녀가 문가에 서서 얼굴을 찌푸리고 서 있을 때, 에릭슨은 갑자기 그녀에게 소리쳤다. "너 도둑이구나! 네가 훔쳤지? 나는 네가 훔친 것을 이미 안다. 네가 훔쳤다는 증거가 있어." 소녀는 호기심이 생겼고, 그 증거가 무엇인지 알고 싶어졌다. 에릭슨은 그 소녀가 계피 과자를 좋아한다는 것과 그것을 먹기 위해 과자단지를 오르다가 얼굴에 쏟아버렸다는 사실을 알고 있다고 말했다. 그 증거는 얼굴에 묻은 계피 가루였다. 소녀는 그 '증거'를 듣고 깔깔 웃어 버렸고 그 이후에는 즐겁게 이야기를 했다. 그의 농담 섞인 놀림은 긴장을 이완시켰고, 그 이후 그들은 협력하여 소녀의 속상한 마음을 가라앉혔다(Rosen, 1982: 152-154).

3장의 은유 부분에서 소개한 지체장애를 지닌 건설 노동자에 대한 치료를 다시 상기해 보자. 에릭슨은 환자에게 재미있는 기사나 만화를 수집해 오라고 숙제를 내주고, 부상당한 동료에게 모은 것을 위로차 보내라고 지시했다. 첫 사례에서 에릭슨은 유머를 개입의 일부로 삼았다. 두 번째 사례에서는 비록 당장의 성과는 만들지 못했지만 유머를 과제의 중요한 부분으로 삼았다. 또한 그는 최면 중에도 환자에게 농담을 했다. 최면은 신성한 것이 아니었다. 무의식은 매우 심각한 지시들만큼이나 유머에 대해서도 반응하는 것 같았다.

William O'Hanlon(1987)이 제자가 되고자 에릭슨에게 연락을 했을 때, 그는 수업료를 지불하는 여러 가지 방법을 생각하고 있다고 편지를 썼다. 그중 하나는 마치 정원사처럼 서비스를 제공하는 것이라고 썼다. 그리고 O'Hanlon이 어디를 갔다가 몇 주 후에 돌아와서 전화 메시지를 확인했을 때 의문의 남자로부터 O'Hanlon 원예 서비스를 찾는다는 이상한 메시지가 와 있었다. 물론 그것은 에릭슨이었다.

그 후 O'Hanlon과 전 아내인 Patricia Hudson은 치료적인 접근으로 유머를 사용하게 되었다. 그들은 내재된 패턴을 깨기 위해 유머러스하고 독창적인 행동적 대안들을 개발했다. 한 예로, 부부싸움 중 아내로부터 남근을 잘라 버리겠다는 폭언을 듣게 되면 그 순간 몸이 굳어 버리는 남자가 있었다. 그는 치료자와 대안을 생각해 본 후에 아내가 그런 말을 할 때 두려운 척하며 식탁 밑에 숨는 방법이나 물총을 부인에게 쏘아대는 방법을 선택했다. 그 후로는 부부간의 말다툼은 긍정적인 방식으로 풀렸다(O'Hanlon & Hudson, 1994).

O'Hanlon은 예측하지 못했던 것을 이끌어 내고 치료적인 성과를 가져오는 유머 사용의 가치를 강조했다. 그는 Steve de Shazer의 사례를 언급했다. 이 사례에서 부모는 10대 아들과 갈등을 겪고 있었고 부모는 아이가 꽉 막히고 호전적이며 적대적이라고 여겼다. 그가 선택한 개입은 아들이 외출할 때마다 모든 속옷을 냉장고 속에 넣는 것이었다. 그가 옷을 찾으면 냉장고에 있다고 말하고, 이유를 묻는 아들에게 어깨를 으쓱했다. 그런 일을 한 부모는 무슨 일이든 할 수 있다고 생각했기 때문에 아들은 보다 신중하게 행동하기 시작했다(O'Hanlon & Hudson, 1994). 에릭슨의 유머러스한 개입은 유쾌했고, 동시에 (비열하지 않고) 해를 끼치지 않았다. 유머는 지지적이며 확신을 주는 데 사용하는 것이 중요하며, 어떤 방식으로든 비하하는 것은 유머가 아니다.

드라마

에릭슨은 드라마를 자유롭게 사용했다. 그는 드라마틱하게 행동했고 환자들에게도 드라마틱한 것을 하도록 했다. 2장에서 우리가 논의했던, 운전대에 졸도하면서 운전을 배웠던 남자의 사례는 드라마틱한 시련 지시의 훌륭한 예였다. 이는 환자가 오래된 문제에 반응하는 새로운 경험적 기반을 마련해 주었다. 드라마틱한 적용은 직접적으로 혹은 간접적으로, 또한 적극적으로 혹은 수동적으로 이루어질 수 있다. Carol Lankton은 에릭슨에 대해 다음과 같이 쓰고 있다.

그는 내담자들의 주의가 고착되어 있을 때 그들이 누군가의 이야기로부터 드라마틱한 측면을 생각해 내기를 바랐던 자신의 경험에 대해 (종종 매우 길게) 설명했다. 내담자들은 주어진 자극으로부터 자기 자신의 새로운 의미를 자유롭게 만들고 심지어 의식적으로 참아내기에는 너무 고통스러운 것도 배울 수 있었다. 결국 그것은 단지 '이야기일 뿐'이니까 말이다(1985: 68).

*Uncommon Therapy*의 결론에서 Jay Haley는 드라마틱한 개입과 드라마틱한 결과를 보인, 오래 기억에 남을 한 사례에 대해 이야기했다. 한 여인이 1년 전 뇌졸중으로 전신마비가 된 남편을 데리고 캘리포니아에서 에릭슨을 찾아 왔

다. 그는 프러시안계 독일인이었고, 오랜 역사적 자신감과 성취를 매우 자랑스러워하는 사람이었다. 뇌졸중에 걸린 후, 그는 다시는 회복될 수 없을 것이라는 이야기를 반복적으로 들었고, 그때 즈음 그의 아내가 그를 에릭슨에게 데려온 것이다. 그는 지난 1년 동안 말을 할 수 없었다. 아내에게 이야기를 들은 후, 에릭슨은 자기가 도와주겠지만 아내가 중간에 끼어들지 않겠다고 동의해야 한다고 했다. 그녀는 이에 승낙하고 에릭슨의 사무실로 그를 데려왔다. 에릭슨은 그에게 욕을 퍼부었다. 비웃고 조롱하고 '더러운 나치 게으름뱅이, 구호 대상, 멍청이, 허세꾼, 무식한 놈'이라고 욕을 해댔다. 그 남자의 분노는 커져 갔고, 에릭슨은 그가 완전히 준비되지 않았으니 제대로 혼나기 위해 다음 날 다시 오라고 했다. "싫소……." 그때 환자가 1년 만에 처음으로 입을 열었다. 에릭슨은 계속 그에게 비난을 퍼부었다. "싫소…… 싫소…… 싫소……!" 환자는 반복해서 말했다. 어떠한 힘이 그에게 작용했는지 그는 자리에서 일어나 비틀거리며 문으로 걸어갔고, 계단을 내려가 타고 온 차 쪽으로 갔다. 다음 날 그가 돌아왔을 때 에릭슨과 그는 친근하고도 협력적으로 회복과정을 시작했다. 두 달 간의 회기 끝에 그는 걷기, 말하기, 읽기, 팔 힘 쓰기와 같은 능력이 일부 회복되었다. 그는 자신의 직장으로 돌아갔고, 동의하에 단순하고 조금 덜 과중한 책임들을 맡게 되었다(Haley, 1973).

유머와 드라마의 영향력

에릭슨은 유머와 드라마를 치료적 무기로 자주 사용했다. 유사하게, 현대 접근에서도 드라마틱한 개입들이 심리치료의 한 부분이 되고 있다. 행동치료적 접근에서 환자가 두려워하는 자극을 직면시킬 때, 인지/행동적 접근에서 새로운 능력을 깨닫게 하기 위해 환자에게 과제 수행을 시킬 때(때로 유머스럽고 드러나지 않는 방식으로), 게슈탈트 접근에서 환자가 빈 의자와 얘기하고 역할놀이를 할 때 그리고 사이코드라마에서 환자의 관점과 선택을 바꾸는 방법으로 갈등 장면을 창조적으로 만들 때 드라마적인 개입들이 사용된다.

치료에서 유머와 드라마의 발전에 에릭슨이 단독으로 기여했다고 말하는 것은 맞지 않다. 그러나 그는 분명히 다른 접근들에서 흔히 사용되지 않을 때에 이를 사용한 혁신가다. 에릭슨의 공헌 없이도 심리치료 영역의 다른 부분에서 유머와 드라마를 사용하기 시작했겠지만, 에릭슨의 고유한 점은 이를 자신의 의사소통 양식에 통합시켰다는 것이다. 예를 들면, 우리는 드라마틱한 에릭슨식 개입이 완전한 은유로 전달되거나, 최면적 환상과 뒤이은 기억상실을 통해 시련이 경험되는 것을 볼 수 있다. 어떤 사례든 에릭슨의 드라마틱하고 유머러스한 개입은 개인의 고유한 강점과 자원을 드러내고 키우는 것이었다. 환자의 사회적 맥락과 환경 또한 그의 치료에서 강조되었던 부분이다.

사회적 맥락

심리치료 분야에서 에릭슨이 기여한 또 다른 주요한 점은 사람들의 사회적/물리적 환경에 대한 관심을 증가시킨 것이다. 에릭슨은 평가와 치료과정에서 환자의 생활 환경을 고려했다. 그는 문제를 유지하거나 해결하는 데 활용할 수 있는 물리적/사회적 환경을 주의 깊게 살펴보았다. 심지어 그는 필요한 경우 환자의 집에서 치료하기도 했다. 그 시절 정통파 치료들과의 이러한 결별은 타당한 것이었는데, 요즈음 상담 실제에서 가정을 기반으로 한 처치가 사용되고 있으며 더는 금기시되지 않는다는 사실을 보면 알 수 있다.

에릭슨이 치료를 시작했을 때, 기존에 존재하던 주요 학파에서는 환자의 기능에 작용하는 사회적인 주제에 대해 전혀 혹은 거의 관심이 없었다. 정신분석 학파는 과거의 갈등 자체에 관심이 있었고, 행동주의에서는 단지 선행하는 자극의 수준에서 사회적 맥락에 관심을 가졌으며, 인본주의 치료에서는 환자의 자연스러운 치료과정을 위한 치료실 내의 치료적 환경에 초점을 두었다. 세 접근들 중 어떤 것도 치료과정에 가족 구성원들을 포함시키지 않았고, 가정이나 직장에서 일어나는 개입을 제안하지 않았다. 하지만 에릭슨은 개입을 할 때 치료실 내로 한정 짓지 않았다.

가정에서 치료하는 것이 입원치료에 비해 더 좋다고 (더 싸다고) 보는 행동주의적 관리의료업자들이 오늘날 사용하는 용어인 '치료의 연속선'이라는 개념은 에릭슨이 겨냥했던 것이라고 보는 이들도 있다. 에릭슨은 적어도 그의 건강이 허락하는 한 그의 경력 내내 가정 방문을 했다. 침대생활을 하는 암 환자를 치료실로 데려오는 것보다는 환자의 집에서 만나는 것이 더욱 인간적이라고 보았던 것 같다.

앞에서 주장했던 것처럼, 에릭슨은 그의 동료들이 단지 한 사람을 치료 대상으로 해야 한다는 이론적인 제한 때문에 하지 않았던 때에도 부부나 가족을 대상으로 치료를 했다. John Weakland와 Jay Haley와의 대화에서 에릭슨은 치료에 참여하기를 꺼리는 가족을 다루는 문제에 대해 다음과 같이 말했다.

어떤 협력도 얻지 못할 수도 있다는 것을 알면서도 항상 당신이 생각하기에 가장 포괄적이고 최선의 것을 위해 노력해야 한다. 집에 있는 다른 가족이 그에 대해 어떻게 반응하는지 항상 당신의 환자로부터 알려고 노력해야 한다. 가족들은 치료 중에 무슨 일이 일어났는지 알고 싶을 것이다. 때로는 가족들의 궁금증을 해결해 줘야 한다. 당신은 환자의 남편이 어떻게 느낄지 알지 못한 채 한 여자 환자에게 이런저런 말을 한다. 이것을 그녀는 그녀의 남편에게 언급할 수 있고,

그녀의 남편은 그가 들은 것을 자기 나름대로 정리한다. 그는 그것에 대해 어떻게 생각할지 결정하게 된다. 그녀가 다음번에 당신에게 남편이 어떻게 반응했는지 얘기할 것이고, 당신은 그의 말을 재해석할 수 있다. 남편은 치료에 함께해서 당신에게 많은 것에 대해 직접 털어놓아야 한다는 것을 깨닫기 시작한다. 그래서 그는 자기도 상담을 받고 싶어 한다(Haley, 1985b: 147).

에릭슨은 때로 모든 회기가 치료실에서 이루어지는 경우라도 환자가 처한 환경에 알맞게 개입을 조정했다. 예를 들어, 그는 환자에게 최면적인 환상을 통해 직장에서의 미래를 긍정적으로 그려 보게 했다. 우리는 앞에서 위생 관념이 결핍된 여자 정신과 의사의 경우를 보았다. 한 번의 개입으로 그녀의 습관적인 환경에 새로운 차원이 열렸고(백화점 화장품 코너 사용), 두 번째 개입으로 그녀의 직장 환경을 활용했다(직장 상사의 파티).

에릭슨은 또한 언제 사회적 환경을 제거해야 하는지에 대해서도 알고 있었다. 여드름이 난 아들에게 조언을 해 주기 원하는 여의사에게 도움을 준 사례가 그것이다. 에릭슨은 늘 해 오던 크리스마스 스키 여행에 아들을 보내되, 아들이 숙소나 그 어디에서두 2주 동안 기울에 노출되지 않도록 챙기라고 했다. 그 후 그 소년의 여드름은 없어졌다(O' Hanlon &

Hexum, 1990). 에릭슨의 개입은 '예전부터 있던' 치료였다. 이는 치료자들에 의해 생겨난 것도 아니며 분명히 주요 심리 치료 이론의 원리를 통해 만들어진 것도 아니다.

오늘날은 가정중심 가족치료가 증가하여 일반적인 것이 되었다. 치료과정에 환자의 가족, 학교, 교회, 여가생활을 포함해서 치료 프로그램들이 만들어진다. 현대의 임상가들은 환자의 성공에 긍정적 영향을 줄 수 있게 가족/공동체 일원의 지지와 강점, 친밀감을 이용한다. 가정 중심의 치료적 접근을 발달시키는 데 에릭슨이 단독적으로 기여한 것은 아니지만, 그는 처음으로 이를 사용한 사람 중 하나였다. 밀워키의 아프리카 바이올렛 여왕을 기억할 것이다. 에릭슨은 환자의 이모 집에 방문해서 결혼, 약혼, 탄생, 죽음 등 삶의 전환점을 맞은 공동체 구성원 개개인과 상호작용하도록 함으로써 넓은 범위의 공동체와 연관된 개입을 했다.

가정/공동체에 근거한 가족지향 치료는 에릭슨이 환자들의 하루하루 환경에 관심을 가진 직접적인 결과다. 에릭슨은 치료과정에 통합될 수 있는 환자의 모든 환경을 활용하고자 했다. 그는 환자의 사회적 환경을 이용하여 치료를 하는 것이 유익하다고 확신했고, 그의 고유한 환자 맞춤식 개입들은 그의 작업이 전 세계적으로 확산되게 한 큰 특징이었다.

세계 속으로

에릭슨의 업적을 수용하는 움직임은 특히 1970년대와 그 이후 급격하게 발전하고 가속화되었다. 이러한 빠른 성장은 심리치료 공동체가 이론적 제한을 넘어서 환자들을 고유하고도 변화 경험을 통해 치료에 능동적으로 참여할 수 있는 인격으로 볼 수 있는 준비가 되어 있음을 의미했다.

에릭슨은 그의 경력 초기에 최면 분야에서 명성을 얻었다. 그리고 최면에 전념한 연구자로서 명성을 얻었고 1940년대에 최면 및 최면치료의 권위자가 되었다. 1950년대와 1960년대 초에는 국제적으로 전문가 집단에 강연을 하고 가르치는 일을 했다. 1973년 Jay Haley에 의해 *Uncommon Therapy: The Psychiatric Techniques of Milton H. Erickson, MD*가 발간되었고 그의 업적이 널리 알려졌다. 나아가 에릭슨, Rossi, Haley가 잇달아 많은 책을 출판하게 되었다. 1970년대 후반, 전문가들은 '사막의 현자(Sage in the Desert)'로부터 배우기 위해 피닉스로 향했다.

1978년까지 에릭슨의 최면과 심리치료에 관한 제1회 국제 학회의 준비가 진행 중에 있었다. 개최되기 9개월 전에 에릭슨이 사망했으나, 최면과 심리치료의 에릭슨식 접근에 대한 국제 학회는 계획대로 진행되었고 2,000명 이상의 사람들이 이 모임에 참석했다. 이는 에릭슨의 78번째 생일을 축하하고 그가 자신의 친구들을 다시 한 번 만날 수 있도록 하기 위해 계획된 자리였으나 대신 밀튼 H. 에릭슨 재단이 태동하게 된 모태가 되었다. 두 번째 부인이었던 Elizabeth 와 Jeffrey Zeig 그리고 당시 그의 아내 Sherron Peters와 함께 에릭슨 자신도 그 재단의 창단 멤버였다.

피닉스에 위치한 에릭슨 재단은 최면과 심리치료에 있어 에릭슨식 접근을 육성하고 발전시키는 데 전념하고 있다. 또한 일반적인 심리치료 분야의 발전에 실질적인 공헌을 하고 있다. 이 재단의 사명은 다음과 같이 명시되어 있다.

밀튼 H. 에릭슨 재단의 사명은 건강과학 전문가들을 위한 교육 프로그램을 제공하는 것이다. 또한 작고한 밀튼 에릭슨 이 의학적·임상적 최면과 최면치료 분야에서 이룬 공헌을 모든 윤리적 방식으로 촉진함으로써, 이 분야의 세계적인 훈련과 이해를 더욱 확대하려는 것이다. 에릭슨식 기법을 모든 훌륭한 심리치료 분야와 통합하고 이를 통해 심리치료와 건강과학의 더 나은 발전을 증진시키는 것이다. 에릭슨 재단은 이상의 사명을 위해 에릭슨의 업적을 발전시키고 보존하고 유지해 나간다.

재단은 에릭슨과 다른 치료 전문가들에 대한 책, 음성 녹음, 영상 녹화물 등 많은 정보들을 보유하고 있으며, 연구자들은 그것을 열람할 수 있다. 재단 후원자들은 적어도 일 년에 한 번 주요 학회를 통해 만나며, 성(性)치료, 부부치료와 같은 분야별 학회뿐만 아니라 심리치료의 발전, 단기치료, 에릭슨 치료에 대해 논의한다. 최면치료 세미나는 초급, 중급, 고급 수준으로 나눠 일 년에 5일간 집중적으로 세 차례 이루어진다. 재단은 뉴스레터를 발송하고 있으며, 다양한 학회에서 나온 논문들로 10권의 책을 발간해 왔다. 웹사이트 주소는 http://www.erickson-foundation.org다.

누구든 지역 내에 있는 에릭슨 기관을 이용해 본다면 미국과 해외 모두에서 관심이 높아질 것이다. 1998년까지 전 세계적으로 75개 이상의 관련 기관이 설립되었다. 이들 기관은 헌신적인 수련, 슈퍼비전, 치료를 제공하며 정보나 아이디어를 나누는 포럼을 갖는다.

학회

재단은 자체적으로 최면과 심리치료에 대한 에릭슨식 방법, 단기치료 접근, 심리치료의 진화라는 세 주제 중 하나에 대해 큰 규모의 학회를 개최한다. 이들 학회에는 전 세계의 치료자들이 참석하여 그 분야 임상가들의 기술을 발전시키고 싱장시키는 데 의미 있게 기여해 왔다. 이들 모임에서 혁신적인 이들은 그들의 작업을 가르치고 그들 접근법의 실제적 적용을 임상가들에게 훈련시킨다.

심리치료의 진화 학회는 미국에서 5년마다 열렸다(1985, 1990, 1995 등). 이 학회는 유럽에서 한 번 열렸고(1994), Aaron T. Beck, Bruno Bettelheim, Murray Bowen, James F. T. Bugental, Albert Ellis, Victor Frankl, Eugene Gendlin, William Glasser, Mary M. 그리고 Robert Goulding, Jay Haley, James Hillman, Otto F. Kernberg, R. D. Laing, Arnold A. Lazarus, Alexander Lowen, Cloé Madanes, Judd Marmor, James F. Masterson, Rollo May, Donald Meichenbaum, Salvador Minuchin, Zerka Moreno, Mara Selvini Palazzoli, Erving과 Miriam Polster, Carl R. Regers, Ernest L. Rossi, Virginia M. Satir, Thomas S. Szasz, Paul Watzlawick, Carl A. Whitaker, Lewis R. Wolberg, Joseph Wolpe, Irving Yalom 그리고 Jeffrey K. Zeig와 같은 이 시대 심리치료의 리더들이 대거 참가하였다.

단기치료 학회는 단기 정신역동 치료, 인지치료, 게슈탈트 치료, 에릭슨 치료 등을 포함해 각기 다른 접근의 전문가들을 초청해 거의 3년마다 개최된다. 1988년에 처음 열렸는데, 이는 단기 접근에 대한 여러 전문 분야에 걸친 최초의 만남이었다.

학회의 토론자들은 어려운 문제에 대해 서로의 관점을 나눈다. 예를 들어, 한 학회에서 인지행동 치료자인 Christine Padesky가 경계선 성격장애를 다룬 그녀의 치료에 대해 발표했을 때, 정신역동적 접근의 성격장애 치료 권위자이며 매스터슨(Masterson) 연구소의 설립자이기도 한 James Masterson은 패널로 참가하여 만성적으로 고립적이고 자신을 희생시키는 사례를 예로 들면서 그녀에게 도전했다. Masterson은 동료들의 단순한 대화를 자신에 대한 비호감의 표시라고 (잘못) 해석하는 환자에게 Padesky가 어떻게 반응할 것인지 궁금해했다. Padesky는 환자 주변의 사람들이 그 환자를 미워할 수 있다는 가능성을 인정한 다음, 그 외에 동료의 말이 의미하는 다른 뜻이 있을지 계속 물어볼 것이라고 대답했다. Masterson은 잠깐 침묵하면서 이 반응에 대해 생각하더니, 그 방법이 아주 좋으며 자신이라도 그렇게 했을 것이라고 말했다. 이 토론에서는 정신역동, 인지/행동 지지자들이 공유된 비전을 이끌어 내며 대화에 참여했다. 이것은 이 학회가 심리치료 분야에서 어떻게 화합을 증진시키는지 보여 주는 한 예일 뿐이며, 이는 에릭슨의 철학과 이론을 탈피한 견해 위에 기반하고 있다. 이론적인 '세속적' 장벽이 제거되면 남는 것은 환자 전체의 다양한 측면에 대한 많은 관점이다. 이처럼 에릭슨 재단이 여는 학회는 이론적인 통합을 조성하며, 그것이 진정한 에릭슨 학파의 모습인 것이다.

이런 식의 통합적인 학회와 더불어, 심리치료와 최면에서의 에릭슨식 접근에 대한 모임이 1980년 이후 여섯 차례 열렸고 1999년에 일곱 번째 모임이 열렸다. 그 사이 작은 규모의 에릭슨 세미나도 열렸다. 학회에는 1,000~2,000명의 사람들이 모이며 세미나는 최대 700명까지 모인다. 그들은 앞서가는 임상가와 함께 에릭슨의 방법을 시연하고 식견을 넓힌다.

이렇게 실행할 수 있는 기회들과 더불어, 재단은 에릭슨과 그의 작업에 관심 있는 임상가들에게 풍부한 정보를 제공하기 위해 뉴스레터, 웹페이지, 리스트서브 등을 후원한다. 이러한 방대한 자원은 전 세계적인 에릭슨에 대한 관심을 입증하는 것이며, 이에 따라 여러 학파를 파생하게 되었다.

후속 학파

에릭슨이 여러 분야에 엄청난 영향을 주었으며 각 분야에서 이러한 영향이 독창적이고도 생산적인 역할을 했다는 사실은 의심의 여지가 없다. 그리고 그러한 분야들을 파생 학파라고 부를 수 있다. MRI(Mental Reaserch Institute)의 Gregory Bateson은 에릭슨의 의사소통에 관한 사상에 영향을 받았고, Haley와 Madanes는 그의 사상에 기반하여 전략적 치료를 발달시켰다. 신경언어학적 프로그래밍(Neuro-Linguistic Programming)도 부분적으로 에릭슨의 의사소통 패턴과 유형의 분석으로부터 나왔다. Rossi의 Mind-Body 치료도 최면 중에 일어나는 환자의 신체적인 변화에 대해 그가 배운 것에서 나왔다.

에릭슨이 이룬 성과들과 그의 창조성은 여러 접근에 영향을 미쳤다. 그와 함께 연구하였던 그의 제자들은 여러 분야에서 그의 접근을 발달시키고 정교화시켰다. Jeff Zeig, Lankton 부부, Stephen Gilligan 그리고 William O' Hanlon이 바로 그들이다. Michael Yapko와 같은 신에릭슨 학파 또한 에릭슨과 직접 함께 연구한 적은 없지만 에릭슨의 이론을 기반으로 하고 있다.

MRI

1952년부터 1962년까지 Gregory Bateson은 의사소통 연구를 진행했다. 연구 팀은 Jay Haley, John Weakland, Don D. Jackson, William F. Fry였다. 그 프로젝트의 연구 주제는 광범위했다. 팀은 의사소통 과정에서 일어나는 역설(paradoxes)에 관한 한 어떤 것이든 연구할 수 있었다. 이 연구에 대한 에릭슨의 영향은 1950년대 중반으로 거슬러 올라간다. Bateson은 에릭슨에게 다섯 장이 넘는 편지를 보냈다. 그는 이중 구속을 개관하며, 에릭슨에게 최면가의 행동과 징신분열증 병력이 있는 가족의 구속 사이의 유사성에 대해 물었다. Bateson은 Jay Haley와 John Weakland를 에릭슨에게 소개하였고, Haley는 곧 그의 최면 세미나에 참석했다. 그 즈음 그 프로젝트는 다른 것들 중에서도 특정 의사소통 패턴들이 병리를 어떻게 유지시키는지를 고찰하는 중이었다. 그들의 작업은 가족의 구조와 의사소통 패턴을 꽤나 잘 기술하는 항상성 모델이었다. 그러나 이는 치료과정 중에 일어나는 변화에 대한 연구라기보다는 좀 더 인류학적이고 기술적이었다.

Jay Haley와 John Weakland는 에릭슨과의 만남을 통해서 단기치료적 접근에 열중하게 되었다. 결국 Haley는 전략적 치료 학파를 발달시켰고, Weakland는 MRI에 남아 '상호작용 접근' 창립자 중 한 명이 되었다. 그들과 에릭슨이 처음 만나던 때는 치료에 있어 정신분석적 사상이 주를 이루던 때였다. 반면에 에릭슨은 지시적이고, 빠른 결과를 추구하는 사람이었다. Haley와 Weakland는 시련, 가족에 기반한 개입들, 최면, 과제와 은유에 대해 배웠다. 전략적 개입의 지시적인 특성은 치료자의 역할을 수동적인 것에서 적극적인 것으로 바꾸었고, 짧은 시간 내에 치료적 성과를 급격하게 증진시켰다. 그들은 에릭슨에게 배운 것을 팰러앨토에서 계승했고, 1967년 MRI 내에 단기치료 센터가 창설되었다. 이러한 에릭슨의 사상은 Paul Watzlawick, Don Jackson, Richard Fisch와 같은 학자들에게 지속적으로 영향을 주게 되었다.

전략적/해결 중심적 치료

Haley는 팰러앨토 그룹으로부터 나와 구조적 가족치료를 창시한 Salvador Minuchin, Braulio Montalvo가 있는 필라델피아 아동 센터로 갔다. 그는 전략적 가족 체계 개입을 발전시켰고, 특히 가족 구조 내에서의 영향의 위계와 분배에 집중했다. 마침내 그는 워싱턴 DC에 가족치료협회 (Family Therapy Institute)를 세웠고 Cloé Madanes와 뜻을 같이하게 되었다.

1969년에는 Steve de Shazer가 단기치료에 참여했다. *Keys to Solutions in Brief Therapy*(1985)에서 그는 자신의 단기치료에 대한 접근법의 근원이 된 에릭슨의 작업에 대해 인용했다.

내가 보기에 단기치료의 핵심은 내담자가 만족하는 삶을 영위할 수 있는 자신만의 방식으로 욕구(needs)를 충족시키기 위해서 그 자신이 가져온 것들을 활용하는 것이다. 에릭슨은 어떠한 시도로도 '원인이 되는 근원적 부적응'은 고쳐지지 않는다고 말했으며, 어떤 것도 필요하지 않다고 하였다 (1985: 6).

에릭슨의 전략적 문제 해결의 초점은 de Shazer의 초기 작업에 많이 드러나 있다. de Shazer 역시 에릭슨이 언급한 미래에 대한 긍정적인 관점 만들기를 자신의 치료에 사용했다. 이는 '기적 질문(miracle question)' 즉, '만약 당신이 내일 일어났을 때, 당신의 문제가 기적처럼 해결되어 있다면, 무엇이 어떻게 달라져 있을까?'로 구체화되었다. de Shazer는 단기치료 운동 내에서 주요 인물이 되었다.

신경언어학적 프로그래밍

치료자 Richard Bandler와 언어학자 John Grinder는 최면과 치료에 있어 의사소통에 기반한 접근을 발전시켰다. 그것은 신경언어학적 프로그래밍(Neuro-Linguistic Programming: NLP)으로 불린다. 그들은 에릭슨 및 다른 전문가들의 의사소통 패턴을 방법론적으로 살펴보기 위해서 Noam Chomsky의 변형 문법과 다른 도구들을 사용했다. 그들이 하는 분석의 주요 초점은 에릭슨의 작업과 그의 사례 연구였다. 그들은 『밀튼 에릭슨의 최면기술 유형(*Paterns of the Hypnotic Techniques of Milton H. Erickson MD*)』을 1975년에 처음으로 출판하였다. 에릭슨은 현재 그들의 저작에 많은 영향을 끼쳤고, 많은 저술을 한 작가이자 교수인 Robert Dilts를 포함하여 NLP의 주요 인물들에게도 영향을 미쳤다.

Rossi의 Mind-Body Work

Ernest Rossi는 융 학파에서 공부했고, 에릭슨과는 내담자로 처음 만나 학생이 되었다가 마침내 협력자가 되었다. Rossi는 에릭슨의 충실한 전기작가였다. 그는 에릭슨이 언급했던 것들을 포함해 에릭슨의 주요 저서를 모아 편집했고, 에릭슨에 대해서도 꽤 자세하게 썼다. 마침내 그는 심리신경면역학(psychoneuroimmunology)을 탐구하는 자신의 접근을 발전시켰다. 그는 마음과 몸의 연결에 대해서 열정적으로 연구했고, 치유과정을 돕기 위해 무의식적인 자원들에 접근하는 모델을 발전시켰다. 나아가 자연스러운 몸의 리듬을 활용하여 치유와 성장을 향상시키도록 환자들을 격려했다.

신에릭슨 학파

에릭슨에게 영향을 받은 많은 개인들은 중요한 방식으로 심리치료 분야에 지속적인 기여를 해 오고 있다. 에릭슨식 치료의 경우가 늘 그래 왔던 것처럼, 그의 접근법은 심지어 오늘날에도 진화하고 있다. Haley, Weakland, Fisch, Jackson, Watzlawick, Bandler 그리고 Grinder, Rossi, de Shazer는 에릭슨으로부터 파생한 학파들을 이끄는 인물들로 이미 언급했다. 이들 집단(파생 학파들)과 신에릭슨 학파(Neo-Ericksonians)의 나머지 집단들과의 구분은 다소 애매하고 임의적이다. 시간이 흐르면 다음에 기술하는 인물들이 신에릭슨 학파를 뚜렷이 구분되는 파생 학파로 발전시킬지도 모른다.

Jeffrey Zeig는 에릭슨식 최면과 치료에 내재된 의사소통 과정을 이해하기 위한 메타 모델을 정교화시켰다(Zeig, 1992). 그는 에릭슨이 치료에서 최면유도나 과제에 앞서 사용했던 '씨 뿌리기' 과정에 대해 설명했다(Zeig, 1990a). 그는 활용(Zeig, 1992), 에릭슨과 함께했던 경험(Zeig, 1985; Zeig & Geary, 1990), 그리고 심리치료 전반(Zeig & Munion, 1990)에 대해 많은 글을 썼다. 이러한 집필에 더하여, 밀튼 H. 에릭슨 재단의 회장을 역임했다. 그는 모든 학회를 계획하고, 에릭슨 재단에 의해 후원되는 훈련에 관여했다.

Stephen Lankton과 Carol Lankton은 에릭슨의 제자였다. Stephen은 밀튼 H. 에릭슨 재단에서 발간하는 *Ericksonian Monograph* 시리즈의 초기 편집을 맡았다. 이 시리즈는 에릭슨의 접근방법으로 치료하는 여러 치료자들의 관점에서 관련된 주제들을 연구하는 출판물이었다. 또한 이 시리즈는 관련된 출판물들을 살펴보았다. Lankton은 가족치료에서의 에릭슨의 기법들과 최면(1983)에 대해 썼다(Lankton & Lankton, 1986). 둘 다 에릭슨식 방법으로 훈련을 실시하는 데 꽤나 적극적이었다.

William O'Hanlon은 에릭슨의 업적과 치료방법에 대한 중요한 책들을 출간했다(O'Hanlon, 1987; O'Hanlon & Hexum, 1990). 특히 그는 해결 중심적 치료 접근을 발전시켰으며(Cade & O' Hanlon, 1993; O' Hanlon & Weiner-Davis, 1989; O' Hanlon & Martin, 1992), 지금까지 글을 쓰고 수련을 지도하며 임상 현장에서 활동해 오고 있다. Joseph Barber(Barber, 1977a, 1977b, 1980, 1987, 1989, 1993; Barber & Adrian, 1982; Price & Barber, 1987)는 통증관리 기술과 최면 분야에 실질적 공헌을 했고 에릭슨 학회의 평생 회원이 되었다. Michael Yapko(1988, 1989, 1992)는 단기치료, 우울, 최면을 주제로 글을 썼고, 특히 지시적 치료에 대한 저서를 남겼다(Yapko, 1990).

Kay F. Thompson 또한 에릭슨의 제자였다. 그는 치과 통증관리에 관한 최면 효과를 가르치고 발전시켰다. Stephen Gilligan은 20년 동안 에릭슨의 방법들을 학생들에게 가르쳐 왔고, 이러한 치료방법에 대한 저서를 써 왔다(Gilligan, 1993; Gilligan & Price, 1987; Lankton et al., 1991; Zeig & Gilligan, 1990). 그의 최근 작업은 독립 학파가 될 가능성이 높은 치료법인 '자기 관계(Self-Relations)' 접근으로 진화되었다(Gilligan, 1997). Yvonne Dolan(1985, 1986, 1989, 1991, 1997)은 성학대 생존자들뿐만 아니라 만성적이고 저항적인 환자들의 치료에 에릭슨 원리를 적용시키는 방법을 발전시켰다. John과 Janet Edgette(1995)는 최면에 대한 심도 깊은 저술 활동을 하고 있으며, Herb Lustig, Sidney Rosen, Betty Alice Erickson, Phillip과 Norma Baretta

를 비롯하여 Daniel Araoz(1985)와 같은 무수히 많은 사람들이 에릭슨의 영향을 받았고, 효과적인 치료방법을 또 다른 이들에게 전수하고 있다.

결 론

에릭슨은 숙련된 최면가로 잘 알려져 있지만, 그의 최면이 가진 영향력은 에릭슨의 폭넓은 치료 맥락에서 더욱 잘 이해된다(Zilbergeld et al., 1986; Weitzenhoffer, 1989). D. Corydon Hammond(1986)는 에릭슨이 가장 영향력 있는 치료자였으며, 존경받을 만한 과업을 해냈다고 평가했다. 그는 또 에릭슨을 신성시하거나 치료자로서의 작업을 평가하는 데 사용된 것 이상의 기준으로 에릭슨을 떠받드는 것을 거부하는 균형 잡힌 발언을 했다. Hammond는 대부분의 치료자 경우와 마찬가지로 우리가 에릭슨의 '치료 효과의 크기'를 알 수 있는 경험적인 자료를 갖고 있지 않다고 지적했다. 그는 다음과 같이 결론지었다.

다른 어떤 치료자들이 얼마나 성공적이었는지 알 수 없는 것처럼, 우리는 치료자로서 에릭슨이 얼마나 성공적이었는지 결코 정확하게 알 수 없다. 그러나 나는 그가 최고 중의 한 명이라고 생각한다. 그는 어떠한 좋은 치료자도 필적할 수 없는 자질을 갖고 있었다. 그는 환자들을 그대로 수용하려고 했고 존중해 주었으며, 이해한 것을 전달하려는 작업을 하였다. 그는 '최면가'가 아니었으며, 최면이나 어떤 치료방법도 만병통치약으로 생각하지 않았다. 최면은 단지 그의 치료의 한 부분이었을 뿐이다. 그는 환자를 격려하기 위한 어떠한 것이라도 기꺼이 사용하는 뛰어난 절충주의자였다. 그는 치료자의 이론이나 선호 모델에 환자를 끼워 맞추려는 시도를 하기보다 항상 환자에게 맞는 처치를 개별화하려고 노력했다. 그는 무엇이 치료에 도움이 되는지에 관심이 있었지, 무엇이 이 모델 혹은 저 모델에 적합하고 적합하지 않은지에는 관심이 없었다. 또한 그는 작업하는 환자에게 전념했고, 신중하게 치료를 계획하고 자신의 행동을 돌아보며 분석하는 데 많은 시간을 바쳤다. 그는 집요했지만, 저항은 환자의 문제가 아니라 치료자의 창조성과 유연성에 대한 도전이라고 받아들였다. 나는 이러한 것을 최고의 자질이라고 여긴다(1986: 235).

이 책의 저자들도 그렇게 생각한다.

에릭슨이 불을 지핀 접근들의 미래는 밝다. 학생들은 계속해서 훈련을 받기 위해 찾아오고 있고, 에릭슨의 지혜를 반영한 새로운 관점들이 계속해서 이어지고 있으며, 새롭게 파생된 방법들로 진보하고 있다. 에릭슨의 유산은 오늘날 심리치료가 나아갈 바를 지속적으로 일구어 가고 있다.

| **Milton H. Erickson**의 주요 연구업적 목록 |

Alman, B. and Lambrou, P. (1991) *Self-hypnosis: The Complete Manual for Health and Self-change* (2nd edn). New York: Brunner/Mazel.

Bandler, R. and Grinder, J. (1975) *Patterns of the Hypnotic Techniques of Milton H. Erickson, MD* (Vol. 1). Cupertino, CA: Meta Publications.

이 책은 최면 유도에 사용한 에릭슨의 언어를 복사해 놓은 매뉴얼이다. 분리 뇌 연구와 변형생성 문법에 기반하여 제시된 모델이다.

Bauer, Sofia M. F. (1998) *Hipnoterapia Ericksoniana paso a paso*. Campinas/SP Brazil: Editora Psy. (포르투갈어)

Bell-Gadsby, Cheryl and Siegenberg, Anne. (1996) *Reclaiming her Story: Ericksonian Solution-focused Therapy for Sexual Abuse*. New York: Brunner/Mazel.

Combs, G. and Freedman, J. (1990) *Symbol, Story and Ceremony: Using Metaphor in Individual and Family Therapy*. New York: Norton.

저자는 에릭슨 심리치료의 기술적이고 은유적인 부분에 대해 자세히 기술한다.

Cooper, L. and Erickson, M. (1982) *Time Distortion in Hypnosis* (2nd edn). New York: Irvington.

이 분야에서 에릭슨과 Cooper의 실험적이고 임상적인 작업의 결과. 이 자료의 대부분은 *Collected Papers*에 들어 있다.

Dolan, Y. (1985) *A Path with a Heart: Ericksonian Utilization with Resistant and Chronic Clients.* New York: Brunner/Mazel.

이 책은 어려운 문제나 두 가지 이상의 문제, 장기 환자들의 작업에 에릭슨식 원리와 기술을 확장시킨 것이다.

Dolan, Y. (1991) *Resolving Sexual Abuse: Solution-focused Therapy and Ericksonian Hypnosis for Adult Survivors.* New York: Norton.

Edgette, J. and Edgette, J. (1995) *The Handbook of Hypnotic Phenomena in Psychotherapy.* New York: Brunner/Mazel.

Erickson, M., Hershman, S. and Secter, I. (1989) *The Practical Application of Medical and Dental Hypnosis* (3rd edn). New York: Brunner/Mazel.

이 책은 1950년대 후반 동안 의학, 심리학, 치의학 전문가들을 위한 저자의 워크숍 자료를 최초로 종합한 것이다. Jeffrey K. Zeig 박사에 의해 1989년에 재발행되었다.

Erickson, M., Rossi, E. and Rossi, S. (1976) *Hypnotic Realities: The Induction of Clinical Hypnosis and Forms of Indirect Suggestions.* New York: Irvington.

에릭슨, Rossi가 함께 쓴 세 시리즈 중 첫 번째 책. 이 책은 에릭슨의 최면 접근에 대한 전체적인 모델을 제시하고 있으며, 유도에 대한 다양한 논의와 제언이 담겨 있다. 같은 피험자에게 두 가지 방식을 사용했던 에릭슨의 녹음테이프가 동봉되어 있다.

Erickson, M. and Rossi, E. (1979) *Hypnotherapy: A Exploratory Casebook.* New York: Irvington.

시리즈의 두 번째 책. 최면치료에 대해 강도 있게 다루고 있으며, 다양한 사례가 예시되어 있다. 에릭슨이 치료한, 이 책에 실린 환지통을 가진 남자와 귀울림으로 고생하는 부인의 치료 사례 테이프가 동봉되어 있다.

Erickson, M. and Rossi, E. (1981) *Experiencing Hypnosis: Therapeutic Approaches to Altered State*. New York: Irvington.

시리즈의 세 번째 책. 에릭슨이 정신과에서 최면에 대해 강연한 스크립트가 포함되어 있고, 다양한 치료적 기술과 접근에 대한 논의가 담겨 있다. 에릭슨의 유명한 비언어적 팔 강경증 유도기법이 포함되어 있다. 두 개의 녹음테이프가 동봉되어 있다.

Erickson, M. and Rossi, E. (1989) *The February Man: Evolving Consciousness and Identity in Hypnotherapy*. New York: Brunner/Mazel.

Gilligan, S. G. (1986) *Therapeutic Trances: The Cooperation Principle in Ericksonian Hypnotherapy*. New York: Brunner/Mazel.

이 책은 Gilligan이 에릭슨식 최면치료를 개관한 것이다. 자기비하적인 최면 현상으로서의 증상과 그 증상을 어떻게 자기 가치를 고양시키는 자원으로 바꿀지에 대한 그의 모델을 소개한다. 최면의 주요 학파에 대한 일반적 논의는 에릭슨 접근을 포함하고 있다.

Gordon, D. (1978) *Therapeutic Metaphors: Helping Others through the Looking Glass*. Cupertino, CA: Meta Publications.

Gordon, D. and Myers-Anderson, M. (1981) *Phoenix: Therapeutic Patterns of Milton H. Erickson*. Cupertino, CA: Meta Publications.

에릭슨식 치료를 명백히 하고 조직화를 시도했다. 치료 원리들을 논의했던 에릭슨의 교육 세미나의 자료를 사용했다.

Grinder, J., DeLozier, J. and Bandler, R. (1977) *Patterns of the*

Hypnotic Techniques of Milton H. Erickson, M.D., Vol. II. Cupertino, CA: Meta Publications.

감각지도(sensory-based maps) 개념을 제안하는 시리즈 중 두 번째 책. 일관성이 있는 환자들과 일관성이 없는 환자들에게 다른 접근을 썼던, 그리고 그 외 에릭슨의 최면 업적에 대한 다른 관점들에 관해 쓰여 있다. 두 권 모두에서 제시된 공식화와 관련해 (The Artistry of Milton Erickson 비디오테이프에서 발췌한) 에릭슨 작업의 스크립트가 분석되었다.

Haley, J. (1963) *Strategies of Psychotherapy*. New York: Grune & Stratton.
Haley, J. (ed.) (1967) *Advanced Techniques of Hypnosis and Therapy: Selected Papers of Milton H. Erickson, MD*. New York: Grune & Stratton.

이 책은 최면과 치료 분야의 에릭슨 주요 저널을 모은 첫 번째 산물이다. 또한 에릭슨의 작업에 대한 Haley의 논의와 일대기적 소개가 포함되어 있다. 그는 에릭슨의 오랜 제자이자 에릭슨을 대중화시킨 사람이었다. 여기에 실린 모든 자료는 Haley가 쓴 부분을 제외하고는 Rossi가 편집한 *Collected Paper*에 포함되어 있다.

Haley, J. (1973) *Uncommon Therapy: The Psychiatric Techniques of Milton H. Erickson, MD*. New York: Norton.

에릭슨과의 논의, 특별한 기법들과 논평, 다양한 사례들이 포함되어 있다. 이 책은 에릭슨의 치료적 접근에 대해 주로 다루고 있다. 가족생활 주기의 틀 내에서 자료가 조직화되고 제시되어 있다.

Haley, J. (1976) *Problem Solving Therapy*. San Franscisco: Jossey-Bass.
Haley, J. (1984) *Ordeal Therapy*. San Franscisco: Jossey-Bass.

이 책은 Haley가 에릭슨에게 배운 시련치료를 확장한 내용을 담고 있다. 때로 에릭슨의 사례를 사용했으나, 대개는 Haley의 치료 사례나 슈퍼비전으로부터 나온 사례들이다.

Haley, J. (1985a) *Conversations with Milton H. Erickson, MD, Vol. 1: Changing Couples*. New York: Triangle (Norton).
Haley, J. (1985b) *Conversations with Milton H. Erickson, MD, Vol. 2: Changing Couples*. New York: Triangle (Norton).
Haley, J. (1985c) *Conversations with Milton H. Erickson, MD, Vol. 3: Changing Children and Families*. New York: Triangle (Norton).

이 대화는 1950년대 후반 에릭슨과 Haley, John Weakland, 때로는 Gregory Bateson 간에 주로 이루어진 것이다. Haley와 Weakland는 Bateson의 의사소통 프로젝트 연구를 위해, 그리고 그들의 개인치료와 부부 및 가족 치료에 도움을 받고자 에릭슨의 단기치료를 이해하려 노력했다. 이 책을 읽어 가면 몇몇 이론적 주제들과 사례 토의로 이루어진 치료 회기 슈퍼비전을 읽는 듯하다. *Uncommon Therapy*의 많은 부분은 이 자료에 출처를 두고 있다.

Haley, J. (1993) *Jay Haley on Milton H. Erickson*. New York: Brunner/Mazel.
Havens, R. (1985) *The Wisdom of Milton H. Erickson*. New York: Irvington.

이 책은 치료와 최면 관련 다양한 주제들에 대한 에릭슨의 인용을 모았다. 장별로 인용문을 제시했고, 에릭슨의 치료와 최면 접근에 대한 모델을 자연스럽게 잘 그리고 있다.

Havens, Ronald A. (ed.) (1992) *The Wisdom of Milton Erickson: Human Behavior and Psychotherapy, Vol. 2*. New York: Irvington Publishers.
Havens, R. and Walters, C. (1989) *Hypnotherapy Scripts: A Neo-Ericksonian Approach to Persuasive Healing*. New York: Brunner/Mazel.
Kershaw, C. (1992) *The Couple's Hypnotic Dance: Creating*

Ericksonian Strategies in Marital Therapy. New York: Brunner/Mazel.

Klippstein, H. (ed.) (1991) *Ericksonian Hypnotherapeutic Group Inductions*. New York: Brunner/Mazel.

Lankton, C. and Lankton, S. (1989) *Tales of Enchantment: Goal-oriented Metaphors for Adults and Children in Therapy*. New York: Brunner/Mazel.

Lankton, S. (1980) *Practical Magic: A Translation of Basic Neurolinguistic Programming into Clinical Psychotherapy*. Cupertino, CA: Meta Publications.

Lankton, S. (ed.) (1985) *Ericksonian Monographs Number 1: Elements and Dimensions of an Ericksonian Approach*. New York: Brunner/Mazel.

이 책은 교육과 정보 교환을 지속하기 위한 포럼인 에릭슨 재단의 지원으로 펴낸 *Ericksonian Monograph* 시리즈의 창간호다. 에릭슨의 작업을 다른 방식으로 적용한 다양한 논문들이 포함되어 있다. 의학적 최면에 대한 밀튼 에릭슨의 출간되지 않은 논문을 그의 아내 Elizabeth가 갱신해 새 논문으로 기고했다.

Lankton, S. (ed.) (1987) *Ericksonian Monographs Number 2: Central Themes and Prinaples of Ericksonian Therapy*. New York: Brunner/Mazel.

Ericksonian Monograph 시리즈의 두 번째 호다. 9개 논문과 책 리뷰 3편으로 구성되어 있다.

Lankton, S. (ed.) (1989) *Ericksonian Monographs Number 5: Ericksonian Hypnosis: Application, Preparation and Research*. New York: Brunner/Mazel.

Lankton, S. and Erickson, K. (eds) (1993) *Ericksonian Monographs Number 9: The Essence of a Single Session Success*. New York: Brunner/Mazel.

Lankton, S., Gilligan, S. and Zeig, J. (eds) (1991) *Ericksonian*

Monographs Number 8: Views on Ericksonian Brief Therapy, Process and Action. New York: Brunner/Mazel.

Lankton, S. and Lankton, C. (1983) *The Answer Within: A Clinical Framework of Ericksonian Hypnotherapy.* New York: Brunner/Mazel.

에릭슨의 사례와 Lankton의 사례가 함께 포함되어 있다. 이는 임상가들에게 에릭슨식 접근을 사용하는 최면 사용 치료에 대해 보다 접근할 수 있는 기초를 제공한다.

Lankton, S. and Lankton, C. (1986) *Enchantment and Intervention in Family Therapy: Training in Ericksonian Approaches.* New York: Brunner/Mazel.

이 책은 첫 번째 출간된 책에 비하여 에릭슨의 작업을 더욱 정교화시킨 Lankton의 작업을 담고 있으며, 부부치료 및 가족치료에 대한 최면 접근을 연결하였다.

Lankton, S., Lankton, C. and Matthews, W. (1991) 'Ericksonian Family Therapy', in A. Gurman and D. Kniskern (eds), *The Handbook of Family Therapy, Vol. 2.* New York: Brunner/Mazel.

Lankton, S. and Zeig, J. (eds) (1988) *Ericksonian Monographs Number 3: Treatment of Special Populations with Ericksonian Approaches.* New York: Brunner/Mazel.

Lankton, S. and Zeig, J. (eds) (1988) *Ericksonian Monographs Number 4: Research, Comparisons and Medical Applications of Ericksonian Techniques.* New York: Brunner/Mazel.

Lankton, S. and Zeig, J. (eds) (1989) *Ericksonian Monographs Number 6: Extrapolations: Demonstrations of Ericksonian Therapy.* New York: Brunner/Mazel.

Lankton, S. and Zeig, J. (eds) (1995) *Ericksonian Monographs Number 10: Difficult Contexts for Therapy.* New York: Brunner/Mazel.

Leva, R. (ed.) (1988) *Psychotherapy: The Listening Voice: Rogers and Erickson*. Muncie, IN: Accelerated Development.

Loriedo, C. and Vella, G. (1992) *Paradox and the Family system*. New York: Brunner/Mazel.

Lovern, J. D. (1991) *Pathway to Reality: Erickson-inspired Treatment Approaches to Clinical Dependency*. New York: Brunner/Mazel.

Lustig, H. (1975) *The Artistry of Milton H. Erickson, MD (Part 1, Part 2)*. Haverford, PA: Hervert S. Lustig, MD, Ltd. 에릭슨이 시행한 최면 비디오테이프.

Matthews, W. J. and Edgette, John H. (eds) (1997) *Current Thinking and Research in Brief Therapy: Solutions, Strategies, Narratives, Vol. 1*. New York: Brunner/Mazel.

Mattews, W. J. and Edgette, John H. (eds) (1998) *Current Thinking and Research in Brief Therapy: Solutions, Strategies, Narratives, Vol. 2*. New York: Brunner/Mazel.

Mehl, L. and Peterson, G. (1989) *The Art of Healing*. New York: Irvington.

Mills, J., Crowley, R. and Ryan, M. (1986) *Therapeutic Metaphors for Children and the Child Within*. New York: Brunner/Mazel.

O'Hanlon, W. H. (1987) *Taproots: Underlying Principles of Milton Erickson's Therapy and Hypnosis*. New York: Norton.

O'Hanlon, W. H. and Hexum, A. L. (1990) *An Uncommon Casebook: The Complete Clinical Work of Milton H. Erickson*. New York: Norton.

O'Hanlon, W. H. and Martin, M. (1992) *Solution-oriented Hypnosis: An Ericksonian Approach*. New York: Norton.

Overholser, L. (1984) *Ericksonian Hypnosis: Handbook of Clinical Practice*. New York: Irvington.

이 책은 에릭슨식 접근을 사용한 최면 유도 및 치료에 관한 입문서다. 실제로 본문에 나온 기술들을 연습해 볼 수 있게 각 장의 마지막 부분에 실습을 첨가했다.

Phillips, M. and Frederick, C. (1995) *Healing the Divided Self: Clinical and Ericksonian Hypnotherapy for Post Traumatic and Dissociative Condition.* New York: Norton.

Ritterman, M. (1983) *Using Hypnosis in Family Therapy.* San Francisco: Jossey-Bass.

Robles, T. (1990) *A Concert for Four Hemispheres in Psychotherapy.* Maxico City: Institute of Milton H. Erickson de la Ciudad de Mexico. New York: Vantage Press.

Robles, T. (1991) *Terapia cortada a la medida: un seminario ericksoniano con Jeffrey K. Zeig.* Mexico City: Institute of Milton H. Erickson de la Ciudad de Mexico (스페인어)

Rosen, S. (ed.) (1982) *My Voice Will Go with you: The Teaching Tales of Milton H. Erickson.* New York: Norton.

Rossi, E. (ed.) (1980) *The Collected Papers of Milton H. Erickson on Hypnosis. Vol. 1: The Nature of Hypnosis and Suggestion; Vol. 2: Hypnotic Alteration of Sensory, Perceptual and Psychophysiological Processes; Vol. 3: Hypnotic Investigation of Psychodynamic Processes; Vol. 4: Innovative Hypnotherapy.* New York: Irvington.

4권으로 발간된 이 책은 최면과 치료에 관해 발표되었던 에릭슨의 저널을 모두 포함하고 있다. 어떤 것은 기존에 발표되지 않은 자료들이며 몇몇 개 논문은 에릭슨의 동료들이 쓴 것이다(Ernest Rossi, Elizabeth Erickson, Jeffrey Zeig and others).

Rossi, E., Ryan, M. and Sharp, F. (eds) (1983) *Healing in Hypnosis: The Seminars, Workshops and Lectures of Milton H. Erickson, Vol. 1.* New York: Irvington.

이 책은 1950~1960년까지 에릭슨이 강연했던 내용과 시연에 대한 자료를 4권의 시리즈로 묶은 것 중 첫 번째다. 짧은 전기와 에릭슨의 사진이 몇 개 포함되어 있다. 에릭슨의 강의 녹음데이프도 담겨져 있다.

Rossi, E. and Ryan, M. (eds) (1985) *Life Reframing in Hypnosis:*

The Seminars, Workshops and Lectures of Milton H. Erickson, Vol. 2. New York: Irvington.

시리즈의 두 번째 호로 에릭슨이 사진사와 함께 한 최면치료 녹음테이프가 담겨 있다.

Rossi, E. and Ryan, M. (1986) *Mind-Body Communication in Hypnosis: The Seminars, Workshops and Lectures of Milton H. Erickson, Vol. 3*. New York: Irvington.

3권은 신체적 증상과 그와 관련된 것을 다룬 에릭슨의 작업을 집중해서 다뤘다.

Rossi, E. and Ryan, M. (1991) *Creative Choice in Hypnosis: The Seminars, Workshops and Lectures of Milton H. Erickson, Vol. 4*. New York: Irvington.

에릭슨이 자주 사용했던 교육적 이야기, 몇몇 사례들, 개인적, 가족 이야기를 모아 Rosen이 논평하고 조직화했다.

Walters, C. and Havens, R. A. (1993) *Hypnotherapy for Health, Harmony and Peak Performance: Expanding the Goals of Psychotherapy*. New York: Brunner/Mazel.

Yapko, M. (1986) *Hypnotic and Strategic Interventions: Principle and Practice*. New York: Irvington.

Yapko, M. (1990) *Trancework* (2nd edn). New York: Brunner/Mazel.

Yapko, M. (1992) *Hypnosis and the Treatment of Depressions: Strategies for Change*. New York: Brunner/Mazel.

Yapko, M. (1995) *Essentials of Hypnosis*. New York: Brunner/Mazel.

Zeig, J. (ed. with commentary) (1980) *A Teaching Seminar with Milton H. Erickson*. New York: Brunner/Mazel.

에릭슨 말년의 5일간의 교육 세미나를 정리한 것이다. 수많은 일화, 최면 유도방법 그리고 학생들과의 대화가 포함되어 있다. Zeig는 1장에서 에릭슨의 일화 사용에 대해 썼다. 세미나 동안에 있었던 최면 유도에 대해 에릭슨과 Zeig가 나눈 토론과 논평이 포함돼 있다. 에릭슨 특유의 말로 교육하는 능력이 탁월하게 드러나 있다.

Zeig, J. (ed.) (1982) *Ericksonian Approaches to Hypnosis and Psychotherapy.* New York: Brunner/Mazel.

1980년 애리조나 피닉스에서 열린 제1회 최면과 심리치료의 에릭슨 접근에 대한 국제 학회의 내용을 편집한 것이다. Jay Haley와 Carl Whitaker의 기조연설과 의학, 사회과학의 여러 분야에서 에릭슨과 에릭슨 접근을 연구한 41편의 논문이 실려 있다.

Zeig, J. (ed.) (1985a) *Ericksonian Psychotherapy, Vol. 1: Structures.* New York: Brunner/Mazel.
Zeig, J. (ed.) (1985b) *Ericksonian Psychotherapy, Vol. 2: Clinical Applications.* New York: Brunner/Mazel.

1983년 피닉스에서 열린 두 번째 국제 에릭슨 학회의 내용을 편집한 것이다. Watzlawick, Rossi, Haley, Madanes가 기조연설과 본 회의 연설을 했다. 아이를 양육하는 기술에 대한 에릭슨 가족의 특별 주제가 포함되었다. 이번 권은 에릭슨의 업적을 새로운 시각에서 발전시키고, 그의 기술과 접근을 새롭게 적용한 것을 보여 주기 위해 기획되었다.

Zeig, J. (ed.) (1985c) *Experiencing Erickson: An Introduction to the Man and His Work.* New York: Brunner/Mazel.

한 인간으로서, 치료자로서의 에릭슨에 대한 회고가 담긴 책이다. Zeig에게 가르치고 슈퍼비전한 기록이 실려 있다.

Zeig, J. (ed.) (1987) *The Evolution of Psychotherapy: The First Conference.* New York: Brunner/Mazel.

1985년 애리조나 피닉스에서 열린 제1회 심리치료 발전 학회에서 소개된 27개 발표 내용이 소개되어 있다.

Zeig, J. (ed.) (1992) *The Evolution of Psychotherapy: The Second Conference*. New York: Brunner/Mazel.

캘리포니아 애너하임에서 열린 제2회 심리치료 발전 학회의 내용을 담은 책이다. 23명 전문가들의 발표 내용과 질문 및 답변을 볼 수 있다.

Zeig, J. (ed.) (1994) *Ericksonian Methods: The Essence of the Story*. New York: Brunner/Mazel.
Zeig, J. (ed.) (1997) *The Evolution of Psychotherapy: The Third Conference*. New York: Brunner/Mazel.
Zeig, J. and Gilligan, S. (eds) (1990) *Brief Therapy: Myths, Methods, and Metaphor*. New York: Brunner/Mazel.

이 책은 1988년 캘리포니아 샌프란시스코에서 열린 제4회 심리치료와 최면에 대한 에릭슨 접근 국제 학회의 내용을 편집한 것이다.

Zeig, J. and Lankton, S. (eds) (1988) *Developing Ericksonian Therapy: State of the Art*. New York: Brunner/Mazel.

이 책은 1986년 애리조나 피닉스에서 개최된 제3회 심리치료와 최면에 대한 에릭슨 접근 국제 학회의 내용을 편집한 것이다.

Zeig, J. and Munion, W. M. (eds) (1990) *What is Psychotherapy? Contemporary Perspectives*. San Francisco: Jossey-Bass.

| 참고문헌 |

Araoz, D. L. (1985). *The New Hypnosis*. New York: Brunner/Mazel.

Bandler, R., & Grinder, J. (1975). *Patterns of the Hypnotic Techniques of Milton H. Erickson, MD. Vol. 1*. Cupertino, CA: Meta Publications.

Barber, J. (1977a). Rapid induction analgesia: a clinical report. *American Journal of Clinical Hypnosis, 19*(3): 138-147.

Barber, J. (1977b). The efficacy of hypnotic analgesia for dental pain in individuals of both high and low hypnotic susceptibility. *Dissertation Abstracts International, 37* (9-B): 4718.

Barber, J. (1980). Hypnosis and the unhypnotizable. *The American Journal of Clinical Hypnosis, 23*(1): 4-9.

Barber, J. (1987). On not beating dead horses. *British Journal of Experimental and Clinical Hypnosis Special Issue: Is Hypnotherapy a Placebo?, 4*(3): 156-157.

Barber, J. (1989). Suffering children hurt us. *Pediatrician, 16*(1-2): 119-123.

Barber, J. (1993). The clinical role of responsivity tests: a master class commentary. *International Journal of Clinical and Experimental Hypnosis, 41*(3): 165-168.

Barber, J., & Adrian, C. (1982). *Psychological Approaches to the*

Management of Pain. New York: Brunner/Mazel.

Breggin, P. R. (1979). *Electroshock: Its Brain Disabling Effects.* New York: Springer.

Cade, B., & O'Hanlon, W. H. (1993). *A Brief Guide to Brief Therapy*. New York: Norton.

Cautela, J. R. (1993). Insight in behavior therapy. *Journal of Behavior Therapy and Experimental Psychiatry, 24*(2): 93-97.

Cooper, L. E., & Erickson, M. H. (1982). *Time Distortion in Hypnosis* (2nd edn) (First published 1954). Baltimore: Williams & Wilkins.

Crasilneck, Harold B., & Hall, James A. (1975). *Clinical Hypnosis: Principles and Applications.* New York: Grune & Stratton.

de Shazer, S. (1985). *Keys to solutions in Brief Therapy.* New York: Norton.

Dolan, Y. M. (1985). *A Path with a Heart: Ericksonian Utilization with Resistant and Chronic Clients.* New York: Brunner/Mazel.

Dolan, Y. M. (1986). Metaphors for motivation and intervention. *Family Therapy Collections, 19*: 1-10.

Dolan, Y. M. (1989). "Only once if I really mena it": brief treatment of a previously dissociated incest case. *Journal of Strategic and Systemic Therapies Special Issue: Childhood Sexual Abuse, 8*(4): 3-8.

Dolan, Y. M. (1991). *Resolving Sexual Abuse: Solution-focused Therapy and Ericksonian Hypnosis for Adult Survivors.* New York: Norton.

Dolan, Y. M. (1997). I'll start my diet tomorrow: a solution-focused approach to weight loss. *Contemporary Family Therapy, 19*(1): 41-48.

Edgette, J. H., & Edgette, J. S. (1995). *The Handbook of Hypnotic: Phenomena in Psychotherapy.* New York: Brunner/Mazel.

Erickson, Elizabeth M. (1994). Convocation, Sixth International

Congress on Ericksonian Approaches to Hypnosis and Psychotherapy. Los, Angels, CA.

Erickson, M. H. (1932). Possible detrimental effects from experimental hypnosis. *Journal of Abnormal and Social Psychology, 27*: 321-327.

Erickson, M. H. (1939). An experimental investigation of the possible antisocial use of hypnosis, *Psychiatry, 2*: 391-414.

Erickson, M. H. (1954a). Special techniques of brief hypnotherapy, *Journal of Clinical and Experimental Hypnosis, 2*: 102-129.

Erickson, M. H. (1954b). Pseudo-orientation in time as a hypnotherapeutic procedure, *Journal of Clinical and Experimental Hypnosis, 2*: 261-283. (Also in E. Rossi [ed.] [1980d] *Collected Papers of Milton H. Erickson on Hypnosis, Vol. IV*. New York: Irvington, pp. 397-423.)

Erickson, M. H. (1958). Naturalistic techniques of hypnosis. *The American Journal of Clinical Hypnosis*, July(1): 3-8.

Erickson, M. H. (1959a). Further clinical techniques of hypnosis: utilization techniques. *The American Journal of Clinical Hypnosis, 2*(1): 3-21.

Erickson, M. H. (1959b). Hypnosis in painful terminal illness. *The American Journal of Clinical Hypnosis, 1*: 117-121.

Erickson, M. H. (Circa 1960). Clinical and experimental trance: hypnotic training and time required for their development. Unpublished discussion. (Also in E. Rossi [ed.] [1980b], *The Collected Papers of Milton H. Erickson on Hypnosis*, Vol. I. New York: Irvington, pp. 301-306.)

Erickson, M. H. (1960). Expectancy and minimal sensory cues in hypnosis. Incomplete report. (Also in E. Rossi [ed.][1980b]. *The Collected Papers of Milton H. Erickson on Hypnosis, Vol. II*. New York: Irvington, pp. 337-339.)

Erickson, M. H. (1964). Initial Experiments Investigating the Nature of Hypnosis. *The American Journal of Clinical*

Hypnosis, October, 7: 152-162.

Erickson, M. H. (1965a). The use of symptoms as an integral part of hypnotherapy. *The American Journal of Clinical Hypnosis*, 8: 57-65.

Erickson, M. H. (1965b). Experimental hypnotherapy in Tourette's Disease. *The American Journal of Clinical Hypnosis*, 7: 325-331.

Erickson, M. H. (1966). Experimental knowledge of hypnotic phenomena employed for hypnotherapy. *The American Journal of Clinical Hypnosis, 8*: 200-309.

Erickson, M. H. (1967). Further experimental investigation of hypnosis: hypnotic and non-hypnotic realities. *The American Journal of Clinical Hypnosis, 10*: 87-135. (Also in E. Rossi [ed.][1980a], *The Collected Papers of Milton H. Erickson on Hypnosis, Vol. I.* New York: Irvington, pp. 18-32.)

Erickson, M. H. (1977). Hypnotic approaches to therapy. *The American Journal of Clinical Hypnosis, 20*(1): 20-35.

Erickson, M. H., & Erickson, E. M. (1938). The hypnotic induction of halucinatory color vision followed by pseudo-negative after-images. *Journal of Experimental Psychology, 22*: 581-588.

Erickson, M. H., & Erickson, E. M. (1958). Further considerations of time distortion: subjective time condensation as distinct from time expansion. *The American Journal of Clinical Hypnosis*, October(1): 83-89.

Erickson, M. H., Hershman, S., & Secter, I. (1961). *The Practical Application of Medical and Dental Hypnosis*. New York: Julian Press.

Erickson, M. H., & Lustig, H. S. (1975). Verbatim transcript of the videotape, The Artistry of Milton H. Erickson, MD. Parts 1 and 2.

Erickson, M. H., & Rossi, E. L. (1975). Varieties of double blind.

The American Journal of Clinical Hypnosis, 17: 143-157.

Erickson, M. H., & Rossi, E. L. (1979). *Hypnotherapy: An Exploratory Casebook*. New York: Irvington.

Furman, B., & Ahola, T. (1994). Solution talk: the solution-oriented way of talking about problems. In M. Hoyt (ed.), *Constructive Therapies*. New York: Guilford Press.

Gilligan, S. G. (1997). *The Courage to Love: Principles and Practices of Self-relations Psychotherapy*. New York: Norton.

Gilligan, S. G. (ed.) (1993). *Therapeutic Conversations*. New York: Norton.

Gilligan, S. G., & Price, R. (1987). *Therapeutic Trances: The Cooperation Principle in Ericksonian Hypnotherapy*. New York: Brunner/Mazel.

Haley, J. (1973). *Uncommon Therapy: The Psychiatric Techniques of Milton H. Erickson MD*. New York: Norton.

Haley, J. (ed.) (1985a). *Conversations with Milton, H. Erickson, MD, Vol. I: Changing Individuals*. New York: Triangle (Norton).

Haley, J. (ed.) (1985b). *Conversations with Milton, H. Erickson, MD, Vol. II: Changing Individuals*. New York: Triangle (Norton).

Haley, J. (ed.) (1985c). *Conversations with Milton, H. Erickson, MD, Vol. III: Changing Individuals*. New York: Triangle (Norton).

Haley, J. (1993). *Jay Haley on Milton H. Erickson*. New York: Brunner/Mazel.

Hammond, D. C. (1986). Evidence of Erickson's effectiveness. In B. Zilbergeld, M. G. Edelstein, & D. L. Araoz (eds), *Hypnosis Questions and Answers*. New York: Norton.

Kazdin, A. E. (1982). Symptom substitution, generalization and response covariation: implications for psychotherapy outcome. *Psychological Bulletin, 91*(2): 349-365.

Kirsch, I., Lynn, S. J., & Rhue, J. W. (1993). Introduction to clinical hypnosis. In J. W. Rhue, S. J. Lynn, & I. Kirsch (eds), *Handbook of Clinical Hypnosis*. Washington, DC: American Psychological Association.

Lankton, C. H. (1985). Elements of an Ericksonian approach. In S. R. Lankton (ed.), *Elements and Dimensions of an Ericksonian Approach*. New York: Brunner/Mazel.

Lankton, S. R. (1990). Ericksonian strategic therapy. In J. K. Zeig & W. M. Munion (eds), *What is Psychotherapy? Contemporary Perspectives*. San Francisco: Jossey-Bass, pp. 363-371.

Lankton, S. R., & Lankton C. H. (1983). *The Answer Within: A Clinical Framework of Ericksonian Hypnotherapy*. New York: Brunner/Mazel.

Lankton, S. R., & Lankton C. H. (1986). *Enchantment and Intervention in Family Therapy: Trainning in Ericksonian Approaches*. New York: Brunner/Mazel.

Lankton, S. R., Gilligan, S. G., & Zeig, J. K. (1991). *Views on Ericksonian Brief Therapy*. Process and Action. New York: Brunner/Mazel.

Madanes, Cloé (1987). Advances in strategic family therapy. In J. K. Zeig (ed.), *The Evolution of Psychotherapy: First Conference*. New York: Brunner/Mazel, pp. 46-55.

Mead, Margaret (1976). The originality of Milton Erickson. *The American Journal of Clinical Hypnosis, 20*(1): 4-5.

O'Hanlon, W. H. (1987). *Taproots: Underlying Principles of Milton Erickson's of Therapy and Hypnosis*. New York: Norton.

O'Hanlon, W. H., & Hexum, A. L. (1990). *An Uncommon Casebook: The Complete Clinical Work of Milton H. Erickson*. New York: Norton.

O'Hanlon, W. H., & Hudson, P. O. (1994). Coauthoring a love story: solution oriented marital therapy. In M. F. Hoyt (ed.), *Constructive Therapies*. New York: Guilford Press.

O'Hanlon, W. H., & Martin, M. (1992). *Solution-oriented Hypnosis: An Erickson Approach*. New York: Norton.

O'Hanlon, W. H., & Weiner-Davis, M. (1989). *In Search of Solutions: A New Direction in Psychotherapy*. New York: Norton.

Price, D. D., & Barber, J. (1987). An analysis of factors that contribute to the efficacy of hypnotic analgesia. *Journal of Abnormal Psychology, 96*(1): 46-51.

Random House Dictionary (1994). Unbridged electronic dictionary. New York: Random House.

Rosen, S. (1982). *My Voice Will Go with You: The Teaching Tales of Milton H. Erickson*. New York: Norton.

Rosen, S. (1998). What makes Ericksonian therapy so effective?. In J. K. Zeig & S. R. Lankton (eds), *Developing Ericksonian Therapy: State of the Art*. New York: Brunner/Mazel.

Rossi, E. L. (ed.) (1980a). *The Collected Papers of Milton H. Erickson on Hypnosis. Vol. I: The Nature of Hypnosis and Suggestion*. New York: Irvington.

Rossi, E. L. (ed.) (1980b). *The Collected Papers of Milton H. Erickson on Hypnosis. Vol. II: Hypnotic Alteration of Sensory, Perceptual and Psychophysiological Processes*. New York: Irvington.

Rossi, E. L. (ed.) (1980c). *The Collected Papers of Milton H. Erickson on Hypnosis. Vol. III: Hypnotic Investigation of Psychodynamic Processes*. New York: Irvington.

Rossi, E. L. (ed.) (1980d). *The Collected Papers of Milton H. Erickson on Hypnosis. Vol. IV: Innovative Hypnotherapy*. New York: Irvington.

Rossi, E. L., & Ryan, Margaret O. (eds) (1985). *Life Reframing in Hypnosis: The Seminars, Workshops and Lectures of Milton H. Erickson. Vol. II*. New York: Irvington.

Rossi, E. L., Ryan, Margaret O., & Sharp, Florence A. (1983).

Healing in Hypnosis: The Seminars, Workshops and Lectures of Milton H. Erickson. Vol. I. New York: Irvington.

Weitzenhoffer, A. M. (1989). *The Practice of Hypnotism.* Vol. II. New York: John Wiley.

Yapko, M. D. (1988). *When Living Hurts: Directives for Treating Depression.* New York: Brunner/Mazel.

Yapko, M. D. (ed.) (1989). *Brief Therapy Approaches to Treating Anxiety and Depression.* New York: Brunner/Mazel.

Yapko, M. D. (1990). Directive psychotherapy. In J. K. Zeig & W. M. Munion (eds), *What is Psychotherapy? Contemporary Perspectives.* San Francisco: Jossey-Bass.

Yapko, M. D. (1992). *Hypnosis and the Treatment of Depressions: Strategies for Change.* New York: Brunner/Mazel.

Zeig, J. K. (1985). *Experiencing Erickson: An Introduction to the Man and his Work.* New York: Brunner/Mazel.

Zeig, J. K. (1980). *A Teaching Seminar with Milton H. Erickson.* New York: Brunner/Mazel.

Zeig, J. K. (1990a). Seeding. In J. K. Zeig & S. Gilligan (eds), *Brief Therapy: Myths, Methods, and Metaphors.* New York: Brunner/Mazel, pp. 221-246.

Zeig, J. K. (1990b). Ericksonian psychotherapy. In J. K. Zeig & W. M. Munion (eds), *What is Psychotherapy? Contemporary Perspectives.* San Francisco: Jossey-Bass.

Zeig, J. K. (1992). The virtues of our faults: a key concept of Ericksonian therapy. In J. K. Zeig (ed), *The Evolution of Psychotherapy, Second Conference.* New York: Brunner/Mazel, pp. 252-266.

Zeig, J. K., & Geary, B. B. (1990). Seeds of strategic and interactional psychotherapies: seminal contributiors of Milton H. Erickson. *The American Journal of Clinical Hypnosis, 33*: 105-112.

Zeig, J. K. & Gilligan, S. G. (eds) (1990). *Brief Therapy: Myths,*

Methods and Metaphors. New York: Brunner/Mazel.

Zeig, J. K., & Munion, W. M. (eds) (1990). *What is Psychotherapy? Contemporary Perspectives*. San Francisco: Jossey-Bass.

Zilbergeld, B., Edelstein, M. G., & Araoz, D. L. (eds) (1986). *Hypnosis Questions and Answers*. New York: Norton.

| 찾아보기 |

내 용

지은이 소개

Jeffrey K. Zeig

밀튼 에릭슨 재단의 설립자이자 상임이사다. 에릭슨의 심리치료, 최면, 단기치료, 절충주의 심리치료 등에 관해 폭넓은 저술을 하였다. 에릭슨의 심리치료 접근을 국제적으로 전파하기 위해 여러 나라에서 실습과 워크숍을 진행하고 있다.

W. Michael Munion

애리조나에 있는 정신건강센터의 임상 책임자다. 가정폭력 치료와 예방 프로그램을 진행하고 있으며, 치료자들을 위해 컨설팅을 제공하고 있다. 아동 보호와 학대방지를 위한 다양한 학제 간 기구에서도 활발한 활동을 전개하고 있다.

옮긴이 소개

신희천

서울대학교 심리학과를 졸업하고 동 대학원에서 상담심리학을 전공하여 석사 및 박사 학위를 받았다. 서울대학교 학생생활연구소에서 수석상담원을 역임했으며, 한국상담심리학회 상담심리전문가(1급) 자격을 취득하였다. 현재는 아주대학교 심리학과 교수로 재직 중이다. 주요 저서로는 『현대 상담심리치료의 이론과 실제』 『반사회성 성격장애』 『성도착증과 성정체감장애』 『만남과 성장: 상담사례연구』 『전문가 9인의 상담사례 공부하기』 등이 있으며, 역서로는 『단기 심리치료』 『상호작용중심의 집단상담』 『부부, 연인보다 아름답게 사는 법』 『부부 가족상담의 4단계 모델』 『임상 노인 심리학』 등이 있다.

상담과 심리치료 주요인물 시리즈 13

밀튼 에릭슨 Milton H. Erickson

2013년 11월 20일 1판 1쇄 발행
2020년 2월 20일 1판 2쇄 발행

지은이 • Jeffrey K. Zeig & W. Michael Munion
옮긴이 • 신희천
펴낸이 • 김진환
펴낸곳 • (주) **학지사**

　　　　04031 서울특별시 마포구 양화로 15길 20 마인드월드빌딩
대표전화 • 02) 330-5114　　　　팩스 • 02) 324-2345
등록번호 • 제313-2006-000265호

홈페이지 • http://www.hakjisa.co.kr
페이스북 • http://www.facebook.com/hakjisabook

ISBN 978-89-997-0122-1 93180

정가 13,000원

이 도서의 국립중앙도서관 출판시도서목록(CIP)은 서지정보유통지원
시스템 홈페이지(http://seoji.nl.go.kr)와 국가자료공동목록시스템
(http://www.nl.go.kr/kolisnet)에서 이용하실 수 있습니다.
(CIP 제어번호: CIP2013021758)

출판 · 교육 · 미디어기업 학지사

간호보건의학출판 **학지사메디컬** www.hakjisamd.co.kr
심리검사연구소 **인싸이트** www.inpsyt.co.kr
학술논문서비스 **뉴논문** www.newnonmun.com
원격교육연수원 **카운피아** www.counpia.com